나도 몰랐어, 내가 해낼 줄

조금 빨리 운동을 그만 둔
한 사람의 이야기

나도 몰랐어, 내가 해낼 줄

장도영 여행에세이

harmonybook

의미 있는 여행으로 간직하고 싶은 마음을 담아

세계여행을 하는 시간이 지나면 지날수록 같은 생각이 자꾸만 떠올랐다. 그동안 경험했던 모든 것들이 기억 속에서 희미해지지 않고 생생할 때 기록을 남겨야겠다는 것. 훗날 여행이 끝났을 때 허탈함을 조금이나마 달래주고 싶었고 내가 느낀 것들이 누군가에게 조금이라도 도움이 된다면 나의 여행의 기쁨은 배가될 것이라고 생각했으니. 여행의 'ㅇ'도 몰랐던 난 지금 어느 곳에 내가 떨어지게 되더라도 살아남을 수 있다는 자신감이 생겼다. 여행을 하는 과정 속에서 수많은 우여곡절을 겪으며 나도 모르게 성숙해지고 성장하게 된 것 같다.

여행을 하면서 가장 좋았던 것은 바로, 진짜 내 모습을 찾아간다는 것이었다. '진짜 내 모습? 그게 뭔데?'라고 생각이 드는 사람들이 많을 것 같아 간단히 설명하자면, '나는 어떨 때 웃고 기쁘고 행복한 감정을 느끼는지?, 어떤 상황이 닥쳤을 때 화가 나고 이성을 잃게 되는지?, 내가 좋아하는 분류의 사람은 누구고 함께 있으면 불편함을 느끼는 분류의 사람은 누군지?, 나는 어떤 여행지를 좋아하고 싫어하는지? 등' 사소한 것에서부터 자신을 점점 알아간다는 것이 바로 내가 말하는 진짜 내 모습을 찾아간다는 뜻.

사람들은 세계여행을 떠난다면 매 순간이 좋을 것이라고 생각하지만 내가 마주한 현실은 그렇지 않았다. 돈을 아끼기 위해 불편을 감수해야 하는 다인용 도미토리를 쓰는 것은 일상이었고 외식도 가끔 할 뿐 대부분 현지 마트에서 식재료를 사 해먹었다. 그리고 난 다른 여행작가들처럼 전문적인 정보를 제공하고 글을 재밌고 감동 있게 쓸 자신도 없다. 다만, 누구나 세계여행을 떠날 수 있다는 것을 알리고 싶었고 여행을 하며 가장 기억에 남는 순간들만 추려 무슨 상황에서 어떤 느낌을 받고 깨달음을 얻었는지 전해주고 싶었다. 또 화려하지 않아도 자신만의 여행스타일을 찾아간다면 풍족한 '여행의 맛'을 느낄 수 있다는 것도.

여행을 떠나기 전 한 번도 가보지 못한 곳에 대한 불안감과 두려움은 상상이상이었다. 그리고 '정말 어렵게 모은 돈을 여행에 투자해도 될까?'란 의문도 자주 들었다. 하지만 다녀오고 난 후 지금의 나는 이제 어디로 떠나게 되든 약간의 긴장감과 설렘을 품고 떠날 것 같다. 그리고 시간과 경제적으로 여건이 된다면 언제 어디서든 여행을 떠날 준비가 되어있다. 도대체 어떤 경험을 했길래 이렇게 변했냐고?

'나도 떠나기 전엔 몰랐어, 내가 해낼 줄.'

Contents

3부 충격으로 인한 귀국 결정

세계여행을 떠난 이유

여행을 떠나는 이유는 각기 모두 다를 것이다. 누구는 젊을 때 즐겨야 한다는 이유로, 누구는 지긋지긋한 직장을 때려치운 기념으로, 누구는 어렸을 때 못 이룬 꿈을 늦게나마 이루고 싶다는 소망으로, 그냥 아무 이유 없이 떠나고 싶어서 등등. 이것들을 제외하더라도 이유는 넘친다. 내가 여행을 떠난 이유… 처음엔 그저 여행이 좋아서, 앞으로 살아가는데 도움이 될 다양한 경험들을 하고 싶어서, 그리고 가장 중요한 아무것도 책임지지 않는 순간이 지금 이 시기밖에 없을 것 같아서 등. 하지만 여행을 통해 나 자신과 대화를 하면 할수록 어렸을 때 생긴 '결핍'과 연관이 있었다.

나는 살아오면서 딱히 무엇을 잘해본 적이 없었다. 대표적으로 배구를 총 10년을 했는데 선수로서 활동하는 동안 시합은 뛰었지만 특출난 실력을 보유하지 못했다. 그래서 학창시절을 다 바친 운동을 그만두게 됐고 항상 최고가 되고 싶다는 갈망을 품었다. 그리고 어렸을 때부터 상처가 많았던 나에겐 '애정결핍과 피해의식'이라는 정신적인 아픔이 있었던 것. 그렇게 나이를 먹을수록 자존감이 점점 낮아지는 악순환이 계속되던 찰나 2015년도에 운이 좋게 같은 체대 누나들 2명과 네팔 히말라야 등반이라는 도전을 하게 됐다.

그때 난 중국으로 간 전지훈련을 제외하곤 해외여행이 처음이었고 그렇게 높은 산에 대한 정보도 아예 없었다. 그저 함께 가는 누나들을 믿고 결정을 내린 것. 처음엔 '내가 값비싼 돈을 주면서까지 이 여행과 도전을 할 필요가 있을까?'라는 의문이 계속 들었지만 히말라야라는 산을 오르면 오를수록 알 수 없는 경이롭고 벅찬 감동이 느껴졌다.

그리고 등반 도중에 나만 고산병이 걸려 누나들과 경비와 식량을 나눈 뒤 내려갔다가 다음날 컨디션이 괜찮으면 다시 등반을 하고 아니면 마을로 내려가기로 했었다. 그때 난 포기하지 않았고 예정시간보다 3시간 일찍 새벽 등반을 시작했는데 그때 달빛이 설산을 비춰주던 풍경, 옆을 지나가는 야크(소)들과 조랑말들의 모습, 계곡에서 흐르는 물소리는 아마 평생 잊지 못할 순간으로 기억될 것 같다. 결국 나는 정상까지 오를 수 있었고 그때 내가 느꼈던 '성취감, 희열, 포기하지 않는 정신, 자연의 경이로움'이 세계여행을 꿈꾸는 나 자신의 모습을 만들어주었다.

세계 (배구)여행을 위한 준비

세계여행을 본격적으로 준비하기 시작했던 것은 2017년 8월 아프리카 킬리만자로 등반을 다녀오고 나서부터다. 그전까지는 그냥 생각만 했었지만 그때 경험 이후로 각종 아르바이트를 하며 돈을 모으고 계획을 세우기 시작했다. 아프리카를 다녀오면서 더 많은 나라를 여행하고 싶다는 마음이 커진 것.

특히 2018년 4월부터 시작된 호주 워킹홀리데이는 세계여행에 대한 생각과 계획을 구체화시켜주고 내 인생에서 가장 큰 터닝포인트의 시기이지 않았나 싶다. 'How are you today?'라는 말조차 못했던 나지만 호주에서 계속 부딪치고 생존을 위해 영어를 쓰다 보니 자연스레 듣는 게 익숙해지고 비자가 끝날 때쯤엔 기본적인 의사소통은 가능하게 됐다. 턱없이 부족하지만… 그리고 먹고 싶은 것 입고 싶은 것 사고 싶은 것은 온통 머릿속에서 지웠고 주 7일 하루 두 탕을 뛰며 정말 악착같이 경비를 모았다. 그 경험을 통해 '영어에 대한 두려움을 극복했고, 여행의 필요한 자금을 모았고, 외국에서 살아남는 법을 배왔다.' 세계여행을 위한 실질적인 준비를 했던 시기.

그리고 난 그냥 세계여행을 떠나고 싶지 않았다. 속된 말로 표현하자면 '거지같이 살면서 어렵게 모은 돈을 여행을 한다는 이유로 흥청망청 쓰고 싶지 않았다.' 그럼 어떻게 하면 돈이 아깝지 않고 정말 투자한다는 개념으로 사용할 수 있을지에 대한 생각을 계속하다 떠오른 것이 바로 '세계 배구여행'이었다. 그동안 학교생활과 별개로 여러 매체에서 배구와 관련된 글을 썼던 난 그나마 내가 갖고 있는 장점인 글쓰기와 여행을 합쳐 미래의 내가 활용할 수 있는 하나의 이력을 만들고 싶었다. 전문성을 갖추고 싶었다는 뜻.

이외에도 세계 다양한 국가를 방문해 많은 것을 경험하며 견문을 넓히고 싶었고, 돌아왔을 때 내가 앞으로 살아갈 삶에 교훈이 되는 여행을 하고 싶었다. 이 글을 쓰고 있는 지금 그 선택이 너무나 탁월했다는 것을 다시금 깨닫는다. 세계여행을 준비하고 있는 분들에게 한 번쯤은 자신의 전공이나 미래의 삶과 관련된 것을 접목시켜 여행을 하면 좋을 것이라는 말을 해주고 싶었다. 이왕 어렵게 벌어서 쓰는 돈 더 가치 있게 쓰면 좋지 않나?

'효행러'가 추구하는 여행 스타일

여행을 하는 사람을 우린 '트래블러'라고 부른다. 그런데 정작 자신이 어떤 여행을 좋아하는지에 대한 정의는 잘 내리지 못한다. 물론 인터넷이나 앱에서 추천해주는 대로 아니면 여행사들이 준비해놓은 패키지대로 여행하는 것도 좋은 방법이다. 다만 나는 가진 자금이 넉넉하지 않았고 꼭 누가 추천해줘서 가는 것이 아닌 내가 정말 가고 싶은 곳을 가고, 먹고 싶은 것을 먹고, 하고 싶은

대로 하는 여행을 해보고 싶었다. 한마디로 남들의 시선은 신경 쓰고 싶지 않았고 효율성 있는 여행을 하고 싶었다는 뜻.

　여기서 내가 말하고자 하는 효율성은 '최대한 적은 비용으로 내가 원하는 경험을 모두 하는 것, 쓸데없이 지출하는 비용을 줄이고 내가 체험하고 싶은 곳에는 과감하게 투자할 수 있는 것'이라고 칭하고 싶다. 본격적인 여행이야기에 앞서 난 나와 같이 효율성을 중요하게 생각하는 사람을 '효행러(효율성을 추구하는 여행자)'라고 부르고 싶다. 내가 원하는 여행 스타일이 곧 효행러 스타일. 만약 여행을 가서 꼭 좋은 호텔에서 숙박을 해야 하고 평점 좋은 값비싼 레스토랑을 가야 하고 추천하는 관광지를 모두 방문해야 하는 사람이라면 이 책을 읽지 말고 내려놓으라고 말하고 싶다. 하지만 나와 같은 효행러들에겐 아마 안성맞춤인 글이 되지 않을까 싶다.

'189, 23, 61'

　숫자를 보고 무엇이 떠오르는가? 위에서 가리키는 숫자는 내가 여행했던 일수, 국가, 도시를 뜻한다. 나는 총 189일을 여행했고 23개국 61개의 도시를 돌아다녔다. 자랑하고 싶어서 쓰는 것이 아니라 세계여행을 떠나기 전 가장 막막했던 것이 바로 여행 루트를 짜는 것이었다. 기본 적도 없는 나라들에 대해서 루트를 짠다? 이건 솔직히 말해서 너무 어려운 일이다. 그래서 내가 다녀왔던 루트를 보고 누군가 여행 계획을 세우는데 도움이 된다면 좋을 것 같아 정리해서 올린다.(여행한 국가와 도시 순서대로 나열한 것이니 참고)

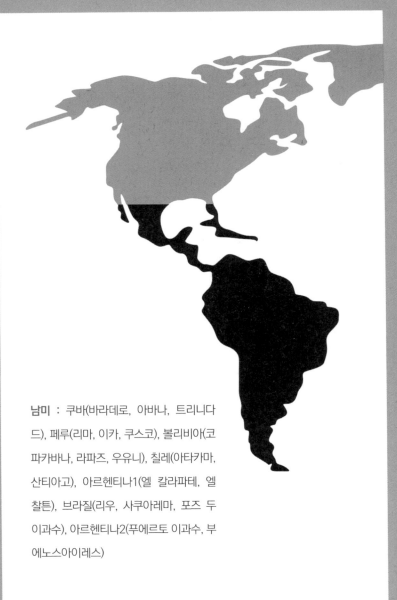

남미 : 쿠바(바라데로, 아바나, 트리니다드), 페루(리마, 이카, 쿠스코), 볼리비아(코파카바나, 라파즈, 우유니), 칠레(아타카마, 산티아고), 아르헨티나1(엘 칼라파테, 엘찰튼), 브라질(리우, 사쿠아레마, 포즈 두 이과수), 아르헨티나2(푸에르토 이과수, 부에노스아이레스)

유럽 : 영국(런던, 브라이튼), 포르투갈(포르토, 리스본, 이스피뉴), 스페인(마드리드, 말라가, 알메리아, 그라나다, 세비야, 바르셀로나), 프랑스(파리, 투르), 벨기에(브뤼셀), 네덜란드(암스테르담), 독일(프랑크푸르트, 베를린), 폴란드(바르샤바, 브로츠와프), 체코(프라하, 체스키 크룸로프, 체스케부데요비체), 오스트리아(잘츠부르크, 할슈타트, 빈), 헝가리(부다페스트), 세르비아(베오그라드), 몬테네그로(코토르), 크로아티아(두브로브니크, 스플리트, 자다르, 자그레브), 스위스(취리히, 루체른, 인터라켄, 그린델발트, 뮈렌, 이젤발트, 로잔), 터키(이스탄불, 괴레메), 불가리아(바르나, 소피아)

1부

'미지의 세계' 남미

여행을 하는 도중 그리고 끝난 후 가장 많이 듣는 질문이 무엇인지 예상이 가는가? 다들 짐작은 하겠지만 "어디가 가장 좋았어요? 가장 기억에 남는 곳은 어디죠?"라는 것. 아마도 다녀온 사람의 생생한 후기가 앞으로 자신이 떠나는 여행에 영향을 미친다는 것을 모두들 알고 있는 것 같다. 나는 세계여행을 떠나기 전엔 질문을 받으면 항상 같은 대답을 했다. '저는 히말라야를 추천해드리고 싶어요. 봄, 여름, 가을, 겨울 모두를 등반을 하면서 볼 수 있고 자연의 위대함과 경이로움을 실제로 마주하게 된다면 말로 표현할 수 없을 만큼의 벅참을 느낄 수 있을 거예요. 개인적으로 자연과 도전을 좋아하는 분들에게 정말 좋을 테니 권해드리고 싶네요.'라고.

하지만 남미를 다녀오고 나선 그 생각이 조금은 달라졌다. 만약 같은 질문을 받는다면 고민을 할 정도로 남미는 내게 마음속 깊은 곳 어딘가에까지 자리 잡고 있었다. 특히 누군가 "이번 세계여행을 할 때 어디가 가장 좋았나요?"라고 묻는다면 나는 주저하지 않고 '남미요!'라고 답할 것이다. 떠나기 전엔 '위험한 곳, 발전과 개발이 덜된 곳, 불편한 곳'이라는 안 좋은 소리를 많이 들어 가도 될까 조금 꺼림칙했다. 하지만 직접 마주한 남미는 그 어느 곳보다 '미지의 세계'라는 명칭이 가장 잘 어울리는 곳이었고 자연과 함께 살아간다는 느낌을 가장 많이 받은 곳이었다. 다른 곳보다는 여행하기 조금 어려운 곳인 건 확실하지만 그만큼 메리트가 있는 곳이라는 것도 팩트다.

1. 첫 나라가 하필 왜 쿠바….

여행을 떠나기 전 첫 번째로 방문할 나라를 어디로 정할지 고민하다 평소 가장 가보고 싶었던 쿠바를 떠올렸다. 당시 방영했었던 '남자친구'라는 드라마를 인상 깊게 봤었고 내가 살아가는 세상과 가장 반대의 환경과 분위기를 갖고 있는 곳을 가고 싶었다. 아마 항상 빨리빨리를 외치는 사회 분위기와 가식으로 물든 사람들을 보며 지쳤던 것 같다. 물론 나도 예외는 아니겠지만. 그곳이 바로 옛 그대로의 모습을 잘 보존하고 있는 쿠바였다. 공산주의 국가에다가 와이파이도 카드를 사 지정된 곳에서만 사용한다고 하는 곳. 요즘 시대와는 가장 동떨어진 곳이 아닐까? 그리고 '트래블러'라는 프로그램이 그 결정을 더 북돋아주지 않았나 싶다.

여행 계획을 세울 때 가장 많이 찾아보는 곳이 바로 인터넷이다. 블로그에 올라온 후기들을 찾아보거나 '남미사랑'이라는 카페와 같은 커뮤니티를 들어가 정보를 얻었다. 하지만 최근 후기들은 찾아볼 수 없었고 워낙 호불호가 많이 갈리는 곳이라 걱정됐다. 역시 사람은 일이 닥치기 시작하면 달라진다고 했던가 막상 비행기표를 예매하고 나니 잡생각은 없어지고 오래됐더라도 최대한 많은 정보를 머릿속에 담기 바빴다. 나와 같이 '결정을 신중하게 내리는 편이지만 그것이 과해 때론 결정장애가 있는 사람'에겐 일단 가기로 정했으면 표를 먼저 결제하라고 추천하고 싶다. 그러면 정말 잡생각이 한순간에 없어지고 현실적인 방안을 세우기 바쁘다.

흥정의 시작

대부분 쿠바라는 나라를 떠올리면 아바나가 가장 먼저 생각날 것이다. 일단 당시 아바나로 가는 비행기표가 비싸기도 했고, 트래블러에서 배우 류준열이 바라데로에서 석양을 보며 바다에 빠지는 장면을 인상 깊게 봤었는데 때마침 바라데로로 향하는 티켓이 저렴하게 나와 난 과감히 바라데로를 첫 도시로 정하게 됐다. 그렇게 나는 캐나다 토론토와 몬트리올을 거쳐 쿠바 바라데로로 향했다. 처음부터 공항 노숙을 두 번이나 했는데 돈을 아낄 수 있다면 무엇을 못하리… 공항에 도착하고 난 후 간단하게 출국심사를 받는데 동양인이 나밖에 없었다. 시선은 당연히 나에게로 쏠릴 수밖에. 처음 겪는 상황이라 살짝 당황했다. 이후 짐을 찾고 공항 밖으로 나갔는데 따뜻한 공기와 햇살이 나를 반겨줬다. 숨을 크게 한번 들이마시고 내쉬니 그제서야 '아, 드디어 내가 쿠바에 왔구나!'라고 감탄사가 나왔다.

바라데로 공항에서 시내로 향하는 방법은 총 2가지인데 버스와 택시다. 당연히 버스가 저렴하고 택시는 비싸다. 처음에 택시를 타려고 했으나 기사들은 30CUC(쿡)-(1CUC를 1달러로 계산하면 편함.)을 불렀고 생각보다 비싼 금액에 놀라 일단 버스를 기다리기로 했다. 하지만 30분이 지나고 1시간이 지나도 버스는 올 생각이 없었고 인포메이션에 물어보니 정확히 알 수 없다는 대답만 돌아왔다. 결국 기사들과의 흥정이 시작됐고 나는 20CUC(쿡)이 아니면 갈 수 없다고 말했다. 그러자 기사들은 그러면 타지 말라는 제스처를 취했고 혹시나 다른 여행객과 쉐어를 할 수 있을까 싶어 출국장 앞을 서성거렸다. 처음부터 이게 뭐람….

그렇게 시간이 점점 지나는데 손님을 태우고 공항에 도착한 어떤 택시 기사가 손을 흔들며 나를 불렀다. "나는 지금 급한 일이 있어서 곧바로 마을로 가야 하는데 20CUC(쿡)으로 가는 걸 원한다고 들었어, 나와 같이 갈래?"라는 말을 했다. 나는 '당연히 좋지'라고 답하면서 차에 탑승했다. 추천하는 방법은 아니지만 공항에 도착하고 돌아가는 택시 기사와 흥정을 하면 조금 더 저렴한 가격에 탈 수 있다는 점 참고만 하길. 돈이 여유 있고 시간이 더 중요한 사람들에겐 비추천.

TIP : 2019년 9월 기준 쿠바에서는 미국 달러가 환율을 잘 쳐주는 편이었으니 미리 준비해가서 공항에 있거나 시내에 있는 환전소를 활용하면 좋다. ATM은 어쩔 수 없을 땐 써야 하나 수수료가 비싸기 때문에 되도록 달러를 미리 준비해가는 걸 추천. 그리고 쿠바는 CUC(쿡 또는 쎄우쎄로 불림, 여행자용)과 CUP(쿱 또는 모네다로 불림, 내국인용) 이중화폐를 사용하고 있다. 1CUC이 보통 24~25CUP 정도 되니 미리 머릿속에 정리하고 여행을 시작하는 것이 좋다. 안 그러면 바가지 당할 일이 많음. 여행자용과 내국인용이라고 정해져 있지만 실질적으론 대부분의 사람이 이중화폐를 섞어서 사용함.

까사(CASA)가 뭔데?

택시를 타고 30분 정도가 흘렀을까 서서히 카리브해의 아름다운 모습이 보이더니 금세 시내에 도착했다. 그때 느꼈던 첫 설렘과 창문을 통해 들어온 따스한 햇살과 선선한 바람은 아마 오랫동안 기억에 남을 것 같다. 내가 여행할 당시 쿠바에서는 따로 까사(숙소)를 예약하는 시스템이 없어 직접 발품 팔아 찾아다녔는데 쿠바에서 첫 까사는 미리 찾아놓은 곳이 있거나 금액이 엄청 비싼 경우가 아니라면 데려다주는 택시기사가 추천하는 곳에서 자는 게 좋다. 일단 장시간 비행으로 인해 몸이 많이 피곤한 상태일 것이고, 짐을 지고 이동하는 게 체력적으로도 부담도 되고 하루 정도는 푹 쉬면서 앞으로 내가 지낼 까사를 찾는 것도 하나의 재미랄까?

그래서 나도 첫날은 택시 기사가 소개해준 곳에서 숙박했다. 가격은 주인이 부르기 나름인데 아마 30CUC(쿡) 이상을 부를 확률이 높다. 나중에 직접 돌아다니며 알게 된 사실이지만 당시 바라데로 대부분의 까사가 25CUC(쿡)으로 하루 숙박비를 통일하기로 했다고 한다. 앞으로 바뀔 수도 있지만 만약 이 글을 보는 사람이 바라데로를 간다면 대부분 가격이 동일하니 까사 퀄리티나 해변과 버스터미널과의 거리를 보고 숙박할 곳을 정하는 것을 추천한다. 어딜 가든 구경하는 곳과 이동 수단과 가까운 숙소일수록 장점이 많다.

카리브해의 아름다움을 느낄 수 있는 곳, 바라데로

바라데로에서 가장해보고 싶었던 것이 일몰을 보며 시원한 맥주 마시기였다. 그런데 이게 무슨 일인가 내가 여행하는 동안은 비가 오거나 날씨가 흐릴 예정이었다. 그래도 천만다행으로 오후에는 잠깐 동안이라도 화창한 날씨를 보여 수영을 할 수 있었다. 나는 지금까지 여행을 했던 곳 중에서 가장 아름다웠던 바다를 말하라면 아프리카 탄자니아 잔지바르섬에 있는 'Nungwi Beach'를 꼽는다. 하지만 바라데로도 그만큼의 여운을 준 바다의 색감이었다. 푸르고 에메랄드빛이 뒤섞인 신비한 느낌의 색감이랄까? 내가 상상하던 모습과 같아서 좋았다. 해변의 길이가 워낙 긴 만큼 본인의 취향에 맞는 곳을 선택해서 해수욕을 즐기면 된다.

아쉽게도 날씨가 좋지 않아 일몰은 보지 못했지만 다행히 일출은 볼 수 있었다. 오전 7시쯤 해가 뜬다고 하길래 6시 30분쯤 일어나 나갈 준비를 하고 지난밤 까사 주인이 추천해준 장소로 걸어갔다. 해변과는 반대 방향이었고 20분 정도 걸어가니 큰 도로와 함께 넓은 바다의 모습이 보였다. 가면서 신기했던 것이 이른 새벽부터 몇몇 사람들은 일을 가기 위한 것인지 도로 한곳에서 줄지어 기다렸고 잠시 후 승합차와 트럭이 오더니 사람들을 태워 어디론가 향했다. 차는 당연히 오래된 자동차였다.

순간 왜 그런 생각이 들었는지는 모르겠지만 '월급은 적더라도 꾸준히 일을 할 수 있는 우리나라 환경'에 감사해야겠다는 것이었다. 정규직은 아닐지라도 아르바이트를 할 수 있는 환경이 갖춰져 있긴 하니까. 자리를 잡고 30분 정도 멍하니 해가 떠오르는 걸 지켜봤다. 나는 여행을 할 때 기회가 될 때마다 일출과 일몰을 챙겨서 보는 편인데, 보는 내내 아무 생각이 들지 않는 것이 좋고 뭔가 자연스럽게 복잡한 머릿속이 정리가 된다고 해야 하나? 여러모로 좋은 영향을 받는다.

부랴부랴 떠난 아바나

첫 여행지이기도 했고 동네 분위기도 마음에 들어 며칠 더 지낼 생각이었지만 예상치 못한 변수가 생겼다. 며칠 뒤부터 국가적으로 기름이 부족해 전국적으로 버스 운행을 중단한다는 얘기였다. '응? 지금 시대에 기름이 없어서 그것도 전국적으로 버스 운행을 중단한다고?' 정말 믿기지 않았다. 버스를 못 타게 되면 택시를 타고 가야 하는데 비용이 너무 비쌌다. 만약 함께 타고 갈 동행자들이 있다면 달라졌겠지만 나는 혼자였다. 그래서 결국 가장 빠르게 갈 수 있는 버스표를 예매해 수도인 아바나로 향했다. 참고로 버스 이름은 'Viazul'이고 쿠바의 대표적인 회사다. 가격은 10CUC(쿡).

와이파이를 쓰는 게 이렇게 어려웠니….

잠깐 쿠바 와이파이에 대해서 설명을 하자면 와이파이 카드를 파는 상점이 따로 있는데 문을 여는 시간도 제각각이고 살 수 있는 곳이 정해져 있다 보니 찾으러 다니는 것도 일이다. 줄을 서서 구매[1시간 카드는 1CUC(쿡), 5시간 카드는 5CUC(쿡)]를 하게 되면 사용 가능한 지정된 장소를 찾아야 하는데 사람들이 많이 모여서 핸드폰을 들여다보고 있는 곳이 '와이파이존'이라고 생각하면 된다. 가끔 그 모습을 보고 있으면 갑자기 웃음이 나오기도 한다. 나도 이 웃음에 대한 의미는 모르겠다. 그리고 팁을 주자면 사용하다가 와이파이를 끄더라도 중지가 되질 않아 다음에 다시 로그인 했을 때 이미 시간이 없어지는 경우가 있다. 그럴 땐 와이파이를 끄는 게 아니라 삭제하는 것을 추천한다. 나도 현지인 친구가 알려준 것이지만 정확한 정보인지는 잘 모르겠다. 그래도 효과는 있었다.

앞으로 쿠바도 현대 시대의 모습으로 변한다고 하니 조금 불편하더라도 색다른 경험을 하고 싶으면 하루라도 빨리 쿠바로 여행을 떠날 것을 추천한다. 편리해지는 것은 좋지만 쿠바 특유의 매력이 없어질까 걱정이다. 오지랖….아! 그리고 정말 급할 땐 와이파이존 근처에서 몇몇 사람이 카드를 보여주며 "와이파이, 와이파이"라고 외치는데 원래 가격에 두 배를 받는 암매상들이니 정말 급하면 구매하는 것도 나쁘지 않다. 시간이 절약되니.

출발이 좋지 않았던 아바나

앞선 글에서도 언급했지만 내가 쿠바에 오고 싶었던 가장 큰 이유는 드라마 남자친구 때문이다. 그래서 그런지 촬영지였던 아바나가 정말 기대됐고 버스로 가는 내내 설렘을 감출 수 없었다. 아마 여행할 때 가장 행복한 순간이 '자신이 꿈만 꾸던 곳으로 실제 가는 시간'이지 않을까 싶다. 그러나 도착한 후 생각은 완전히 바뀌었다. 최악의 출발 그 자체였다. 도착한 후 버스에서 내려 짐을 꺼낸 다음에 잠깐 주위를 돌아보는 순간부터 현지인 몇십 명이 들이닥치는 것이었다. "까사! 까사! 레스토랑! 레스토랑! 올드카! 올드카!" 등 여러 가지 호갱과 관련된 멘트를 연발하며 말이다.

관광산업이 국민들의 주 돈벌이가 되는 걸 알고 있었지만 싫다는 의사를 표했는데도 끝까지 따라온다든가 내 짐을 자기 마음대로 가져간다든지 관광객들을 배려하는 행동이 전혀 보이지 않는 점에서 기분이 확 상했다. 그리고 주위에 쓰레기가 널브러져 있는 모습이 자꾸 보이니 '아… 내가 생각하던 아바나는 이런 모습이 아닌데…'라는 생각이 들며 낭만 가득했던 마음은 짜증과 불만으로 가득 차게 됐다. 역시 여행은 미디어를 통해 보는 것과 직접 체험하는 것에 차이가 크다.

춤추라, 사랑하라, 노래하라, 살라

쿠바의 관련된 정보를 찾다 우연히 제목과 같은 글을 보게 됐다. 처음엔 '저게 무슨 소리지?'라는 생각이 들었지만 직접 아바나를 여행해보니 그 이유를 알 것만 같았다. 길거리를 걸어가다 보면 스피커를 틀고 음악에 심취한 사람들을 자주 볼 수 있었고, 광장 같은 곳에선 그 음악을 들으며 춤을 추는 사람들

이 보였고, 통기타를 하나 메고 버스킹을 하는 사람이 생기면 사람들이 어디선가 하나둘씩 노래를 따라 부르는 모습이 잦았다. '음악, 술, 춤'은 쿠바인들의 유일한 유흥거리 중 하나로 보였다. 실제로 다른 나라와 비교했을 때 쿠바인들의 흥이 조금 더 살아있다는 느낌을 받았다. 주로 광장과 말레꼰(malecón 해변 방파제)에서 그 모습을 자주 볼 수 있으니 지나가다 함께 그 흥을 따라 즐겨보는 것도 좋은 경험이 될 것이라 생각한다.

내가 뽑는 주관적인 아바나의 명소

이미 쿠바에 대한 여행과 관련된 책들이 많이 있으니 난 지극히 개인적인 시점으로 내가 좋았다고 느꼈던 곳과 그 이유에 대해서 설명하고자 한다. '개인적인 시점'이란 걸 감안하고 봐주길. 일단 3가지를 꼽는다면 1.모로요새 2.혁명광장 3.말레꼰 정도를 말하고 싶다. 모로요새는 시내에서 올드카나 택시를 타고 가는 방법이 있는데 나는 혼자였고 값비싼 올드카를 함께 탈 동행자들을 구하지 못했기에 일반택시를 타고 갔다. 보통 입장료를 내는 메인 모로요새로 안내를 해줄 텐데 만약 나처럼 굳이 안쪽을 구경하고 싶지 않고 바다와 노을이 지는 것만 보고 싶은 사람에겐 반대편에 있는 모로요새를 추천한다. 오히려 노을이지는 것이 더 잘 보이고 감상에 젖을 수 있는 음악과 시원한 맥주까지 있으면 정말 남부러울 것이 없는 순간을 맞이한다. 그때 느꼈던 그 감정은 아마 평생 지속될 것 같다. 너무 좋았으니.

혁명광장은 가는 방법으로 올드카와 택시 그리고 1시간 30분~2시간 정도 투어를 할 수 있는 버스가 있는데 어김없이 난 버스투어를 택했다. 앞서 말했다시피 난 효행러다. 아무리 여행이라고 해도 무리한 지출을 하고 싶진 않았

다. 티켓은 10CUC(쿡). 편하게 2층 좌석에 앉아 시원한 바람을 맞다 보면 금세 혁명광장에 도착한다. 솔직히 크게 구경할 것은 많이 없지만 사진 찍기 좋아하는 우리나라 사람들에겐 더할 나위 없이 좋은 곳. 그리고 쿠바혁명의 대표적인 위인 카밀로 시엔푸에고스와 체 게바라 얼굴의 모형이 만들어진 건물 외벽을 볼 수 있다.

마지막으로 말레꼰은 아바나의 가장 핫한 플레이스라고 봐도 된다. 날씨가 좋은 날이나 노을이 아름답게 질 때 방문한다면 많은 사람들이 걷거나 앉아 말레꼰에 부딪치는 파도 소리를 들으며 힐링하고 있는 모습을 볼 수 있다. 시끌벅적한 소리와 시원하게 부딪치는 파도, 조용히 음악을 듣거나 신나게 춤을 추는 사람들을 보고 있자면 나도 모르게 얼굴에 미소가 지어진다. 이외에도 좋은 곳이 많으나 너무 말이 길어질 것 같아 대표 3개만 설명하고 마치겠다. 때론 여행 도중에 알게 되는 관광지가 더 좋게 와닿을 때가 있다는 걸 잊지 않앉으면. 아, 참고로 내부는 공사 중이라 추천하진 않았지만 웅장하고 아름다운 외관만 보는 것만으로도 만족할 수 있다면 국회의사당은 필수로 방문할 것.

쿠바 음식은 어때요?

음식이라… 어딜 가나 똑같겠지만 돈을 많이 쓰는 만큼 맛있는 음식을 먹을 수 있다는 건 변하지 않는 이치다. 그래도 추천을 하자면 피자와 파스타 그리고 치킨 정도가 될 수 있겠다. "전통음식은 없는 건가요?"라고 물어본다면 내가 해줄 수 있는 말은 없을 것 같다. 워낙 음식으로 도전하는 걸 꺼리는 타입이라 가장 무난한 식사만을 추구했기 때문에 가성비를 따지자면 저 3개가 가장 맛나고 배불렀다. 간혹 쿠바 스타일의 덮밥? 같은 걸 파는 곳이 있는데 길거리를 지나가다 보면 보이니 도전해봐도 좋을 듯.

그래도 가성비 좋은 레스토랑을 추천하자면 'Dos Peeotas'라는 식당이 괜찮았다. 맛도 가장 아시아 음식과 비슷했고 가격이 정말 마음에 들었다. 지도에 검색해도 나오지 않을 때가 있으니 현지인들에게 길을 물어가는 것을 추천한다. 그리고 쿠바는 음식보단 술이 더 유명한데 헤밍웨이가 즐겨 마셨던 '다이끼리'와 쿠바산 모히또는 쿠바여행의 빠질 수 없는 것이라고 여기면 된다. 애주가들에겐 천국이나 다름없을 것.

쿠바의 옛 모습을 느낄 수 있는 곳, 트리니다드

누군가 내게 "쿠바를 여행하면서 어디가 가장 좋았어요?"라고 묻는다면 나는 '트리니다드요'라고 답할 것이다. 그만큼 트리니다드는 내가 상상했던 쿠바

의 모습과 가장 흡사했고 조용한 마을 분위기와 작지만 아기자기함이 묻어있는 마을의 모습들이 매력적으로 다가왔다. 참고로 아바나에서 트리니다드로 갈 땐 길도 멀고 안전성도 그렇고 말동무가 되어줄 동행자들을 구해 택시를 함께 타고 가는 것을 추천한다. 차량 퀄리티에 따라 다르겠지만 동행자들을 구했다고 가정했을 때 보통 1인당 25CUC(쿡)~35CUC(쿡) 사이로 값을 받는다.

이번에도 장황하게 설명하기보단 기억에 남았던 곳들만 추려서 말하고자 한다. 일단 가장 좋았던 곳은 앙꼰비치였다. 일몰시간에 맞춰서 방문했는데 수영을 하며 노을이지는 것을 바라봤던 순간은 정말 예술이었다. 해변이 예쁘고 바다 색감이 좋다기보단 수영하기 딱 좋은 잔잔한 파도와 온도, 말도 안 되는 노을의 색감이 주는 조화가 말로 표현할 수 없는 아름다움으로 다가왔다. 노을이 다지고 난 후에 나타나는 색감도 정말 예쁘니 끝까지 남아 보고 가는 것을 추천한다.

　그다음으론 말 투어를 꼽고 싶다. 1시간 30분 정도 말을 타고 산속으로 들어가 15분 정도 더 걸어가면 숲속에 있는 아름다운 폭포를 맞이할 수 있다. 수영도 할 수 있으니 하루에 다양한 것들을 체험할 수 있다는 점이 좋았다. 쿠바에서 가장 자연과 함께할 수 있었던 투어가 아니었나 싶다. 팁을 주자면 숙소를 통해 예약하는 것도 좋지만 중심지를 걷다 보면 직접 홍보를 하는 투어사들이 있을 테니 발품을 팔아 가격을 흥정해보는 것도 좋은 경험일 것이라 생각한다. 그리고 복장은 무조건 긴팔과 긴바지를 입어야 하고 목토시와 모자도 필수다. 하나라도 착용하지 않는다면 피부가 타 쓰라림을 오랜 시간 겪어야 한다. 난 다신 겪고 싶지 않다. 너무 따갑고 아팠다….

　마지막으론 트리니다드 정상을 추천한다. 이동 수단은 없고 걸어서 올라가야 하는데 오르막길이 많아 평소 등산을 좋아하는 사람들이 가면 좋을 것 같다. 시내에서 1시간~1시간 30분 정도 걸린다고 생각하면 될 것 같다. 가는 길은 고되도 정상에서 바라보는 아름다운 전경의 모습은 예술이다. 한눈에 트리니다드를 볼 수 있는 유일한 곳이니 꼭 가보길. 이외에도 노예 감시탑과 더불어 몇몇 관광지를 함께 도는 투어, 동굴 클럽, 집 색깔별로 사진을 찍어 편집하는 것 등을 경험했지만 딱히 기억에 남진 않는다. 가장 쿠바스러웠던 트리니다드, 다음에 쿠바를 여행해도 또 방문할 것 같다. 아, 그리고 비가 온 뒤에 무지개를 봤었는데 지금까지 살아오면서 봤던 무지개 중에서 가장 크고 선명한 아름다운 무지개였다.

칠전팔기

모든 관광을 마친 후 드디어 '세계 배구여행'의 첫 번째 취재를 위해 쿠바 배구와 관련된 정보를 찾기 시작했다. 사전에 미리 준비를 하고 싶었지만 정보를 찾기란 하늘의 별따기와 같았다. 아무리 찾아도 없었다. 그래서 현지 까사 주인에게 먼저 도움을 청했고 '시우다드 데포르티바(Ciudad Deportiva, 체육회 및 실내종합체육관)'라는 곳을 추천받았다. 제대로 된 정보를 알 길이 없으니 일단 스무고개 식이더라도 부딪쳐봐야 했다. 다음날 알려준 주소로 향했는데 돌아오는 대답은 외부인은 출입금지라는 것. 그러면 어디로 가야 국가대표 선수들이 훈련하는 것을 취재할 수 있냐고 물으니 이번엔 'Centro de Entrenamiento Nacional de Voleybol(국립 배구훈련센터)'이라는 곳으로 가보라고 했다. 그래서 다음날 그곳을 찾아갔는데 다행히 내가 찾던 그 장소가 맞았다.

선수들이 훈련을 마쳤는지 하나둘씩 나와 옆으로 지나가는데 역시 피지컬이 대단했다. 키가 큰 것은 당연하고 흑인 특유의 근육질이 인상 깊었다. 이제 본격적으로 취재를 할 수 있을 거란 기대를 품고 안으로 들어가려고 하는데 경비원이 다가오더니 외부인은 들어갈 수가 없다고 하는 것이었다. 흥분된 마음을 가라앉히고 차분히 설명했지만 그는 시우다드 데포르티바로 다시 가 Ariel(배구협회 소속)이나 Martha lidia(쿠바 체육회 소속)를 찾아 취재 승인 허가를 받으라는 것이었다. 그래서 결국 다음날 다시 시우다드 데포르티바를 찾아갔고 국립 배구훈련센터를 방문했는데 이곳에서 취재 승인 허가를 받아오라고 했다고 하니 처음 방문했을 때와 다르게 안으로 쉽게 들여보내줬다. 그렇게 묻고 또 물어 배구협회를 찾아갔는데 돌아오는 대답은 'Centro de

Prensa Internacional(국제언론센터)'에 방문해 취재 승인 허가를 받아야 된다는 것이었다.

쿠바에서 취재하기 위해 꼭 거쳐야 하는 곳이라고 하니 반박할 수도 없었다. 마음은 빨리 취재하고 싶은데 절차가 너무 많은 것 같아 슬슬 짜증이 났지만 방법이 뭐 있나? 속된 말로 까라면 까야지 뭐…. 그 이후에도 여러 우여곡절이 있었지만 이야기가 너무 길어질 것 같아 팩트만 말하자면 취재 한 번을 위해 같은 곳과 다른 곳을 포함해 총 8번을 돌아다녔다…. 교통편이 좋지 않고 거리가 멀어 하루에 한 곳만 방문했으니까 총 8일 동안이나 취재 승인 허가를 받기 위해 돌아다닌 것. 결국 9번째 만에 취재를 할 수 있었지만 지금 생각해도 내가 어떻게 포기하지 않고 취재를 했는지 모르겠다. 다시 하라고 하면 할 자신이 없다. 그만큼 정신적으로도 육체적으로도 너무 힘들었다. 그래도 포기하지 않고 계속 부딪치니 원하는 결과를 얻었다는 그 경험은 앞으로도 내 인생에서 큰 교훈으로 자리 잡을 것.

드디어 꿈에 그리던 첫 취재

취재 당일 마음을 가다듬은 후 국립 배구훈련센터를 다시 방문했다. 취재 승인 허가를 받아오니 직원들의 태도가 달라졌다. 웃으며 반겨주더니 친절하게 센터 구석구석을 안내해줬다. '처음부터 이렇게 잘해주지…'라는 웃픈 생각이 들었다. 처음엔 비치발리볼장을 안내해줬고 그다음으론 실내에 있는 트로피 보관소와 각 사무실 그리고 헬스장과 가장 보고 싶었던 실내체육관까지. 세계적으로 유명한 배구선수들 중 쿠바 출신의 선수들이 많아 기대를 많이 했지만 직접 마주한 시설은 생각보다 많이 열악했다. 있을 건 다 갖추긴 했지만 현대 시대와는 조금 동떨어진 퀄리티였다.

 하지만 배구 국가대표를 운영하는 방식을 들어보니 역시 좋은 선수들을 배출해내는 이유가 있었다. 쿠바는 유소년시절부터 성인이 되기 전까지 실력이 출중한 선수들을 모두 이곳으로 모이게 했고 학업과 관련된 교육도 이 근처 학교에서 배우게 하고 합숙도 이곳에서 하게 한다고 했다. 말 그대로 365일 중 대부분 이곳에서 공부하고 먹고 자고 훈련을 한다는 것이었다. 국가적으로도 국가대표 훈련을 가장 중요시하기 때문에 성인이 돼 프로팀에 가기 전까진 국가대표로서만 훈련을 하고 시합에 참가한다는 것이었다. 출중한 선수들끼리 항상 붙어있으니 기량이 좋아질 수밖에 없다는 뜻. 우리나라의 운영방식인 대부분 각 학교에서 훈련을 하고 시합에 참가하다 국제시합이 열리는 몇 주 전에 모여 훈련하는 것과 비교했을 땐 정말 달랐다.

 인터뷰가 끝나고 다시 천천히 실내와 외부를 구경했는데 한국에서 뛰었던 시몬과 산체스의 어린 시절이 담긴 사진과 그들이 한국에서 뛰고 있다는 신문이 스크랩된 걸 봤는데 정말 반가웠다. 이후 기념사진도 찍고 훈련하는 모습도 충분히 본 후 취재를 마치고 다음에 어디에선가 또 만나자는 아쉬운 끝인사를 마지막으로 그곳을 떠났다. 지금 생각해도 내가 어떻게 취재를 했는지 잘 모르겠다. 일단 부딪쳤고 생각했던 대로 풀리지 않더라도 포기하지 않았다는 점은 확실히 기억이 난다. 프로젝트 첫 번째 취재이기도 했고 솔직히 여행 통틀어 가장 힘들었던 취재여서 그런지 이 글을 쓰는 지금도 아직 그 여운이 느껴진다.

2. 고산지대의 시작, 페루

쿠바에서의 일정을 모두 마친 후 공항으로 향했다. 페루와 멕시코 중 어디로 갈지 결정을 못한 상태라 미리 예약한 비행기가 없었고 당시 여행 경험이 부족했던 터라 공항에서 티켓을 바로 구매하고 떠날 수 있을 줄 알았다. 물론 불가능한 것은 아니었으나 가격이 정말 말도 안 되게 비쌌다. 결국 어쩔 수 없이 공항에서 노숙하는 신세가 됐고 부랴부랴 와이파이 카드를 사 비행기를 예약했다. 와이파이 시간은 점점 없어지는데 인터넷 속도는 느리고… 가격도 다음 날 비행기여서 그런지 너무 비싸 그때만 생각하면 지금도 스트레스다. 결국 페루로 향하기로 정했고 공항에서 15시간을 노숙한 후 출발했다. 공항 노숙은 가난한 여행자들에게 자주 있는 일인데 하는 자체가 힘들긴 하지만 공항 퀄리티에 따라 느끼는 체감은 천차만별이다. 쿠바 아바나 공항은 노숙하기엔 최악의 장소다. 부디 나와 같은 실수를 하지 말았으면….

현지 정보가 없다면?

그렇게 고생을 하며 페루의 수도인 리마에 도착했다. 여기서 팁을 하나 주자면 관광 루트를 짤 때 어디를 갈지 모르겠으면 일단 그 나라의 수도는 꼭 넣으라고 말해주고 싶다. 수도는 수도인 이유가 있고 남미나 유럽은 대부분 수도에 많은 교민들이 모여있기 때문이다. 교민들이 모여있는 곳을 갔을 때의 장점은 현지 정보와 한인식품을 수월하게 얻을 수 있다는 것. 거기다 한인민박에서 지내기까지 한다면 실시간으로 가장 빠르게 현지에 대한 정보를 얻을 수 있고 앞으로의 여행 계획에 대한 구체적인 설명과 함께 제대로 된 조언을

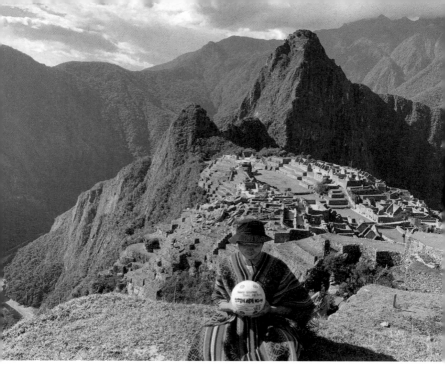

들을 수 있다. 사장님과 직원들마다 다르겠지만 대부분 친절하게 설명해준다. 유럽을 방문했을 때는 굳이 이 방법을 추천하진 않지만 남미는 시시각각 정세가 변하기도 하고 워낙 위험하고 변수가 많기 때문에 사전에 찾아본 정보가 많이 없다면 꼭 한인민박을 이용하길 바란다. 가격은 비쌀지 몰라도 정보 값이라고 생각하면 가성비가 좋은 편이다. 거기에 따뜻한 한식 조식까지 먹을 수 있다면 금상첨화.

시위의 서막

리마에 도착했을 때 날씨가 우중충했다. 앞으로 벌어질 일에 대한 암시였던 건가…. 리마는 크게 구시가지와 신시가지로 나눌 수 있는데 구시가지는 산 마르틴 광장, 대통령궁, 리마 대성당 등 대표적인 관광지가 모여있고, 신시가지엔 케네디공원과 해변을 곁에 둔 라르꼬마르(백화점)와 사랑의공원이 있다. 구시가지는 관광하는 곳을 제외하곤 위험지역이라 안전하다는 평이 많았던 신시가지로 숙소를 잡았다. 현지에 대한 정보가 없었기 때문에 한인민박으로 잡았고 이름은 '구르메'다. 도착한 후 사장님과 이런저런 이야기를 나누는데 현재 시위 때문에 구시가지를 정부에서 통제하고 있다고 했다. 괜히 갔다가 시위대라고 오해를 받으면 폭행이나 봉변을 당할 수도 있으니 아쉽더라도 가지 않는 것이 좋다고 했다. 여행을 시작하고 그냥 즐기기만 하면 될 줄 알았는데 처음으로 변수를 만난 것. 그래도 구시가지에 숙소를 잡지 않은 것이 다행이었다. 하마터면 아예 돌아다니지도 못하고 숙소에서만 대기할 뻔했으니.

여름에 와야 제대로 된 매력을 느낄 수 있을 텐데

나는 여행을 가면 꼭 하는 것이 있다. 바로 조깅. 직접 뛰면서 그곳의 풍경을 보고 공기를 마실 때 비로소 '아, 내가 여행을 왔구나'라고 생각한다. 어차피 구시가지는 못 가게 됐으니 아침엔 조깅을 하며 몸 관리를 하고 나머지 시간에 신시가지를 구경하기로 정했다. 그렇게 조깅을 하러 밖으로 나갔는데 날씨가 좋아질 기미는 보이지 않고 먹구름과 안개로 뒤덮였다. 나름 바다와 해변이 길고 넓었지만 바다 색깔도 흙탕물인지 헷갈릴 정도로 탁했고 생각했던 것보다 예쁘지 않아 조금은 실망했다. 그렇게 숙소로 다시 돌아갔는데 사장님께서 날

보더니 "조깅 코스 괜찮죠? 여기 현지인들도 많이 뛰어요"라고 말했고 나는 '괜찮았는데 날씨가 좀 아쉽네요…'라고 답했다.

그러자 사장님은 "리마의 제대로 된 매력을 느끼시려면 여름에 오셔야 해요. 날씨는 당연히 좋고 해변에는 해수욕하는 사람이 넘쳐나고 서핑도 많이 하거든요. 레슨 1시간?당 한화 기준으로 15,000원 정도 하는 걸로 알고 있어요. 서핑 배우고 싶어 하는 사람들에겐 최고의 가격 아닌가요? 다음엔 여름에 오세요"라고 말했다. 아… 여름에 왔어야 하구나 그래도 어쩌겠나 이미 시작한 여행인데. 그리고 여행을 하는 내내 날씨가 좋을 순 없다는 사실을 받아들여야 남은 여행도 스트레스를 덜 받고 돌아다니지. 그래도 저녁에 라르꼬마르(백화점)와 사랑의공원에서 본 야경이 아름다웠다. 라르꼬마르에서 반대편 좌측 끝을 바라보면 십자가가 보일 텐데 그것을 찾아보는 재미도 쏠쏠하다.

박만복 선생님의 업적

리마를 떠나기 전 배구와 관련된 취재를 해야 했다. 이때부터 첫 번째론 그 나라 배구협회를 방문하고 그다음은 리그 경기를 취재하는 루틴을 만들었다. 나름 나만의 취재 공식이랄까? 그래야만 효율성 있는 취재를 할 수 있었으니. 협회에 관련된 정보는 한인민박 사장님의 도움을 받아 찾을 수 있었다. 페데레이션 페루아나 발리볼(Federacion Peruana Voleibol)이라는 곳을 검색해서 찾아가라고 했다. 우버를 불러 그곳으로 향했다. 도착하니 배구협회를 칭하는 간판이 있었고 야구장을 지나서 건물로 들어갈 수 있었다. 안에는 작은 사무실과 국가대표 선수들이 훈련하는 소규모의 배구장이 있었다.

문 앞에 서있는 경비원분에게 찾아온 이유와 배구협회 직원을 만나고 싶다는 의사를 표하자 대표인 아리아나(Ariana)에게 안내해주었다. 긴장을 많이 해서 일단 심호흡을 하고 인터뷰를 시작했다. 처음엔 그녀도 당황하는 모습을 보였지만 이내 편안하게 대화를 주고받았다. 가장 인상 깊었던 것이 페루인인 아리아나가 2019년 9월 26일 돌아가신 한국인인 박만복 선생님의 이야기를 주로 했다는 것이다. 박만복 선생님의 이력 중 가장 유명한 것을 짧게 설명하자면 1988년 서울 올림픽에서 페루 여자배구팀이 최초로 은메달을 따내며 페루 내 배구 돌풍을 일으켰는데 그때 사령탑이 바로 박만복 선생님이었다. 당시 페루 국민영웅으로 환대를 받았다고 하니 우리나라 히딩크 감독님을 떠올리면 될 듯. 그리고 지금도 그 기록은 깨지지 않고 있다고 했다. 타국에서 우리나라 사람의 이야기를 들으니 감회가 새로웠고 영광이었다.

국가가 우선인 페루 배구

　인터뷰를 마친 아리아나는 며칠 후에 여자배구리그 정식리그 개막 전 소수의 몇 팀끼리 모여 소규모 리그가 진행된다고 했다. 시간이 된다면 방문해볼 것을 권했고 나는 운이 따르는구나 싶었다. 그렇게 며칠 후 아리아나가 알려준 경기장인 서콜로 스포티보 이탈리아노(Circolo Sportivo Italiano)라는 곳으로 향했다. 도착하니 이미 경기를 시작하고 있었는데 체육관은 많이 허름했고 경기력 수준은 낮았다. 경기 자체를 관람하기보단 페루 배구 이야기를 더 나눌 수 있는 사람이 필요했고 배구관계자 같이 보이는 남자분에게 다가갔다. 다행히 그는 인터뷰에 응해줬다. 모든 것을 다 이야기하려면 너무 길 것 같고 대화를 통해 가장 인상 깊었던 점만 글로 풀어보려고 한다.

페루 배구는 개인보단 국가가 우선이라고 했다. 예를 들어 1년 365일 동안 휴가 기간과 특정 국제대회 기간을 제외한다면 주말을 빼고 주 5일 동안 대표팀 훈련을 참가해야 된다는 것이었다. 만약 사전에 얘기하지 않고 불참을 하게 되면 국가적으로 법적 조치가 들어간다고 했다. 와… 훈련을 참가 안 하는 것만으로 법적 조치가 들어간다니 정말 문화충격 그 자체였다. 해외리그에서 뛰는 선수들은 제외 대상이지만 국내리그에서 뛰는 선수들은 소속팀 훈련보다 대표팀 훈련을 더 중시해야 한다고 했다. 자율성이 보장되지 않는 국가대표라… 참 아이러니한 문화다.

버스 지옥

리마에서 다음 여행지를 어디로 갈지 고민하다 와카치나 오아시스를 방문하기로 정했다. 그곳을 가기 위해선 이카라는 곳으로 가야 했다. 우리나라에서 출퇴근 시간대의 혼잡한 지하철을 '지옥철'이라고 부른다. 나는 조금 다른 의미이지만 리마에서 이카로 향하는 길이 그렇게 느껴졌다. 보통 가격은 비싸더라도 퀄리티가 좋고 안전하다는 후기가 많은 크루즈 델 수르(Cruz Del Sur)라는 버스회사를 이용하지만 미리 예약을 안 해서 이미 표가 없는 상태였다. 결국 어쩔 수 없이 가장 빨리 갈 수 있고 가격도 저렴한 편인 소유즈(Soyuz) 버스를 이용했다. 가격은 40솔이었다. 크루즈 델 수르는 다이렉트로 가기 때문에 4시간~4시간 30분 정도 걸린다고 했고 소유즈는 경유를 하기 때문에 5시간~5시간 30분 정도 걸린다고 했다. 큰 차이가 없는 것 같아 소유즈를 선택했지만 직접 체험해본 결과 달랐다.

경유를 한다고는 미리 말을 해줬지만 10번 이상 들린다는 말은 못 들었다. 교통체증이 없는데도 경유를 너무 많이 해 이건 뭐 시내버스를 타고 장거리를 이동하는 느낌이었다. 결과적으로 총 7시간 30분 정도가 걸렸다. 처음부터 알았다면 큰 문제가 없었겠지만 사전에 알지 못했던 나는 가는 내내 솔직히 조금 짜증나고 답답했다. 특히 저렴한 버스다 보니 실내 퀄리티도 떨어졌고 영화를 볼 수 있는 버스용 TV는 당연히 없었고 먹을 것도 주지 않았다. 그래도 그나마 색달랐던 점을 찾으려면 경유를 하다 중간마다 바구니에 먹을 것을 담고 있는 사람이 타는데 탑승객들 중 몇 명이 그것을 사는 모습을 보게 된다. 또 승무원이 경유지마다 표를 체크하면서 좌석 커버 안으로 다시 넣는 모습이 신기했다. 그것 말고는 없다. 다음에 다시 선택할 수 있다면 무조건 크루즈 델 수르로….

사막과 오아시스는 처음이라

리마 다음으로 와카치나를 가고 싶었던 이유는 바로 사막과 오아시스 때문이다. 태어나서 실제로 본 적이 없었기 때문에 기대가 됐다. 이카에 도착하고 나선 택시나 툭툭이?(오토바이를 개조해서 만든 이동 수단)를 타고 와카치나로 향하면 된다. 거리가 멀지 않으니 짐이 많이 없다면 저렴한 툭툭이를 이용할 것을 추천한다. 도착해서 예약한 숙소인 바나나 어드벤처 호스텔로 향했다. 와카치나 오아시스는 작기 때문에 걸어서 10분 이내로 모든 곳을 왕래할 수 있으니 숙소는 본인이 생각하는 가격과 퀄리티를 보고 예약할 것을 추천한다. 당일은 늦게 도착했기 때문에 따로 한 것은 없고 리마 한인민박에서 만났던 한국인 누나들과 함께 저녁을 먹었다.

나중에 자세하게 설명하겠지만 남미에선 특히 어떤 동행을 만나느냐에 따라 여행의 질이 달라진다. 다음날 한국인 동행자를 한 명 더 구해 버기투어를 함께하게 됐다. 예약은 보통 자신이 묵는 호스텔에서 하는 편이고 가격은 30솔~35솔 정도 한다. 버기투어에는 투어사마다 다르겠지만 대부분 버기를 타고 사막을 미친 듯이 달리는 액티비티가 포함이 되어있고 샌드보딩까지 하는 코스로 진행된다. 선글라스와 모래바람에서 입과 코를 보호해줄 마스크나 목토시를 꼭 착용할 것을 권한다. 바람도 많이 부니 사진 찍을 때 머리카락이 휘날리는 것을 싫어한다면 모자를 쓰는 것도 좋은 방법.

완벽했던 버기 아쉬웠던 샌드보딩

버기투어에서 버기는 정말 완벽한 액티비티다. 사막 곳곳을 미친 듯이 질주하는 버기를 타면 놀이기구를 타듯 몸이 떠오르다가 다시 내려갔다가를 반복하고 빠른 속도를 이용해 경사를 넘나들 때면 나도 모르게 소리를 지르게 된다. 속에 담아둔 스트레스들이 자연스레 풀린다. 반면 샌드보딩은 조금 아쉽

다. 정확하게 딱 2번을 탔는데 내 성격상 5번 이상은 타야 아쉬움이 없을 것 같았다. 그래도 경험했다는 것 자체는 좋았다. 투어를 마친 후 마을로 돌아와 밥을 먹고 휴식을 취했다. 그리고 일몰시간에 맞춰 사막 가장 높은 곳을 향해 걸어갔는데 올라가면 갈수록 점점 아름다운 모습이 내 눈앞에 펼쳐졌다. 그동 안 많은 곳에서 일몰을 봐왔지만 와카치나 사막에서 본 일몰이 특히 더 여운 이 남는다. 그만큼 신비하고도 예술이었다. 낮에는 덥지만 사막 높은 곳은 바 람도 강하게 불고 날이 저물수록 더 추워지니 겉옷을 꼭 챙겨가 끝까지 그 아 름다움을 눈에 담았으면 한다.

떠나기 싫어

와카치나는 사막과 오아시스 자체만으로도 너무 매력적인 곳이다. 꼭 투어를 하지 않더라도 휴식을 취하기 정말 좋은 곳. 나는 하루만 바나나 어드벤처 호스텔에서 묵었고 다음날은 'CAROLA LODGE'라는 곳에서 묵었는데 가격 대비 정말 최고였다. 숙소는 도미토리여서 그냥 그랬지만 사막이 보이는 수영 장 퀄리티가 좋았다. 푹 자고 일어나 수영을 한 후 먹은 늦은 점심이 이 글을 쓰는 지금 너무 그립다. 그만큼 좋았다. 저녁엔 산책 겸 오아시스 근방을 천천 히 걷던가 아니면 별이 잘 보이는 사막으로 올라가 하늘을 바라보며 멍 때리 는 것도 정말 좋다. 다음 일정이 잡혀있었던 터라 더 오래 머물지 못해 아쉬웠 다. 성향에 맞는 곳을 발견했는데 일찍 떠나야 하는 것만큼 고통스러운 게 없 다. 나는 정말 떠나기 싫었다….

잉카제국의 시작점, 쿠스코를 향해

과거 잉카제국은 쿠스코를 중심으로 막강한 제국을 구축했다고 한다. 그만 큼 페루에서 쿠스코가 갖고 있는 역사적 가치가 높을뿐더러 페루에서 내로 라하는 관광지인 마추픽추, 비니쿤카, 성스러운 계곡 투어 모두 쿠스코를 통 해 이동해야 하기 때문에 매년 많은 여행자들이 찾는다고 한다. 나도 여행하 기 전 가장 기대했던 곳 중 하나였다. 와카치나 일정을 마치고 개인적인 용 무가 있어 리마로 다시 돌아간 후 며칠 지내다 국내선 비행기를 타고 쿠스코 로 향했다. 버스로 가는 사람들도 많지만 나는 추천하진 않는다. 장시간 버 스에 탑승을 해야 할뿐더러 가는 길이 울퉁불퉁하다고 한다. 쿠스코가 해발 3,300m~4,000m 정도 된다고 하니 돈을 아끼려다 괜히 고산병에 걸려 여행 을 망치는 일이 발생할 수 있다. 사람마다 다르겠지만 이런 면에선 나는 돈을 더 쓰는 편이다. 쿠스코 공항에서 시내로 가는 방법은 택시가 가장 좋은데 보 통 20솔~30솔 정도를 부른다. 다만 15솔, 10솔에 가는 사람도 있으니 자기 양

껏 흥정하길. 사실 몇천 원 차이지만 '티끌 모아 태산'이란 속담이 괜히 있는 것
이 아니라는 것은 모두 다 알 것이라고 생각한다.

고산지대에서 살아남기

쿠스코에 도착해서 짐을 풀고 휴식을 취했다. 2017년 아프리카 킬리만자로
등반을 다녀오고 나서 오랜만에 경험하는 고산지대라 숨쉬는 것이 쉽지 않았
다. 고산증세를 미리 예방하는 방법이나 고산병이 찾아왔을 때 대처하는 방
법에 대한 정보가 이미 많으니 내가 직접 느껴본 토대로만 설명하겠다. 주관
적인 생각이니 걸러 들어도 된다. 일단 종합감기약과 타이레놀 같은 진통제
는 필수로 챙기고 많이 불안하다면 병원이나 약국에서 주는 약을 더 구입해
서 갖고 가는 것도 좋다. 그리고 고산지대가 처음인 사람은 천천히 걷고 중간

마다 휴식을 취해주면 좋다. 물도 자주 마셔주고. 절대 오버페이스를 하면 안 된다는 뜻이다.

'나 아무 이상 없는데?'라는 자만심으로 무리하게 돌아다니다 훅 가는 사람들을 여럿 봤다. 그리고 충분히 고산지대에 적응하는 시간을 주는 것이 좋다. 일정이 짧은 사람은 어쩔 수 없겠지만 여유 있는 사람들은 쿠스코에서 며칠 머물며 체질을 고산지대에 맞게 맞춰보는 것이 효과가 좋을 것이다. 그리고 만약 고산병 증세가 심해져 더 이상 관광을 할 수 없을 정도가 된다면 무조건 그위치보다 낮은 곳으로 내려가야 한다. 상태가 호전되는 가장 좋은 방법이 바로 낮은 고도로 다시 내려가는 것이다. 부디 모두 고산지대에서 살아남길….

동행의 중요성

자, 이제 남미 여행하는 도중 동행이 왜 중요한지를 간단하게 설명하고 앞으로 이어질 이야기에서 조금씩 언급하고자 한다. 일단 남미 특성상 유럽과 동남아 등 다른 여행지와 다르게 위험요소가 많다. 소매치기는 기본이고 난민이 유독 많은 곳이고 총기가 소지되는 나라도 있다 보니 심하면 강도와 같은 나쁜 분류의 사람들을 만날 수도 있다. 그리고 만약 함께하는 동행자들이 마음 맞는 좋은 사람들이라면 여행하는 내내 즐거운 것은 당연한 것이고 투어사를 끼고 관광하는 요소가 많은 남미 특성상 함께할수록 가격이 저렴해진다. 특히 4명 이상으로 계속 함께 다니면 이동 수단이라든지 투어를 하기 전 흥정이 성사될 확률이 높다. 성수기 때는 어떨지 모르겠지만 내가 여행했던 비수기 때는 확실히 효과가 있었다.

그리고 외국 친구들도 물론 좋지만 아무리 영어를 잘하고 사교성이 좋다고 해도 한국인보다 대화가 잘 통하고 마음속 깊은 곳까지 공감을 해주는 외국인 친구는 찾기 힘들다. 아, 그리고 사진을 잘 찍어주는 건 한국인이 최고라는 사실은 모두가 알겠지? 이건 여행하는 모든 사람들이 공감하는 부분. 단, 인종불문 마음이 맞지 않고 성격과 성향이 너무나도 다른 동행자는 최악이니 그땐 과감하게 혼자서 다니는 것을 추천한다. 앞으로 설명할 이야기들에서 하나씩 에피소드를 풀어보겠다.

조금이라도 아끼려면

남미에서 가장 보고 싶었던 곳을 꼽으라면 마추픽추와 우유니다. 사실 이 두 곳을 방문하고 싶어 나머지 계획을 세웠다고 해도 무방하다. 그만큼 정말 가보고 싶었으니. 쿠스코에서 며칠 동안 시내 구경을 하고 전망대를 올라가는 등 고산지대에 적응할 수 있는 시간을 가졌다. 그때 쿠바 아바나에서 만난 남동생들 2명과 페루 리마에서 만나 와카치나에서 함께 투어한 누나들 2명을 만나기도 했다. 신기하게도 4명 모두 내가 마추픽추를 가려고 했던 날짜와 맞았고 나는 5명이서 함께 마추픽추를 가는 것이 어떻겠냐고 물었다. 다행히 다들 괜찮다는 의견이었고 우리는 한국인들에게 평이 좋은 파비앙 투어사를 이용하기로 정했다.

사람마다 후기가 다르지만 우리는 다들 만족했던 여행사여서 추천한다. 팁을 하나 주면 사람을 많이 모아갈수록 가격을 흥정해 조금 더 저렴하게 할 수 있다는 것과 만약 비니쿤카와 성스러운 계곡이나 요즘 떠오르는 팔코요 투어를 하고자 하는 사람들은 두 개 이상의 투어를 묶어서 더 가격을 저렴하게 만들 수도 있다. 때에 따라 다르니 능력껏 깎아보길. 예를 들어 우리는 마추픽추 +성스러운 계곡(입장료 80솔은 따로 부담) 1박 2일 투어를 하기로 정했는데 1인과 2인 기준이 인당 252달러(미국)였다. 하지만 4명 이상을 모아 가니 242 달러까지 할인을 해줬고 우리가 총 5명이니 조금만 더 깎아달라고 해서 인당 240달러까지 할인을 받았다. 큰 금액 차이는 아니지만 그래도 조금 더 아끼면 좋은 것 아닌가? 특히 장기 여행자들에겐 더더욱.

마추픽추를 향하여

마추픽추를 가는 방법은 다양하지만 우리는 체력을 낭비하지 않고 최대한 편안하게 다녀오는 코스로 정했다. 전 글에서도 말했지만 돈을 아끼려다 괜히 고산병에 걸리거나 몸이 아프면 남은 여행에 차질이 생겨 더 큰 화를 겪게 될 것이라는 것이 지극히 나의 주관적인 시점. 우리가 선택한 마추픽추를 가는 방법은 먼저 콜렉티보(승합차)를 타고 오얀따이땀보를 가서 기차로 환승해 아 구아스깔리엔떼로 향하고 그곳에서 버스를 타고 마추픽추를 올라가는 코스. 아구아스깔리엔떼에서 마추픽추를 갈 때 도보로 가는 것도 가능하지만 1시간 30분을 올라가야 하니 돈이 들더라도 올라갈 때는 버스를 타는 것을 추천한 다. 내려올 때는 돈을 아끼려 걸어서 내려왔는데 크게 힘들지 않고 동행자들 과 이야기를 하다 보면 금방 마을로 도착한다. 버스 가격은 편도 12달러(미국) 인데 우리는 올라가는 것이 투어에 포함이 되어있었다.

그리고 참고로 개인적으로 콜렉티보와 기차를 예매하고 입장권을 예약해 서 마추픽추를 가려는 사람이 분명 있을 것 같아 말하는 거지만 아무리 싸게 하더라도 가격이 비슷한 게 팩트다. 나도 돈을 아끼고 싶어 다 찾아보고 했지만 오히려 다른 투어를 끼어서 두 가지 이상을 한다고 했을 땐 투어사가 더 저렴했다. 다만 본인이 원하는 시간에 움직이고 싶고 묵고 싶은 숙소를 선택하고 싶다면 개인적으로 하는 것도 나쁘진 않을 것 같다. 그러나 번거로운 일처리를 해야 되는 점은 감안해야 한다는 것. 만약 자신은 그래도 돈을 정말 아끼고 싶다면 콜렉티보를 6~7시간을 타고 히드로일렉트리카로 가 도보로 3시간 정도 아구아스깔리엔떼까지 걸어가는 방법도 있다. 다만 콜렉티보를 타고 가는 길이 위험하고 도보로 걷는 것이 많은 체력을 필요로 하니 잘 생각해서 선택하길.

잉카문명의 흔적, 마추픽추

마추픽추를 들어가기 위해서 가이드가 필수라는 이야기가 많은데 사실은 다르다. 가이드가 있으면 물론 좋지만 없어도 입장을 하고 관광을 하는데 큰 문제가 없다. 우리도 가이드를 끼지 않고 돌아다녔지만 만족스럽게 구경했다. 다만 역사를 좋아하고 제대로 알고 싶은 사람들은 가이드를 쓸 것을 추천. 그리고 마추픽추는 입장하고 나서 계속 앞으로만 가다가 퇴장을 하는 것이 규칙이라 처음부터 천천히 구경을 하며 움직일 것을 권한다. 크게 검사를 하는 것처럼 보이진 않았으나 대부분 그 규칙을 지키는 편이니 어길 필요는 없을 듯.

우리가 방문했을 때는 오후였는데 날씨가 좋아서 다행이었다. 기대를 정말 많이 했던 곳이었기 때문에 설렘을 가득 품고 출발했다. 처음 마추픽추를 마주한 그 순간 '와… 이게 가능해? 진짜 옛날에 이곳에서 사람이 살았고 이걸 다 손수 직접 만들었다고? 말이 안 된다 진짜…'라는 말이 나왔다. 정말 말이 안 됐다. 장비가 없던 시절이었을 텐데 그 무거운 돌들을 직접 옮기고 이 형

태의 주거공간을 지었다니 믿기지 않았다. '역시 사람이 못하는 일은 없나 보다'라는 생각과 함께. 보기만 해도 굉장히 웅장했고 아기자기한 모습이 인상 깊었다. 상상하던 그 모습을 직접 눈앞에서 보니 알 수 없는 벅참이 느껴졌다.

동행자들과 천천히 걸으면서 사진도 찍고 잉카에 대한 역사적인 이야기도 하다 보니 재밌었다. 그리고 보통 한국인들이 사진 명소를 찾아서 많이 움직이는데 개인적으로 가장 높이 올라가 마추픽추가 한눈에 보이는 곳에서 찍는 사진이 가장 마음에 들었다. 인물은 자세하게 나오지 않지만 뒷배경이 말도 안 되게 아름답다. 솔직히 비싼 투어비 때문에 별로면 어쩌나 걱정했지만 직접 보고 나니 돈이 전혀 아깝지 않았다. 페루 그리고 쿠스코로 여행을 간다면 마추픽추는 꼭 다녀왔으면 좋겠다. '미지의 세계 그 자체다' 가이드를 끼지 않고 사진도 찍고 천천히 구경하면 2~3시간 정도 걸리는 것 같다. 시간을 잘 참고해서 다녀오길.

프라이빗의 장점

마추픽추 투어를 마치고 그날은 파비앙에서 잡아준 아구아스깔리엔떼 숙소에서 잠을 잤다. 다음날 오전 기차로 오얀따이땀보로 향했는데, 사실 1박 2일 코스라 크게 체력적으로 부담이 될 것 같진 않았지만 왠지 모르게 다들 피곤해 보였다. 나도 마찬가지였고. 그렇게 아구아스깔리엔떼에 도착한 후 성스러운 계곡 투어를 하기 위해 기사님을 만나 차량에 탑승했다. 소수로 투어를 하게 되면 보통 10명 이상이 탑승하는 콜렉티보를 타고 이동하게 되는데 우리는 사전에 5명이니 우리끼리 돌아다닐 수 있는 프라이빗 차량을 예약해달라고 했다. 여기서 장점이 확실히 느껴지는데 일단 모르는 사람 10명 이상이 한 번에 움직이면 빨리 다른 곳으로 이동하고 싶어도 기다려야 하고, 더 구경하고 싶어도 빨리 다른 곳으로 이동해야 하는 상황이 발생한다. 하지만 프라이빗은 동행자들끼리 이미 친할뿐더러 우리가 원하는 시간에 맞춰 움직일 수 있기 때문에 큰 장점이다.

성스러운 계곡 투어란 오얀따이땀보, 살리네라스, 모라이, 친체로를 차로 이동하며 하루 안에 투어하는 것이다. 입장료가 합 80솔인데 이것은 따로 부담해야 된다. 다들 워낙 여행을 좋아하는 사람들이라 힘들어도 투어할 수 있을 것이라 생각하며 관광을 시작했다. 먼저 살리네라스로 출발했는데 아마 대부분 성스러운 계곡에서 가장 보고 싶은 곳일 것이다. 염전 규모가 상당했고 그런 색감은 태어나서 처음 봤다. 똥손이 아닌 이상 어디서 찍든 인생샷을 건질 수 있다. 마추픽추에서도 느꼈지만 살리네라스 염전도 참 어떻게 그 시대 사람들이 만들었는지 신기하다.

충분하게 눈으로 담고 사진을 찍은 후 점심식사를 하러 이동하는데 갑자기 서로에게 "혹시 다른 것도 보고 싶어? 그냥 의견 듣고 싶어서"라는 식으로 말을 했다. 다들 그만하고 쿠스코로 돌아가 쉬고 싶었는데 눈치만 보고 있었던 것. 5명이서 마음이 맞기가 쉽지 않은데 신기했다. 결국 우린 서로 합의하에 점심을 먹고 쿠스코로 돌아가기로 했고 식당 근처도 예뻐서 춤도 추고 영상도 만들면서 시간을 보내다 투어를 마쳤다. 사실 난 살리네라스만 보고 싶었는데 투어에 다른 것도 포함되어 있길래 '그래 이왕 하는 김에 더 보면 좋지 뭐'라는 생각으로 임했다. 직접 체험해본 결과 추천하는 건 4명 이상의 동행자들을 모아 프라이빗 차량으로 투어를 예약하고 살리네라스만 보고 오는 것. 가고 오는 길에서 봤던 풍경과 들었던 음악들이 아직도 생각나고 그러면 기분이 저절로 좋아진다. 그만큼 드라이브하는 자체만으로도 좋았다.

3. '동행의 맛'의 시작, 볼리비아

마추픽추를 함께 다녀온 우리는 쿠스코에서의 모든 일정을 마치고 볼리비아 여행에 대해 서로의 의견을 주고받았다. 어디를 가고 싶었고 앞으로의 일정이 이렇게 된다 등등. 대화를 나눠보니 서로 원하는 관광지가 비슷했고 이왕 이렇게 모인 거 우유니까지 동행하는 게 어떻겠냐는 의견이 나왔다. 마추픽추와 성스러운 계곡 투어에서 이미 서로 잘 맞는 걸 확인해서 그런지 모두들 망설임 없이 좋다고 답했다. 그땐 몰랐다. 우리의 동행이 길게 이어질지. 누나 1명과 남동생 1명은 먼저 코파카바나로 이동했다. 나를 포함 3명은 쿠스코에서 하루 더 있다가 출발하기로 했다. 동행자와 함께 여행한다고 매일 같이 붙어서 다닐 필요는 없다. 가끔 각자만의 시간을 갖는 것도 좋은 방법.

그렇게 다음날 우리도 야간버스를 타고 코파카바나로 향했다. 총 11시간 동안 탑승해야 했는데 지금 생각하면 이미 많은 경험을 해서 '그쯤이야~'라고 생각하겠지만 당시엔 '와… 11시간 실화니?'라는 마음뿐이었다. 처음으로 장시간과 야간버스를 탔으니 그럴 만도 하다. 우리는 티티카카버스를 통해서 갔는데 가격과 안전성을 합쳐 가성비가 좋다는 후기가 많아 이용했다. 보통 65솔~70솔을 부르는데 우리

는 흥정을 통해 60솔까지 깎았다. 여행을 하다 흥정에 성공할 때처럼 기쁜 순간이 또 없다. 그리고 여행했던 시즌이 겨울이기도 했고 버스마다 다르겠지만 내가 탔던 버스는 많이 추웠다. 옷을 껴입을 것을 추천하고 두꺼운 패딩이 있으면 정말 유용하게 쓰일 것.

그렇게 11시간을 달린 끝에 볼리비아 코파카바나에 도착했다. 처음으로 도보를 통해 국경을 넘는 경험을 했는데 신기했다. 북한과 우리나라도 38선이 없다면 몇 걸음으로도 넘나들 수 있어서일까 조금 뭉클하기도 했다. 버스에서 내리니 먼저 가 있던 누나와 남동생이 우리의 이름과 '환영합니다'라는 글을 쓴 종이를 들고 서있었다. 그 모습이 얼마나 귀엽던지! 같은 숙소에서 묵기로 했고 누나들 2명과 남자 3명이서 따로 방을 썼다. 그런데 누나들이 오늘 저녁에 "얘들아 우리가 페루에서 만난 남자 동행 2명이 이따 오후에 여기 도착한다고 하더라고. 혹시 너희 괜찮으면 저녁 같이 먹으려고 하는데 어때?"라고 물었고, 우리는 크게 상관없다고 답했다. 여행을 하다 보면 모르는 사람과 함께 밥 먹는 일이 흔해서 거부감이 없었다.

세계에서 가장 높은 호수, 티티카카(Lake Titicaca)

그렇게 나머지 2명까지 합쳐 총 7명의 사람이 모였다. 7명이서 움직이는 것은 처음이었기 때문에 다들 어색한 듯 아닌 듯 서로 눈치도 보고 했지만 티티카카 호수를 올라가면서 많이 친해졌다. 티티카카 호수는 해발 3,800m 정도가 되는데 이미 고산지대에다가 호수가 가장 잘 보이는 전망대를 올라가는 길이 경사가 높고 거칠어 각오를 해야 한다. 걸리는 시간은 30분 정도. 나도 어디서 체력이 부족하다는 소리를 듣지 않는 편인데도 정말 힘들었다. 고생 끝에 보람이 있다고 했던가. 정상에 올라가니 상상했던 풍경이 눈앞에 펼쳐졌다. 일부러 일몰시간에 올라갔는데 탁월한 선택이었다. 바다와 같은 넓고 푸르른 모습을 갖춘 호수와 강렬한 빛으로 우리를 반겨준 해의 모습, 그리고 따뜻함과 시원함을 함께 겸한 선선한 바람까지 모든 것이 완벽했다. 우유니만 생각하고 볼리비아를 오려고 하는 사람들에게 '강추!'하고 싶은 곳이 바로 티티카카 호수다. 후회하지 않을 것이라고 생각한다. 그리고 사진을 찍기 위해 노력하는 것은 좋지만 워낙 앞뒤와 옆이 모두 낭떠러지기 때문에 조심해야 한다.

이렇게 빨리 가까워진다고?

구경을 마치고 저녁을 만들기 위해 각자 맡은 임무를 수행했다. 나는 밥을

짓기로 했고 누구는 고기를 굽고 누구는 식재료를 더 사오고 등 인원이 많으
니 준비하기가 수월했다. 그렇게 푸짐한 한상을 차려 서로에 대해 묻고 답하
며 즐거운 시간을 보냈다. 여행을 하며 매번 새로운 것을 구경하는 것도 좋지
만 이렇게 좋은 사람들과 따뜻한 한 끼를 먹는 것도 참 좋은 추억이 되는 것 같
다. 저녁 먹을 때까지만 해도 그저 형식적인 가까움이었는데 식사를 마친 후
다 같이 앉을 수 있는 거실 같은 곳이 있어 그곳에 옹기종기 모여 앉았다. 그때
내 눈엔 기타가 보였고 '혹시 여기서 기타 칠 줄 아는 사람?'이란 질문을 던졌
다. 가만히 있던 새로 합류한 남동생이 자기가 칠 줄 안다면서 기타를 들었다.
때마침 그곳에 불을 지필 수 있는 작은 아궁이가 있었는데 공간만 실내지 거
의 캠프파이어 분위기를 냈다.

하나둘씩 인생 이야기를 꺼냈고 나는 나중에 책을 내기 위해 글을 조금씩 쓴다고 했다. 그러자 동행자들이 읽어보고 싶다고 얘기했고 나도 한번 어떤 반응을 보일지 궁금해 보여줬다. 한 명씩 차례대로 한 챕터씩 읽었는데 잔잔하고도 감미로운 기타 소리와 투박할지라도 한 글자씩 꾹꾹 눌러 마음을 다해 읽어주는 그 목소리의 조화가 너무 감동적이었다. 누군가 내 글을 듣고 공감을 해줬을 때 그 행복은 말로 표현이 안 된다. 나의 마음을 헤아려주는 느낌이랄까? 아마 이때 솔직한 서로에 대한 이야기를 주고받으며 많이 가까워진 것 같다. 사람은 성향이 모두 다르기 때문에 잘 맞는 게 쉽지가 않다. 하지만 우리 7명 모두는 서로의 이야기를 진심을 다해 들어주고 공감하면서 가식 없는 관계를 형성했다. 그렇게 우리의 다사다난한 동행은 시작되었다.

볼리비아 행정수도 라파즈

볼리비아의 수도는 2개다. 과거 수크레가 유일한 수도였지만 1898년 대통령궁을 비롯한 행정부와 입법부가 라파즈로 옮겨가면서 수도로서의 기능을 잃었다. 하지만 대법원 등이 남아있어 여전히 헌법에는 수도로 기록되는 등 사법 부문에서는 그 기능을 유지하고 있다고 한다. 참 아이러니한 국가다. 우리 7명은 우유니까지 함께 하기로 했다. 일정이 모두 비슷했고 우유니 투어에서 단체로 사진과 영상을 찍을 아이디어를 그때부터 이미 공유하고 있었다. 라파즈를 갈 때도 티티카카 버스를 이용했는데 인당 30볼(볼리비아노가 명칭이지만 볼이라고 많이 불림)이었다. 성수기 때는 차이가 크다고 하니 참고할 것. 가는 시간은 총 4시간 정도였는데 먼저 버스를 타고 한 시간 정도 간 뒤 호수에서 2볼을 주고 보트 티켓을 산후에 반대쪽으로 건너간다. 버스도 물론 따로 건너간다. 5분 정도 걸리는데 이후 다시 같은 버스를 타고 라파즈로 향한다. 버스를 타다 보트를 타고 다시 버스를 탄 건 처음이라 특이한 경험이었다.

그렇게 우리는 버스터미널에 도착했고 곧바로 숙소로 이동하지 않고 우유니로 가는 버스를 미리 예약했다. 여기서 간단히 팁을 주자면 특히 성수기 때는 관광객이 많이 몰리기 때문에 미리 다음 여행지에 대한 이동 수단을 예매를 안 하게 되면 일정이 꼬일 수 있고 좋은 좌석을 얻기가 힘들다. 특히 야간버스와 장시간 버스를 탈 경우에는 꼭 미리 예약을 해서 원하는 날짜에 좋은 좌석에 앉아 이동할 것을 추천한다. 우리는 Belgran Bus라는 회사를 이용했는데 다른 곳보다 가격(80볼 지출)이 저렴했고 좌석 퀄리티도 나쁘지 않아서 이곳으로 예약했다. 참고로 남미는 버스 좌석이 아주 잘 되어있는데 '일반석, 세미 까마, 풀 까마'로 나누어져 있다. 당연히 일반석이 제일 저렴하겠지만 몸상태를 위해서라도 등받이가 더 많이 눕혀지는 세미 까마나 풀 까마로 이동할 것을 권한다.

악명 높은 라파즈+대선 시기의 위험성

사실 라파즈는 여행자들에게도 소문난 악명 높은 곳이다. 다양한 수법으로이어지는 소매치기와 강도가 득실거린다는 이야기. 나중에 안 사실이지만 현지인들이 우리에게 특정지역을 제외하곤 돌아다니지 말라고 당부했다. 괜한호기심 때문에 피를 볼 수도 있다나… 말만 들어도 끔찍하다. 거기에다가 현재대선을 코앞에 둔 시기라 정말 조심해야 한다고 했다. 이상하게 볼리비아에선대선 시기만 되면 각종 사고가 많이 일어난다고 했다. 페루 리마에서도 시위때문에 제대로 구경을 못했었는데 라파즈에서도 대선 때문에 제대로 된 관광을 못할까봐 걱정됐다. 그래도 다행인 것은 우리가 7명이어서 그런지 확실히

불안감과 두려움이 줄었다. 이것이 동행의 가장 큰 장점!

터미널에서 우유니 가는 버스 예약을 마치고 미리 예약해둔 숙소로 이동했다. 내가 글을 쓰면서 숙소에 대해 언급을 잘 안 하는 이유는 크게 추천할만한 게 없어서다. 간혹 가성비가 좋은 괜찮은 곳에서 묵었을 때는 언급을 하지만 그 이외에는 사실 저렴한 곳으로만 다녀서 크게 기억에 남는 곳이 없다. 우리는 숙소에 짐만 풀고 근처에 있는 마녀시장이란 곳부터 관광을 시작했다. 크게 볼거리가 많은 것은 아니지만 그래도 현지 분위기를 가장 잘 느낄 수 있는 곳이고 대부분 기념품을 살 때 이곳으로 많이 온다. 그리고 낮에 찾아오면 나름 괜찮은 벽화들도 볼 수 있다. '왜 마녀시장이라고 불릴까?' 의문이 들었는데 몇몇 가게에서 조류와 파충류가 박제인 듯 아닌듯한 모습으로 우릴 쳐다보고 있었다. 가까이서 보면 징그러우니 싫어하는 사람들은 쳐다보지 말고 지나가길….

이후 저녁을 먹고 라파즈 또 다른 명소인 Mirador Killi Killi(전망대)로 향했다. 걸어가면 시간이 꽤 걸리기도 하고 저녁에는 특히 위험하기 때문에 차량을 이용하기로 했다. 콜렉티보를 타고 올라가면 되는데 가격은 3볼이다. 간혹 무료로 태워준다는 소리도 있으니 참고. 15분 정도 올라가면 도착하는데 내린 후 조금 더 걷다 보면 조금씩 아름다운 광경이 펼쳐진다. 쿠스코 전망대에서 본 야경도 예뻤지만 낄리낄리 전망대에서 본 야경이 더 운치 있게 다가왔다. 색감은 두말할 것도 없이 예뻤고 아기자기하게 모여있는 집들에서 비치는 빛이 정말 예술이었다. 아, 여기서 팁을 하나 주자면 핸드폰을 소지한 동행자들 중 야간 모드가 되는 최신폰을 소지한 사람이 있다면 무조건 그 핸드폰으로 사진을 찍을 것을 추천한다. 확실히 다르다는 걸 느꼈다. 한 20분~30분 정도 구경하고 걸어서 내려갔는데 역시 어두컴컴하니 무서웠다. 서로 무서우니 저기선 노래를 부르고 여기선 장난을 치고 그 모습을 보니 웃음이 나오고 이런 소소한 것들이 참 오랫동안 기억에 남을 것 같다.

월급 없이 일을 한다고?

라파즈에 머무는 기간이 짧았기 때문에 다음날 바로 취재를 하러 움직여야 했다. 호스텔 직원의 도움을 받아 협회 위치를 알게 됐고 아침 일찍 준비해서 그곳으로 향했다. 숙소에서 30분 정도 걸으니 크지만 허름한 체육관이 하나 보였는데 알려준 주소랑 일치하는 것 같아 안으로 들어갔다. 이름은 콜리세오 세라도 훌리오 보렐리 비테리토(Coliseo Cerrado Julio Borelli Viterito)

였다. 3층으로 올라가니 배구와 관련된 포스터와 정보가 있는 곳이 보였다. 노크를 한 후 문을 열고 안으로 들어가려고 했는데 잠겨있었다. 알고 보니 업무 시간이 오후 5시~9시까지였다. 그때까지만 해도 '와… 하루에 4시간만 일하는 건가? 부럽다…'라고 생각했지만 저녁에 다시 방문하고 그 이유를 알게 됐을 땐 경솔한 생각이었다는 걸 깨달았다.

다시 방문했을 때 인터뷰에 응해줬던 남자 직원 소사(Sosa)는 내게 "저희가 저녁 5시에 출근을 하는 이유는 본 직업을 마치고 오기 때문이에요. 2개의 직장을 다니는 것이 아니라 배구협회와 관련된 일은 일절 돈을 받지 않고 하고 있어요. 그저 제가 좋아하는 일이니까 하는 것뿐이죠"라고 설명했다. 꽤나 충격적으로 다가왔다. 그저 배구가 좋다는 이유만으로 주말을 제외하고 하루에 두 번씩이나 출근과 퇴근을 한다는 것이. '과연 나였으면 이들처럼 할 수 있었을까?'란 생각도 들었다. 그리고 그는 "여기는 라파즈 배구협회고 정식 배구협회는 바로 5분 정도 거리에 위치해있어요. 제가 안내해드릴 테니 같이 가시죠."라고 말했다. 그렇게 밖으로 나가 옆으로 조금 걸으니 허름한 건물이 나왔고 그 안으로 들어가니 정식 배구협회가 나왔다.

사실 볼리비아의 시설이 열악할 것이라는 건 예상했으나 실제로 보니 확실히 건물이 많이 오래되었다는 것이 육안으로 보였다. 들어가서 배구협회 회장인 마르코스 오초아(Marcos Ochoa)씨를 만날 수 있었다. 배구와 관련된 이런저런 이야기를 하는데 말하는 것에서부터 그가 배구를 얼마나 사랑하는지 느낄 수가 있었고, 볼리비아 배구를 취재하는 것에 대해 정말 고맙다는 뜻을 계속 표했다. 친절하게 응해주는 것만으로도 감사한데… 그리고 그는 다음에 볼리비아를 또 오게 된다면 코차밤바로 가보라고 권했다. 그곳에 배구 대표팀들이 훈련하는 선수촌이 있고 그곳 시민들이 유독 배구를 좋아한다고 했다. 아쉽지만 취재를 할 수 있었다는 것에 의미를 두고 다음을 기약했다. 사실 크게 기대하지 않았던 인터뷰지만 생각보다 신선한 소재들이 있어서 좋았고 '나는 진심으로 배구를 좋아하는가? 그저 활용하려고 했던 것은 아닌가?'에 대해서 진지하게 생각해볼 수 있는 계기가 된 것 같아 뜻깊었다.

드디어 우유니, 그러나 발생한 문제

라파즈에서 모든 일정을 마치고 우리는 저녁 9시에 버스를 탑승해서 9시간 정도 우유니로 이동했다. 야간버스와 장시간 버스는 처음 탈 때만 불편하지 2번 이상 이용해보면 적응도 되고 오히려 숙소비도 굳는 등 좋은 점이 있다. 하지만 확실히 컨디션이 떨어지는 것을 느끼니 추천하진 않는다. 그렇게 다음날 새벽 6시쯤 우유니에 도착했다. 미리 춥다는 소식을 접했었기에 많이 껴입었지만 그래도 옷을 뚫고 들어오는 강추위였다. 짐을 갖고 내리자 사람들이 숙소와 카페를 홍보하며 데려가려는 모습을 보였고 우리는 체크인 시간이 아직 남았기에 먼저 카페로 이동하자는 이야기를 했다. 안으로 들어가 난로를 키고 따뜻한 차를 마시니 조금 살 것 같았다. 몸이 으슬으슬 떨리다가 서서히 따뜻해지는 그 느낌은 느껴본 사람만 맛을 안다.

그렇게 카페에서 시간을 보내다 기다리기 따분하기도 하고 숙소가 근처에 있어 얼리체크인이 가능한지 몇 명이서 물어보러 갔다. 우리는 최대한 불쌍한 모습과 말투로 부탁한다며 얼리체크인을 해주면 안 되냐고 물었고 주인은 웃으며 알겠다고 했다. 미리 모아둔 돈으로 결제를 하려고 하는데 여기서부터 문제가 발생했다. 우리가 예약한 금액과 숙소 주인이 정해놓은 금액이 다르다는 것이었다. 우리는 에어비앤비에서 분명히 이 가격으로 예약을 했다는 것을 직접 보여줬는데 주인은 안 된다는 입장만 계속 보였다. 야간버스를 타고 오기도 했고 강추위로 인해 지칠 때로 지쳐있었던 터라 짜증이 급몰려왔다. 계속 말을 했지만 주인은 에어비앤비 측 실수라고 하면서 자기가 정해놓은 금액을 지불하지 않을 경우 숙박을 할 수 없다는 입장만 전했다. 우리는 화를 내며 신고를 한다고 했고 그 주인은 그렇게 하라고 했다. 참… 이게 무슨 경우인지… 더 이상 말싸움하고 싶지가 않아 어쩔 수 없이 우리는 주인이 예약을 취소하는 걸 확인한 후 카페로 돌아왔다. '자 이제 숙소로 갑시다!'라고 말을 하고 싶었지만 상황에 대해 설명해야 하는 게 괜히 미안했다. 내 잘못도 아닌데… 그래도 다행히 다들 힘든 내색을 하지 않았고 빠르게 다른 숙소를 예약해서 움직였다. 참고로 이런 경우를 겪은 사람들이 종종 있다고 하니 미리 더 잘 확인한 후 숙소를 예약하길.

우유니 소금사막투어

사람들이 우유니를 찾는 이유는 새햐얀 소금사막과 하늘과 땅의 경계선이 없는듯한 풍경 그리고 날이 저문 뒤 찾아오는 아름다운 별들의 모습을 보기 위해서다. 소금사막투어는 대표적으로 인기가 많은 것은 총 3가지로 나뉘는데, 첫 번째가 선셋+스타라이트(노을+별), 두 번째는 데이+선셋(낮+노을), 세 번째는 스타라이트+선라이즈(별+일출)가 있다. 2박 3일 투어도 있지만 굳이 추천하고 싶지 않아 내용은 따로 찾아보길. 보통 시간과 비용이 없거나 한 번만 투어를 하고 싶은 사람들은 선셋+스타라이트 투어를 선택하는데 이유는 낮과 노을 그리고 별까지 한 번의 투어로 모든 것을 볼 수 있는 투어여서 인기가 많다.

우리는 모두 우유니에 대한 기대가 컸기 때문에 3가지 투어를 모두 하기로 결정했다. 가격은 선셋+스타라이트가 130볼, 데이+선셋이 200볼, 스타라이트+선라이즈가 130볼이었는데, 우리는 세 가지를 모두 하고 싶다고 하기도 했고 인원이 7명이었기 때문에 각 10볼씩 할인을 받아 총 인당 450볼을 지출했다. 투어사 이름은 오아시스. 보통 오아시스와 브리사가 한국인들이 많이 가는 투어사인데 우리는 크게 소문에 연연하지 않고 숙소와 가까운 오아시스에서 했다. 결과적으론 만족. 직접 돌아다니면서 투어사와 대화를 나누다 보면 친절한지 불친절한지 확실히 알 수 있으니 여러 군데 돌아다녀 보는 것도 괜찮은 방법.

완벽했던 첫 투어

우리는 첫 투어로 선셋+스타라이트를 했는데 다행히 날씨가 좋았다. 오후 4시쯤 숙소로 차량이 픽업이 왔고 목적지인 소금사막으로 출발했다. 신나는 노래를 들으며 울퉁불퉁한 땅을 질주했던 그 순간이 아직도 생생하다. 처음에 도착한 곳은 주위가 온통 새하얀 물기가 없는 소금사막이었는데 사진과 영상 찍기도 좋고 처음 보는 뷰라 신기했다. 한 30분 정도 그곳에 있다가 노을을 볼 메인 장소로 이동했다. 도착한 후 장화로 갈아 신었는데 여기서 팁을 하나 주자면 미리 비닐과 테이프를 챙겨가서 비닐로 발을 감싼 후 테이프를 감고 장화를 신으면 물이 그나마 덜 들어갈 것이다. 그래도 혹시 모르니 여유분 양말은 챙겨가자.

본격적으로 가이드가 이끄는 데로 도구를 이용해 콘셉을 잡고 사진과 영상을 찍었는데 확실히 물에 모습이 비치니 신기하고 예쁜 사진을 많이 건졌다. '우유니가 아닌 이상 이 정도의 퀄리티가 나올 수 있을까?'란 생각이 들 정도였으니. 그렇게 즐거운 시간을 보내다 보니 서서히 노을이지는 것을 볼 수 있었는데, 노을이지는 순간부터 지고 나서 어두워지기 전 그 한 시간이 세계여행하는 도중 가장 기억에 남는 순간 중 하나다. 정말 색감이 너무 예술적이었고 보는 내내 '와… 대박이다… 미쳤다… 진짜 앞으로 감사하면서 살아야겠다…'라는 말들을 반복할 정도로 아름다웠다. 물론 사진과 영상으로만 봐도 예쁘지만 실제로 보는 것이 더 큰 감동을 준다. 아름다운 것을 볼 때 나도 모르는 사이에 '나는 지금까지 어떻게 살아왔을까?, 왜 이렇게 아등바등 살까?'라는 사색에 잠기곤 한다.

그렇게 감상을 마치고 점점 추워지길래 차에서 쉬면서 날이 완전히 저물길 기다리고 있었다. 그새 잠깐 잠이 들었고 동행들이 깨우길래 일어났더니 어

느덧 밖은 깜깜한 어둠이 자리 잡고 있었다. 내려서 하늘을 바라봤는데 크…
별들이 반짝이고 있었다. 순간 속으로 '오늘 날씨 운이 따르는구나!'라고 외쳤
다. 가이드가 시키는 대로 사진을 찍었는데 카메라가 좋은 것이 아님에도 불
구하고 인생샷을 정말 많이 건졌다. 가이드가 정말 잘 찍어줬다. 모든 곳이 같
겠지만 특히 우유니는 정말 어떤 가이드를 만나느냐에 따라 투어의 질이 달
라지는 것 같다. 우리 가이드의 이름은 에르난(Hernan)이었다. 그리고 저녁
에 우유니는 정말 춥기 때문에 옷을 두툼하게 입고 갈 것을 추천한다. 다른 방
한도구들도 챙긴다면 유용할 것. 모든 일정을 마치고 숙소로 돌아와서 샤워를
한 후 따뜻한 밥과 시원한 술을 마시는데 그때 느낀 그 맛은 정말 최고!! 하…
또 먹고 싶다….

만족스럽지만 아쉬움의 연속….

첫날 투어를 잘 마쳐서 다음날 데이+선셋 투어를 할 때도 텐션이 업되어있
었다. 날씨도 나쁘지 않았고 순조롭게 시작됐다. 데이+선셋 투어는 아침 10
시 30분에 출발해서 노을 지는 것까지 보고 오는 투어인데 기차무덤을 시작
으로, 기념품샵인 콜챠니 민예 시장, 볼리비아 포토존과 소금호텔 및 국기존
이 모여있는 소금 박물관, 선인장의 섬이라고 불리는 잉카와시까지 우유니의
대표적인 관광지를 모두 구경한다. 거기에 점심도 주고 가이드가 여러 물품과
도구를 이용해 원근법 촬영으로 재밌는 사진과 영상도 찍어준다. 일정이 조
금 타이트하긴 했지만 우리는 모두 '지금 아니면 언제 또 와보겠어'라는 마음
으로 최선을 다해 즐겼다.

투어와 원근법 촬영까지 모두 즐거웠지만 특히 우리끼리 아이디어를 내 바
지를 색깔별로 맞춰 입고 사진을 찍는다든지 풍문으로 들었소 노래에 맞춰 재
밌는 영상을 찍는다든지 그런 게 유독 더 기억에 남는다. 우유니 후기를 보면
창의성이 넘쳐나는 대한민국 사람들이 참 대단하다는 생각마저 들 정도였다.
함께 가는 동행자들과 미리 아이디어를 짜서 투어를 관광하는 것도 좋은 방법.
이때까지는 참 좋았는데 아쉬움은 노을이 질 때부터 시작되었다. 촬영은 전날
모두 마쳤기 때문에 각자 시간을 보내면서 그저 감상하는 시간이었는데 날이
많이 흐려졌다. 어제는 정말 예뻤었는데 오늘은 구름이 많이 껴 제대로 보이
지가 않았으니 아쉬울 수밖에. 어차피 보지 못한다는 판단이 섰고 다음날 새
벽 일찍 스타라이트+선라이즈 투어를 출발해야 하기 때문에 우린 모두 동의
하에 조금 이른 시간에 숙소로 복귀했다. 사실 하루 정도는 쉬고 그다음에 투
어를 해야 됐는데 날씨가 앞으로 계속 안 좋아진다는 소식을 들어 어쩔 수 없

이 일정을 빡빡하게 소화해야 했다.

　다음날 새벽 3시 30분에 출발해서 해뜨기 전에 한 번 더 별이 떠있을 때 촬영을 하고 일출을 보고 오는 일정이었는데 출발은 정확한 시간에 했지만 모두들 피곤했는지 차에서 잠이 들었다. 가이드는 우릴 깨워서 투어를 진행해야 했지만 피곤했는지 가이드도 잠이 들었다. 결국 우리는 해 뜨는 시간에 기상을 했는데 가이드가 얼마나 힘들지 예상했기 때문에 따로 컴플레인은 하지 않았다. 해가 뜨길 계속 기다렸지만 결국 해는 보이지 않았고 아쉬움을 남긴 채 숙소로 돌아갔다. 만약 첫 투어에서도 아름다운 노을 지는 모습을 보지 못했다면 조금 짜증이 많이 났을 것 같은데 그래도 첫 투어가 정말 인상 깊었기 때문에 모두 아쉽지만 만족스럽다는 이야기로 우유니 일정을 마무리 지었다.

TIP : 볼리비아는 사전에 비자를 미리 준비해서 들어가야 한다. 대부분 국내에 있는 주한국 볼리비아 대사관(무료)이나 페루 쿠스코에 있는 볼리비아 대사관(유료)에서 발급을 많이 받는 편이다. 나는 출발하기 전까지 시간도 여유 있었고 조금 번거롭더라도 무료로 발급받을 수 있는데 굳이 돈을 내고 해외에서 발급받고 싶지 않았다. 지금까지 꽤 여러 곳을 여행했지만 볼리비아 비자만큼 까다로운 비자 발급은 없었다.

● 간단하게 설명하자면 1.비자 신청서(주한 볼리비아 다민족 국가 대사관 홈페이지), 2.여권(유효기간 6개월 이상), 3.여권 사본 1부, 4.사진 1매(6개월 이내, 흰색 배경-신청서에 부착, [여권용.반명함.명함.증명 모두 가능하나 어깨가 정면을 바라본 사진이어야 함]), 5.황열병 접종 원본 및 사본 1부 지참(라파즈 엘알토-우유니 사막 지역만 방문 시 불필요), 6.E-ticket(볼리비아 in&out 혹은 중남미 전체 in&out 버스 티켓도 가능), 7.숙박 예약확인증(이름.주소.도시.국가가 명시되어야 함. 동행

인의 이름으로 예약된 경우 동행인의 여권사본 첨부), 8.본인 명의 통장 잔고 증명서 (영문)-(대사관 방문일 기준 한 달 이내 발급, 500달러(미국) 이상 증빙(해당 환율로 원화도 가능), 계좌주의 영문명은 여권과 완전 동일하지 않아도 무관)

● 온라인 신청 후 15일 이내 방문, 온라인 신청 시 INTINERARIO DE VIAJE/ ITINERARY 란에는 볼리비아 또는 중남미 in&out E-ticket 첨부, 관광비자는 무료. 발급은 당일. 발급 후 90일 내 입국해야 하며 볼리비아 입국일로부터 30일간 유효함.

● 영사부 업무 시간 안내: 월요일 오전(09:30~12:00) 50세 이상 유선 예약 후 온라인 신청 없이 방문(대사관에서 직접 신청 진행), 50세 이상이신 분들도 온라인 신청 후 화요일~금요일에 방문 가능, 50세 이상 월요일 방문 예약 번호 02-318-1767, 50세 미만은 화/수/목/금 오전(09:30~12:00) 온라인 신청 후 방문.

주한국 볼리비아 대사관 위치는 서울시청 근처인데 집이 화성시였던 터라 일찍 갔지만 10시쯤에 도착했다. 그래도 빨리 왔다고 생각이 들 찰나에 안으로 들어가니 사람이 이미 꽉 차있었다. 웬만하면 문을 여는 시간에 맞춰서 올 것을 추천한다. 생각보다 사람들이 많았고 대기시간이 길다. 그리고 필요로 하는 서류도 많고 심사도 까다로우니 사전에 철저히 준비해서 가야 다시 방문하는 일이 없을 것.

4. 폭동으로 인한 위험, 칠레

우유니에서의 모든 일정을 마치고 다음날 새벽 5시 30분에 칠레 아타카마 사막으로 가는 버스를 예약했다. 후기가 좋은 크루즈 델 노르테를 이용. 우리는 비수기이기도 했고 7명 단체로 예매를 해서 그런지 160볼에 구매했지만 가격은 시기에 따라 160볼~180볼 사이를 왔다 갔다 한다고 하니 참고. 사실 출발하기 전부터 칠레에서 정부의 지하철 요금 인상으로 인해 폭동이 일어나고 있어 조심해야 한다는 소식과 커뮤니티를 통해 웬만하면 칠레를 지금 시기에 안 오는 것이 좋을 것 같다는 현지인들의 조언을 들었다. 하지만 모든 여행자들은 공감하겠지만 전쟁이 난 것이 아닌 이상 '지금 아니면 내가 또 이곳을 언제 오겠어?'라는 생각이 커 쉽게 포기하지 못한다.

그렇게 우린 약간의 긴장감과 두려움을 안고 10시간~11시간 동안 이동하는 버스에 탑승했다. 중간에 휴게소 한번 들리고 국경을 넘을 때 빼고는 계속 이동을 했다. 국경에서 짐 검사를 다른 곳보다는 철저하게 하는 편이었는데 크게 긴장할 필요는 없고 특이한 행동을 하지 않고 조용히 앉아있는 것이 팁이라면 팁. 그렇게 황량한 길들을 계속 질주하다 보니 어느덧 아타카마 근처까지 왔다. 한 20분 정도만 더 가면 도착한다는 이야기를 듣고 슬슬 내릴 준비를 하고 있었는데 갑자기 이게 무슨 일? 버스가 멈추더니 기사님과 승무원이 심각한 표정으로 대화를 하는 것이었다. 알고 보니 현재 칠레 폭동이 전국적으로 시작되었고 아타카마 입구를 폭동을 일으키고 있는 사람들이 막고 있다는 것이었다.

참… 페루에서는 시위로 볼리비아에서는 대선으로 인해 피해를 봤는데 칠레까지… 여행이 원래 이런 것이면 이해하겠지만 위험한 순간들이 자꾸 발생하니 마음이 좋지 않았다. 그렇게 몇십 분이 지났을까 탑승객들이 하나둘씩 내리더니 짐을 꺼내고 걸어간다는 것이었다. 들어가지 못하고 줄 서서 있는 차량들이 너무 많았고 언제 입구가 다시 개방될지 모른다는 입장이니 그럴 만도 했다. 아타카마 마을까지는 걸어서 2시간~3시간 정도 걸리는데 짐이 없어도 가기 힘든 길인데 무거운 짐이 있었기 때문에 쉽게 선택할 수 있는 상황이 아니었다. 최악은 다시 우유니로 돌아가야 하는 상황. 우리는 어떻게 할지 계속 고민하고 대화하다 일단 조금 더 기다려보기로 정했다. 함께 있었기 때문에 다행이지 그 상황에서 혼자였다고 상상하면 정말 답이 없다….

그렇게 계속 시간은 흘렀고 우리는 길바닥에 앉아 이런저런 이야기를 하며 기다렸다. 근데 갑자기 걸어간다던 탑승객들이 하나둘씩 돌아오는 것. 도대체 무슨 상황이지? 궁금해하며 그들에게 물었는데 걸어가는 사람들도 폭동자들이 입장을 제지하고 있다고 했다. 하… 이러다 진짜 우유니로 돌아가는 것 아닌지… 걱정은 더 깊어졌다. 그렇게 시간이 계속 흘렀고 날은 저물어 어두워졌다. 다들 지치기도 했고 거의 반포기 상태였는데 한 6시간 정도 지날 때쯤에 갑자기 차량에 시동이 걸리더니 승무원이 "이제 들어갈 수 있다고 하네요. 모두 자리에 앉아 벨트를 착용해주세요."라는 말을 했고 우리 포함 모든 탑승객들은 연이어 환호를 질렀다. 남미, 정말 한 치 앞을 알 수가 없다….

도민준이 사랑한 사막, 아타카마

아타카마 사막, 지구상에서 가장 건조하고 메마른 땅. 우리나라에선 지난

2013년 12월 방영된 '별에서 온 그대'라는 작품 때문에 더 유명해졌다. 극 중 주인공인 도민준이란 캐릭터가 가장 사랑한 사막이라고 나오면서 사람들이 조금씩 관심을 갖고 여행을 하기 시작한 것. 우리도 우유니에서 "왜 아타카마가 가고 싶어?"라는 질문을 서로에게 했는데 결과적으론 드라마의 영향이 컸다. 이렇게 보면 미디어가 갖고 있는 힘이 대단하다는 생각이 든다. 우린 그렇게 오랜 시간을 기다린 끝에 마을로 들어갈 수 있었다. 도착한 후 미리 알아봐둔 숙소로 향했고 대충 짐을 풀고 곧바로 저녁을 먹었다. 금강산도 식후경이라고 했던가. 먹으니 기분이 저절로 풀렸고 앞으로의 계획에 대해 얘기하기 시작했다.

우리는 모두 동의하에 산티아고까지는 함께 여행하기로 정했다. 당시 산티아고가 폭동이 가장 심한 곳이었기 때문에 함께하는 게 좋을 것 같다는 의견이 많았다. 그날은 일찍 잠이 들었고 다음날 '달의 계곡 투어'를 하기 위해 투어사를 찾아다녔다. 여러 곳을 다녔지만 우리가 생각한 가격과 맞았던 곳은 'Tour Connection'이라는 곳이었다. 투어 가격은 12,000페소(이하 모두 칠레 페소)였고 입장료는 따로 3,000페소를 더 지불해야 했다. 출발은 오후 4시였고 달의 계곡이라 불리는 사막을 구경하고 가이드가 추천하는 선셋 포인트에서 노을지는 것까지 보고 오는 루트였다. 우리는 점심을 먹고 느긋하게 시간을 보내다가 4시에 맞춰서 투어사로 향했다. 다행히 날씨는 좋았고 천천히 가이드가 이끄는 데로 관광을 시작했다. 팁을 하나 주자면 바람이 많이 불고 그로 인해 모래가 코와 입으로 많이 들어오니 얼굴을 가릴 수 있는 마스크나 목토시를 하면 좋다. 머리카락이 많이 날리는 걸 싫어하는 사람은 꼭 모자를 써야 한다.

페루 와카치나가 내 인생에서 첫 번째 사막이었고 칠레 아타카마가 두 번째

였는데 서로 각기 다른 매력을 갖고 있지만 나는 개인적으로 와카치나가 더 아름다웠다. 물론 아타카마도 신기했지만 또 오고 싶다는 생각은 들지 않았다. 그래도 투어는 꼭 해볼 것을 추천. 일몰을 보고 마을로 돌아오니 저녁 8시쯤 됐고 근처 식당으로 저녁을 먹으러 갔다. 보통 동행을 하다 보면 메뉴 고르는 것으로도 트러블이 생기긴 하는데 우리는 서로 먹는 것에 욕심도 없고 배려를 해서 그런지 어렵게 메뉴를 고르진 않았다. 동행이 오랫동안 이어지려면 가장 중요한 것이 '상대를 배려하는 마음'이라는 생각이 문득 들었다. 그렇게 저녁을 먹으면서 내일은 각자 원하는 대로 하루를 보내기로 정했고 나는 휴식을 취하면서 밀린 글을 쓰기로 했다. 앞서 말했지만 동행이라고 계속 함께 다닐 필요는 없다. 오히려 그게 더 돈독한 사이를 만들어주는 듯.

요리가 이렇게 재밌는 거였어?

다들 각자만의 여행을 즐기기 위해 숙소 밖으로 나갔다. 나는 그동안 타이트하게 투어를 해서 그런지 아침 늦게까지 잠을 잤다. 일어나서 밀린 글을 쓰다가 문득 '아… 수제비가 왜 이렇게 먹고 싶지? 한번 해먹어 볼까?'라는 생각이 들었다. 사실 한국에서는 요리를 해본 적이라곤 라면이 전부라 별 관심이 없었지만 우유니에서부터 요리를 해서 밥을 먹게 됐고 그때부터 해먹는 것에 대한 재미가 붙어 수제비를 생각해낸 것 같다. 정말 그냥 무턱대고 먹고 싶어서 블로그 후기와 유튜브 영상을 찾아봤다. 그러곤 1시간 뒤 숙소 근처에 있는 작은 슈퍼에서 필요한 채소와 밀가루를 샀다. 국에 들어갈 간은 미리 챙겨온 대용량 라면 수프로 대체하기로 했다. 그렇게 유튜브를 보면서 반죽을 했고 채소를 준비해서 내 생에 처음으로 수제비란 걸 해봤는데 '오 뭐야? 맛있는데? 대박!'을 연이어 외쳤다. 라면 수프가 다했겠지만 객관적으로 생각해도 맛이 괜찮았다.

그래서 나중에 동행들이 다 들어오고 저녁으로 수제비를 한 번 더 만들었다. 그 외에도 소고기와 와인을 샀고 현지 쌀이긴 하지만 냄비 밥도 해서 나름 진수성찬을 차렸다. '나만 맛있다고 생각하면 어떡하지?'라는 걱정이 됐지만 맛을 보고 표정이 좋아지고 감탄하는 동행들을 보며 기분이 좋아졌다. 이때부터 본격적으로 요리를 하게 된 것 같다. 물론 외식을 하는 것도 간편하고 맛있고 좋지만 생각보다 여행을 하며 괜찮은 식당을 만나기란 쉽지 않았고 차라리 현지 마트에서 재료를 사 푸짐한 한 끼를 먹는 게 더 포만감 있고 만족스러울 것이라 생각했기 때문. 그리고 결과적으로도 그 선택이 훨씬 나았다. 그날 이후 나도 모르는 사이 난 우리 멤버에서 요리를 담당하는 사람으로 역할을 맡게 됐다. 조금 번거로워도 맛있게 먹는 동행들을 보면 오히려 기분이 좋아져 나도 즐겁게 했던 것 같다.

폭동의 가장 큰 피해

사실 아타카마에 있을 때까지는 폭동의 심각성을 크게 느끼지 못했다. 입구에서 막혀 몇 시간 대기를 했지만 마을로 들어오고 나선 그냥 평화로운 분위기였다. 그러나 문제는 아타카마를 떠날 때쯤 발생하기 시작했다. 아타카마에서 다른 곳으로 이동하는 모든 버스들이 파업에 들어갔고 언제쯤 재개할지는 아무도 모른다는 것이었다. 칠레 다른 지역을 가볼 생각도 했었으나 계획이 다 틀어지게 된 상황이었다. 예상은 했었지만 실제로 이런 일을 겪게 되니 흔히 말하는 '멘붕 상태'에 빠졌다. 우리는 결국 계속 생각을 하고 대화를 하다가 비행기를 타고 산티아고로 향하기로 정했다. 그러기 위해선 칼라마라는 지역에 있는 공항으로 이동을 해야 했는데 버스로 이동할 시 큰 부담 없는 가격이지만 파업 때문에 그 구간도 운행을 안 한다는 것. 오후까지 기다리다 보면 운행하는 버스가 생길 수도 있을 것이라고 생각했지만 아침부터 다시 폭동자들이 입구를 막는다고 선전포고를 했다.

결국 우리는 어쩔 수 없이 비싼 돈을 주고 다음날 새벽에 공항으로 가는 콜렉티보를 예약했고 비행기 표도 비쌌지만 일단 이동하는 게 중요했기 때문에 티켓을 끊었다. 평소 당일 쓴 금액을 메모장에 정리하고 앞으로 지출할 돈을 측정해서 사용하는 게 내가 여행하면서 돈 관리하는 방법이었는데 폭동으로 인해 계획이 급하게 수정돼 추가적으로 나가는 돈들을 볼 때면 가슴이 아팠다. '충분히 아낄 수 있는 돈이었는데…'라고 생각하며. 그래도 이럴 땐 돈보단 시간이 더 중요하다는 것을 알고 대처하는 것이 정말 중요하다는 것을 느꼈다. 돈 때문에 기다렸다가 갇힐 수도 있는 상황이었으니.

어쩔 수 없이 삼시세끼….

그렇게 우리는 무사히 아타카마를 빠져나와 칼라마공항에서 비행기를 타고 칠레의 수도인 산티아고로 향했다. 도착해서도 문제가 생길까 걱정했지만 다행히 큰 문제없이 입국 수속을 할 수 있었고 미리 에어비앤비로 예약한 아파트로 이동했다. 일부러 7명 모두 사용할 수 있는 넓은 아파트를 예약했는데 탁월한 선택이었다. 당시 상황이 호전되면 산티아고 시내를 여행하려고 했으나 우리가 갔을 때 폭동이 거의 절정에 이르렀을 때라 숙소와 마트를 오고 갈 때를 제외하곤 숙소에만 있을 것을 대사관을 통해 권고 받았다. 산티아고 전체적으로 통금이 시작되었던 시기라 괜히 밤늦게 돌아다니다 경찰에게 걸리면 큰일 날 수도 있는 상황이었으니…. 결국 우리는 이왕 숙소에만 있는 거 실내에서 할 수 있는 재밌는 것들을 해 기억에 남는 추억을 만들자고 했다. 혼자 있었으면 신세한탄만 하고 있었을 텐데 함께 있으니 든든해서 크게 두렵지 않았다.

게다가 숙소를 같이 쓰니 함께할 수 있는 것들도 많았다. 짐을 풀고 각자 뭐할지 의견을 말하는데 나는 자연스럽게 식사에 대한 생각만 하기 바빴다. 어차피 3일 정도 이곳에서 밥을 해먹어야 하고 한인마트도 택시타고 이동거리가 있기 때문에 한 번에 웬만한 재료들을 다 사와야 효율적이었으니. 그렇게 나는 앞으로 요리를 해먹을 때 꼭 필요한 재료들을 정리했고 몇 명을 선발해 장을 보고 왔다. 지내면서 재밌었던 에피소드는 당시 매 끼니를 먹으면서 '다음은 뭐 먹지?'에 대해 고민을 했다는 것. 그렇게 우리는 어쩔 수 없이 삼시세끼를 찍게 된 것. 지금 생각해도 웃픈 현실… 그래도 함께 있는 동안 여러 가지 게임들도 하고 영화도 보고 많은 대화를 나누면서 더 가까워졌다. 아마 함께하기 시작하고 헤어지기 전까지 통틀어 칠레 산티아고에서 있었던 시간이 가장 친해진 시기였던 것 같다. 그렇게 나의 요리 실력은 자연스레 늘어갔다.

드디어 국가대표팀을 만나다

산티아고에서는 앞서 말했듯 외부 활동을 전혀 할 수 없는 상황이었다. 그래도 취재는 해야 했기에 정보를 찾았고 배구협회가 위치해있는 코미테 올림피코 데 칠레(Comite Olimpico De Chile)라는 곳으로 향했다. 그곳은 우리나라 태릉이나 진천선수촌과 같이 국가대표 선수들이 훈련하는 선수촌이었다. 입구에서 간단한 신원절차를 마치고 배구협회가 있는 4층으로 올라갔다. 심호흡을 크게 하고 안으로 들어갔는데 영어를 할 줄 아는 사람이 없었고 반응이 차가웠다. '어떻게 하지?'라는 생각을 하고 있는 찰나에 레슬링 대표팀의 분석가라고 하는 사람이 들어왔고 그가 영어를 할 줄 알아 도움을 받았다. 하지만 현재 시국이 좋지 않아 타국가 인터뷰를 할 수 없다는 답을 들었다. 위험을 무릅쓰고 여기까지 왔는데 너무 아쉬웠다. 그래도 어쩌겠나 억지로 할 수는 없는 노릇.

다행히 건물과 체육관 내부는 촬영이 가능하다고 해서 위안으로 삼았다. 그렇게 천천히 내부를 돌아다니며 촬영을 했는데 배구장에 남자 한 명이 네트를 설치하고 있었다. 피해가 가지 않게 촬영을 하고 숙소로 돌아가려고 하는데 그 남자가 다가오더니 "내일 오전 10시에 남자배구 국가대표팀 훈련이 있어요. 혹시 모르니 한번 찾아와보세요."라고 말했다. 아마 우울하게 있던 내가 안쓰럽게 느껴진 것 같다. 취재가 가능할지는 확실히 알 수가 없었지만 그래도 도전을 하고 아쉬움을 느끼는 게 더 낫다고 생각해 다음날 시간 맞춰서 체육관을 다시 방문했다. 어제와는 다르게 체육관엔 함성소리로 넘쳐났고 설레는 마음을 품고 안으로 들어갔다.

　훈련 중이라 직접적으로 물어보지 못해 현장 스태프를 통해 취재하고 싶다
는 마음을 전달했는데 전날 거절당한 경험이 있어 걱정이 컸다. 하지만 이게
무슨 일? 웃으면서 배구 스태프 한 분이 다가왔는데 이름은 호세(Jose) 남자
배구 국가대표팀 기록원 겸 분석가였다. 특유의 호탕한 웃음으로 반겨주더니
자신을 따라오라며 감독님과 선수들과 인터뷰를 할 수 있게 도와줬다. 걱정
했던 것과 달리 다들 너무 친절하게 응해줬고 기념사진과 더불어 대표팀 단
체 티셔츠를 선물로 줬다. 인터뷰를 할 수 있는 것 자체만으로도 감사했는데
선물까지… 정말 나는 운이 좋다는 것을 다시 한번 느꼈다. 그리고 이번 계기
로 포기하지 않고 계속 문을 두드리다 보면 언젠가는 그 문이 열린다는 사실
을 깨달았다. 여러모로 너무 좋은 경험을 했던 칠레 배구 취재, 한동안 잊을

수가 없을 듯….

 잠시만 안녕

 우리는 산티아고를 끝으로 각자의 여행을 가기로 정했다. 그중 일정이 맞는 사람은 같이 가기로 했고. 어찌 보면 페루에서부터 칠레까지 함께 여행했다는 자체가 신기할 따름… 누구 하나 크게 화를 내는 사람도 없었고 사소한 문제로 다투기도 했었지만 대화를 통해 서로 이해해가는 과정을 거쳤기에 더 가까워질 수 있었다. 이렇게 보면 참 인복이 많은 것 같다. 아쉽지만 각자 미리 계획한 여행도 중요했기 때문에 헤어질 수밖에 없었고 추후 일정이 맞는다면 아르헨티나 부에노스아이레스에서 다시 만나기로 정했다. 정이 많이 들었지만 별수 있나… 잠시만 안녕, 우리 식구들.

5. 자연과 평화로움의 조화가 인상적인 곳, 아르헨티나

만약 누군가 내게 "가족이나 배우자와 함께 남미 중 한 국가만 여행할 수 있다면 어디를 가시겠어요?"라고 묻는다면 나는 '아르헨티나요!'라고 답할 것 같다. 물론 안 가본 국가도 있고 다녀온 남미 국가들 모두 매력적이었지만 나에겐 유독 아르헨티나가 '취향저격?'하듯 다가왔다. 나와 일정이 같았던 남동생과 함께 산티아고에서 비행기를 타고 부에노스아이레스로 이동했다. 사실 당시 폭동 때문에 산티아고 공항이 통제가 될 수도 있다는 이야기를 들었지만 다행히 무사히 빠져나올 수 있었다. 우리는 엘 칼라파테로 갈 예정이었던 터라 부에노스아이레스에 도착한 후 곧바로 국내선을 운항하는 호르헤 뉴베리 공항으로 이동했다. 공항 노숙은 그래도 몇 번 경험을 해봤기 때문에 괜찮았지만 추위가 적응이 안 됐다. 직전 여행지였던 산티아고가 따뜻했었기 때문에 체감상 더 그렇게 느껴졌던 것일 수도. 짧은 노숙 끝에 목적지인 엘 칼라파테로 이동했다.

아르헨티나 대표적인 관광지로 꼽히는 곳이 보통 페리토 모레노 빙하와 피츠로이 산인데 모두 엘 칼라파테를 통해야만 그곳으로 갈 수 있다. 도착한 후 콜렉티보를 타고 마을로 향했다. 차를 렌트할 사람이나 개인택시를 탈 사람이 아니라면 마을로 가기 위해선 콜렉티보를 타는 것이 가장 저렴하고 유일한 방법이다. 그렇게 마을로 향하는데 가는 길에서부터 입을 다물지 못했다. 태어나서 그런 호수의 색깔은 처음 봤다. 푸른 것 같기도 하고 더 진한 것 같기도 하고 처음 보는 색감이라 계속 쳐다봤다. 엘 칼라파테는 호불호가 많이 갈리는 곳 중 하나인데 나는 개인적으로 정말 좋았다. 자연과 함께하는 마을이라 생

각됐고 평화로운 분위기와 상쾌한 공기 그냥 아무것도 안 해도 저절로 미소가 지어지는 곳. 내가 생각하는 가장 이상적인 곳과 흡사한 분위기라 더 좋았다.

1일 1소고기&와인 한 병

미리 예약해둔 숙소에 짐을 풀고 모레노 빙하투어 예약확인을 하기 위해 시내로 향했다. 참고로 빙하투어는 모두 'Hielo & Aventura'라는 회사에서 독점하고 있기 때문에 이곳으로 찾아가면 된다. 관광하기 전 일정에 맞춰 홈페이지에서 미리 예약을 하는 것이 좋다. 그렇지 않다면 엘 칼라파테에 머무는 며칠 동안 모두 예약이 꽉 차있어 투어를 못하고 떠나는 낭패를 당할 수 있다. 우리는 이미 예약을 했기 때문에 확인을 할 필요는 없었지만 혹시 모르는 마음에 찾아갔다. 다행히 문제는 없었고 날씨도 좋을 예정이라고 하니 마음이 한결 편안해졌다. 홀가분한 마음으로 저녁을 뭐 먹을까 고민하다 아르헨티나 소고기와 와인이 질이 좋고 가격이 정말 저렴하다는 걸 알고 있었기에 마트로 향했다.

　정육점 코너로 가 소고기 3인분 정도 달라고 했고 가격을 보는데 300페소(아르헨티나) 조금 넘게 찍혔다. 당시 환율로 봤을 때 우리나라로 치면 6천 원이 안 되는 가격… 보면서도 믿기지가 않았다. 다음으론 와인코너로 가서 가격을 보는데 가장 저렴한 것이 80페소였다. 우리나라로 치면 1,500원 정도? 질이 좋은데도 비싸지가 않아 신기했다. '우리나라도 이런 물가면 얼마나 좋을까…'라는 생각이 자꾸만 들었다. 흡족한 장보기를 마친 후 숙소에서 요리를 해서 먹는데 '크… 소고기와 와인은 절대 배신하지 않는다'라는 것이 우리의 소감. 그때부터 아르헨티나를 떠나기 전까지 1일 1소고기&와인 한 병을 실천했다. 가성비가 최고! 하… 또 먹고 싶다….

　페리토 모레노 빙하

　페리토 모레노 빙하는 투어가 여러 가지 있지만 가장 대표적인 것이 빅아이스 트레킹과 미니 트레킹이다. 빅아이스 트레킹은 빙하에서 트레킹을 총 4시간 정도 하는 코스고 미니 트레킹은 1시간 30분 정도 빙하에서 트레킹을 하는 식이다. 다음에 또 언제 올지 모르기 때문에 돈을 좀 더 주더라도 빅아이스를 할까 했지만 굳이 4시간씩이나 빙하에 있을 필요가 있을까 싶어 미니 트레킹을 예약했다. 결과적으론 굿 초이스~! 가격은 6,500페소(환율이 자주 바뀌니 참고). 아침 8시쯤 콜렉티보 차량이 픽업을 왔고 중간에 대형버스로 갈아타고 관광할 장소로 이동했다. 입장료 800페소도 추가로 내야 하니 미리 현금으로 준비를 해야 한다. 처음엔 선착장에 도착해서 배를 타고 이동하는데 여기서 자리를 잘 잡으면 신비하고도 아름다운 빙하를 제대로 만끽하며 이동할 수 있다.

　반대편 선착장에 도착하면 영어와 스페인어 가이드를 선택해서 그룹을 나눈 후 끝날 때까지 함께하는 식으로 진행된다. 참고로 점심은 각자 준비해서 와야 하니 관광하기 전날에 미리 빵이나 간식거리를 사가지고 오면 된다. 그렇게 트레킹할 입구까지 걸어간 후 가이드들이 빙하용 아이젠을 직접 신발에 채워주는데 몇몇 가이드들이 우리가 한국인인 걸 알고선 간단한 인사말 정도를 한국어로 구사하는데 왠지 모르게 기분이 좋았다. 그만큼 한국이란 나라가 점점 세계적으로도 알려지고 있다는 뜻인 것 같아서 그런가? 그렇게 처음에 나눈 그룹끼리 빙하를 천천히 구경하며 설명을 듣는다. 중간마다 가이드가 사진이 잘 나오는 장소를 알려주니 괜히 핸드폰에 정신이 집중돼서 떨어뜨리거나 넘어지는 불상사를 겪지 않길. 태어나 처음 빙하를 보는 것만으로도 신기했는데 직접 걸어보니 더 기분이 묘했다. 지구온난화로 인해 점점 빙하가 녹고 있다고 하는데 괜히 무섭기도 했고.

그리고 왜 미니 트레킹을 선택한 것이 좋다고 했냐면 1시간 30분만으로도 충분히 빙하를 구경할 수 있었고 그 이상 하게 된다면 나 같은 경우는 좀 지치고 지루해졌을 것 같았다. 사람마다 다르니 나와 스타일이 비슷한 사람들에게만 미니 트레킹을 추천! 트레킹 마지막쯤 즉석에서 구한 빙하를 깨서 만든 얼음을 섞은 보드카와 초콜릿을 주는데 크… 그 맛은 직접 먹어봐야 아는 맛… 트레킹을 모두 마친 후 다시 배를 타고 버스로 갈아타 전망대로 향하는데 가는 길도 예쁘지만 도착한 후 전망대에서 바라보는 풍경이 정말 예술이었다. 개인적으로 사진 찍기엔 트레킹 장소보다 전망대가 더 나은 것 같다. 위에서 아래로 내려가면서 점점 빙하와 가까워지는 코스인데 각 장소마다 빙하가 보이는 모습이 조금씩 다르니 인지하면서 구경하면 더 유익한 관광이 될 것이라 생각한다. 트레킹을 하고 와서 그런지 피곤하기도 했고 장소를 한 군데 정해서 아무 생각 없이 노래를 들으며 빙하를 바라봤는데 돌이켜보면 그때가 가장 기억에 남는다. 보면 볼수록 믿기지가 않고 신비함이 증가했다고나 할까… 투어 비용은 가격이 높은 편이지만 엘 칼라파테에 갔다면 무조건 꼭! 보고 와야 하는 곳이니 이럴 땐 아끼지 말고 과감하게 투자할 것!

날씨야 나한테 왜 그래….

빙하투어를 마치고 엘 칼라파테에서 며칠 동안 쉬면서 더 머물고 싶었지만 다음 일정이 빡빡했던 터라 쉴 수가 없었다. 그래서 피츠로이를 보기 위해 다음날 엘 찰튼으로 가는 버스에 탑승했다. 이동시간은 3시간 조금 넘게 걸릴 예정이었고 아침 8시에 출발했기 때문에 도착한 후 바로 등반을 할 수 있는 시간이었다. 하지만 가는 길부터 우중충한 날씨가 보였고 엘 찰튼에 도착하자마자 일찌감치 포기하라는 뜻인지 비가 쏟아졌다. 하… 부에노스아이레스로 돌아가는 비행기를 이미 환불 불가인 상품으로 예약했던 터라 오늘이 아니면 볼 수 없는데 날씨가 도와주지 않았다. 여행하면서 매번 날씨가 좋길 바라는 것이 욕심이라는 것을 알지만 그래도 아쉬움은 감출 수가 없었다. 바람도 많이 불었기 때문에 망연자실한 마음으로 숙소에서 짐을 풀었는데 함께 간 동생이 그래도 이왕 온 김에 정상까지는 아니더라도 피츠로이가 보인다는 카프리 호수까지만 가보자고 했다.

'그래 어차피 못 보는 건 확실하니까 산이라도 밟아보자!'라는 생각으로 출발했다. 하늘은 흐렸고 바람은 정말 심하게 불었다. 그래도 함께하는 동생과 이런저런 이야기를 하며 걸으니 또 나름 즐겁게 트레킹을 한 것 같다. 마을에서 카프리 호수까지 1시간 30분~2시간 정도 걸리는데 가는 길에 보이는 뷰가 온전히 다 보이진 않았지만 흐림에도 불구하고 웅장함을 느낄 순 있었다. 날씨가 좋았다면 아마 인생 트레킹으로 남았을지도 모르겠다. 호수에 도착했지만 역시 피츠로이를 볼 수 없었고 나와 동생은 다음날 떠나야 했기 때문에 아쉽지만 다음을 기약했다.

엄금순 아주머니

엘 칼라페테 숙소에서 우연히 동양인인 것처럼 보이는 아주머니와 마주쳤다. 중국인인가? 일본인인가? 싶어 말을 걸지 않았다. 그렇게 여행을 하다가 엘 찰튼에서 또 우연히 마주친 것. 그때 먼저 아주머니께서 "한국분이세요?"

라고 말을 걸어주셨고 그 이후 짧은 시간 동안 대화를 나눴는데 와… 놀라움의 연속이었다. 연세가 50대 후반이라고 하셨고 혼자서 남미 일주를 하고 계신다고 했다. 직접 여행지를 찾아보고 루트를 짜고 예약을 하는 등 모든 것을 혼자 준비하면서 여행을 하신다는 거였다. 어떻게 보면 놀랄 일이 아니었지만 내 기준에선 그 세대의 분이 혼자서 여행을 그것도 남미를 하신다는 게 정말 놀라웠다. 젊은 우리도 여행하기 힘든 곳이 바로 남미였으니… 우리 부모님과 같은 연배이시기 때문에 더더욱. 거기다 남편분께서 아주머니 혼자 여행하는 걸 흔쾌히 허락하셨다는 것. 그 이야기를 듣고 '나도 금순 아주머니와 같은 나이가 됐을 때 저렇게 혼자서 여행을 다닐 수 있을까? 그리고 와이프 혼자 여행 가는 것을 지지해줄 수 있을까?'란 생각이 들었다. 여행을 하면서 만나는 모든

사람이 좋진 않지만 가끔 이렇게 생각을 많이 하게 만들어주는 여행자분들이 계신다. 그분들은 모르겠지만 내겐 참 감사한 분들. 훗날 기회가 된다면 한 번 더 대화를 나눠보고 싶다.

'금순 아주머니 감사해요!'

6. 위험하지만 매력적인 곳, 브라질

피츠로이를 보지 못한 아쉬움을 뒤로하고 남은 여행을 위해 움직였다. 원래
계획은 부에노스아이레스에서 장기간 휴식을 취하는 것이었는데 브라질을 가
지 않고 남미를 떠난다면 두고두고 후회가 될 것 같았다. 가보고 싶은 곳도 많
았지만 브라질 배구가 세계적으로 유명하기 때문에 방문하지 않을 수가 없었
다. 엘 찰튼에서 버스를 타고 엘 칼라파테로 돌아갔고 엘 칼라파테에서 부에
노스아이레스까지 국내선, 부에노스아이레스에서 상파울루까지 국제선, 상파
울루에서 리우까지 국내선 비행기를 타고 이동했다. 중간마다 경유 시간이 길
지 않아 공항 노숙을 했는데 노숙+여러 번 비행기 탑승의 조화는 정말 최악이
었다. 돈은 많이 아낄 수 있었지만 정신과 육체적으로 고통스러운 것이 사실.

그렇게 힘겹게 리우에 도착했고 버스를 타고 미리 예약해둔 한인민박으로
향했다. 이름은 '리우민박'. 도미토리 4인 기준 하루 숙박요금이 25불이었는데
한식 조식이 포함되어 있고 숙소 보안이 좋았지만 다른 남미 국가 한인민박보
단 비싼 편이었다. 그래도 처음엔 꼭 한인민박을 머물 것을 추천한다. 리우 자
체가 낮과 밤 상관없이 소매치기나 강도가 가장 심한 곳이기도 하고 브라질
은 총기 소지가 합법인 나라이기 때문에 꼭 현지에 대한 자세한 정보를 먼저
들은 후 움직이는 것이 안전하다. 만약 자신이 완벽하게 현지에 대한 정보가
빠삭하다면 굳이 한인민박을 가지 않아도 괜찮다. 다만 허름한 호스텔에선 번
번이 강도가 들이닥친다고도 하니 돈을 조금 더 주더라도 안전성이 보장된 곳
에서 묵을 것을 추천한다.

또 다른 동행자와의 만남

도착해서 방으로 들어갔는데 잉? 한국인 여성 한 분이 침대에 앉아계시는 거였다. 지금까지 여성과 동행은 했었지만 같은 방을 써본 적이 없었던 나이기에 당황스러웠다. 남녀 혼숙인 것을 그때 안 것이었다. 물론 나중엔 오빠 동생으로 편하게 지내게 됐지만 처음 어색했던 그 분위기를 아직도 잊을 수가 없다. 보통 남미 루트를 짤 때 시계방향과 반시계방향으로 많이 나누는데 나는 반시계방향으로 이미 남미 여행의 마지막까지 온 것이었고 여동생은 시계방향으로 루트를 짰고 브라질을 시작으로 남미 여행을 한다는 것. 편견이 아니라 20대 초반인 여성이 남미를 혼자 여행할 생각을 했다는 자체가 너무 대단했고 멋있었다. 아무래도 최근에 반시계방향으로 다녀온 내게 물어볼 것이 많았는지 여동생의 질문 속에 우리는 자연스레 친해졌다.

그렇게 오후에 함께 가까운 곳이라도 관광을 할 계획이었는데 여동생이 커뮤니티에서 알게 된 한 여성분이 내일 함께 셋이서 돌아다니면 어떠냐고 물어왔다고 했다. 당일 고된 비행 때문에 많이 피곤하기도 했고 리우 특성상 안전성을 고려해 무조건 우버를 타고 다녀야 했기 때문에 택시비 측면에서도 괜찮을 것 같아 흔쾌히 수락했다. 그리고 관광하기 전에 친해지면 좋을 것 같아 저녁을 함께 만들어 먹기로 정했고 주방시설이 있는 우리가 요리를 준비했다. 그렇게 저녁에 셋이 모여 함께 밥을 먹는데 이야기를 나누다 보니 어색함은 어디로 사라졌는지 금세 편안하게 농담도 주고받으며 대화를 이어갔다. 여행의 묘미가 이럴 때 많이 느껴지는 것 같다. 서로 살아온 환경과 길이 다른데도 가식으로 자신을 감추는 것이 아니라 그동안 어떻게 살아왔는지, 여행은 왜 떠나게 됐는지, 앞으로의 꿈은 무엇인지 등등 진지한 이야기도 스스럼없이 하며 대화를 주고받는 것이 여행이 주는 또 다른 '맛'이지 않을까 싶다. 무튼 괜찮은 여동생들을 만난 것 같아 기분이 좋다.

리우 클라쓰

우리 셋은 모두 리우에서 머무는 일정이 길지 않았기 때문에 하루에 4곳을 다녀오기로 정했다. 한인민박 사장님께서 도움을 많이 주셨는데 '1.예수상, 2.코파카바나 해변, 3.이파네마 해변, 4.팡지아수카르산' 순서로 가기로 정했다. 이유는 오전에 예수상을 가야 역광이 아니기 때문에 사진이 더 잘 찍히고 팡지아수카르산은 노을 지기 1시간 전쯤 가야 '밝을 때, 노을 질 때, 야경' 세 가지를 모두 볼 수 있다고 추천하셨기 때문. 결과적으론 최고의 루트였다.

먼저 아침 일찍 예수상으로 출발했는데 가는 법은 크게 트램과 밴으로 나뉘는데 우리는 밴을 타는 곳이 한인민박 근처에 있었기 때문에 가까운 밴을 이용하기로 정했다. 구글맵에 'Largo do Machado'라고 검색한 후 10분 정도 걸어가면 성당과 광장 사이에 있는 매표소가 보인다. 그곳에서 79헤알(이하 모두 환율에 따라 다름)을 주면 예수상으로 갔다 돌아오는 밴을 포함 입장 티켓까지 모두 준다. 뭣 모르고 걸어 올라가겠다는 사람도 있다는데 걸어가다 대낮에도 강도를 만난 사람들이 많다고 하니 무조건 트램이나 밴을 이용하길.

그렇게 예수상에 도착해서 구경을 시작하는데 처음 마주한 소감은 '와… 진짜라고? 이걸 사람이 만들었다고? 이 높이에서?'라는 생각밖에 들지가 않았다. 생각했던 것보다 훨씬 압도적으로 웅장했고 '사람이 이걸 어떻게 만들었을까?'라는 궁금증이 자꾸만 생겼다. 그리고 사람이 많아 정작 정상에서 있는 시

간이 얼마 안됐지만 예수상과 그 위치에서 보는 풍경이 정말 최고였다. 관광객만 적었다면 오래 있고 싶었을 것 같은데 심각할 정도로 많았다. 아쉽지만 그래도 만족스러웠던 첫 투어! 다시 밴을 타고 처음 출발했던 곳으로 돌아갔고 우리는 곧바로 우버를 불러 코파카바나 해변으로 향했다.

　기본 차 한 대 수용인원이 최대 4명이니 4명을 맞춰 함께 관광한다면 우버로 나가는 비용을 많이 아낄 수 있다. 꼭 혼자 돌아다녀야 하는 스타일이 아니라면 함께 다니는 것을 추천한다. 탑승하고 얼마 지나지 않아 해변에 도착했고 세계적으로 유명한 휴양지 다운 크기와 넓이, 평일인데도 불구하고 해변이 꽉 찰 정도로 사람이 많은 것에 놀랐다. 비치발리볼과 풋살 경기장도 많았는데 역시 스포츠를 사랑하는 나라답게 많은 사람들이 공놀이를 하고 있었다. 여동생들은 아니었지만 나는 이왕 온 김에 입수를 하고 싶었다. 아무것도 모르고 무작정 바다로 뛰어 들어갔는데 하마터면 영영 못 나올 수도 있었다. 그

만큼 파도와 물살이 너무나 강력했고 특히 바다 안으로 끌어당기는 물살이 너무 세 깊게 들어갈 엄두조차 나지 않았다. 수영을 잘한다고 나처럼 무턱대고 안으로 들어가 불상사를 겪는 일이 없길….

어느 정도 구경하고 나니 점점 심심해졌고 나는 다음 장소로 이동하기 전에 비치발리볼을 잠깐이라도 하고 싶어 경기를 하는 현지인들에게 혹시 같이해도 되겠냐고 물었다. 그들은 처음엔 '얘 뭐야?'라는 반신반의한 표정이었지만 나중에 경기를 막상 해보니 잘하는 나를 보고 다들 신기해했다. 이럴 때 '아, 배구하기 잘했다!'라는 뿌듯함이 느껴진다. 짧지만 재밌던 경기를 뒤로하고 이파네마 해변으로 이동했다. 나는 사실 해변 분위기로만 본다면 이파네마가 더 좋았다. 겉으로 보기엔 큰 차이는 없지만 개인적으로 조금 더 아기자기하고 풍경이 더 좋게 느껴졌다. 편안하고 즐겁게 해수욕을 즐기는 현지인들을 보고 있자니 '세계적인 휴양지 근처에서 살면 어떤 느낌일까?'라는 뜬금없는 궁금증마저 들었다. 그만큼 부럽다는 뜻.

사실 해변에서는 해수욕을 하지 않아서 사진과 영상을 찍는 것 이외에는 크게 할 것이 없다. 만약 해수욕을 할 생각이라면 소지품을 다 숙소 안전한 곳에 두고 가든지 짐을 지키는 사람은 꼭 있어야 소매치기를 당하지 않을 확률이 높다. 그렇게 해변까지 구경을 마치고 카페에서 조금 쉬다가 노을 지기 1시간 전쯤 팡지아수카르산으로 출발했다. 팡지아수카르산은 케이블카를 타고 정상으로 향하는데 가격이 105헤알로 많이 비쌌다. 그래도 어쩌겠나 또 언제 올지 모르는 곳인데… 키오스크에서 카드로 결제를 했고 티켓을 받아 케이블카를 타는 곳으로 향했다. 팡지아수카르산은 총 2개의 정상이 있는데 첫 번째로 들리는 곳은 노을이 지기 전 구경하고 일몰이 시작될 즘엔 마지막 정상으로 가서 미리 잘 보이는 곳에 자리를 잡을 것을 추천한다.

다행히 내가 여행했던 날이 반대편 먼 곳에 있는 예수상까지 보일 정도로 날씨가 좋았고 여유 있게 천천히 감상했다. 밝을 때도 보고 노을이 질 때도 보고 야경도 봤지만 3번 다 너무 예뻤다. 더 뭐라 설명할 것이 떠오르지가 않는다. 그냥 너무 예뻤다. 그리고 나는 솔직히 여행하면서 봤던 야경 중 팡지아수카르산에서 본 야경이 넘버원이다. '해변, 산, 도시'의 조화가 너무 아름다웠고 예수상이 이 지역을 수호하는듯한 느낌이 들 정도로 뭔지 모르겠지만 감명 깊게 다가왔다. 언제가 될지 모르겠지만 죽기 전 이 야경은 꼭 한 번 더 보고 싶다. 하루에 4곳을 구경하기가 쉽지가 않은데 함께하는 동행자들이 있어 가능했다. 나처럼 시간이 많이 없는 사람들에겐 이 루트를 '강추'하고 싶다. 너무 만족스러웠다.

세계 최강 브라질 배구

다음날 여동생들은 남은 여행을 위해 상파울루로 떠났고 나는 취재를 시작했다. 브라질은 워낙 배구 강국이어서 취재할 거리가 많았는데 크게 세 가지로 나누었다. 첫 번째는 배구협회를 방문하는 것, 두 번째는 현지 배구리그 체험이었고, 마지막은 배구만을 위해 만든 선수촌인 센트로 데 데센볼비멘토 데 발리볼(Centro de desenvolvimento de voleibol)을 가보는 것이었다. 먼저 구글을 통해 찾은 배구협회로 찾아갔다. 숙소에서 1시간 정도 걸렸는데 택시비가 많이 나올 것을 알았지만 방법이 없었다. 괜히 돈 아끼려다 가지고 있는 중요한 물품이라도 뺏기는 날엔 정말 '멘붕'이 찾아올 것 같았으니. 협회에 가까워질수록 점점 도시 느낌이 풍겼고 도착한 후 바라본 배구협회의 모습은 '대박' 그 자체였다.

지난 2016 리우 올림픽 때문인지 신축 건물이었고 규모가 상당했다. '역시 브라질! 오길 잘했다!'라고 스스로를 칭찬하며 안으로 들어갔다. 워낙 보안이 까다로운 곳이라 들어갈 수 있을지 걱정이 됐는데 다행히 입구 쪽에서 마첼로(Marcelo)라는 친구를 알게 됐다. 그는 배구협회에서 일을 한다고 했는데 내가 여행하고 있는 프로젝트에 대해 이야기하니 정말로 멋진 프로젝트라며 자신이 무엇을 도와주면 되겠냐고 물었다. 여행하며 가장 좋은 순간이 바로 친절한 사람을 만나는 일인데 난 운이 참 좋은 것 같다. 그에게 브라질 배구에 대해 알고 싶고 배구협회 내부도 구경하고 싶다고 말하니 그는 알겠다는 제스처를 취하고 잠깐 기다리라고 말하면서 안으로 들어갔다. 다행히 마첼로의 도움으로 큰 문제없이 안으로 들어가 구경을 하고 인터뷰를 할 수 있었다.

다른 정보들은 다른 국가와 비슷했지만 신기했던 것은 배구협회 직원이 총 100명 정도 된다는 것이었다. '뭐라고? 100명? 우리나라는 15명도 안 되는 것 같던데… 100명이라고?' 생각하며 적지 않은 충격을 받았다. 사실 너무 부러웠다. 그런 인프라를 구축하고 시스템을 운영하고 있다는 자체가. 그리고 국가적으로도 배구라는 종목에 대해 좋게 생각하고 아낌없는 투자를 해준다고 했다. 역시 스포츠 강국 브라질…. 그들은 며칠 후에 여자배구리그 경기가 있으니 체험해볼 것을 추천했고 현재 휴식기라 선수촌이 개장했을지 정확히 알 수 없지만 한번 찾아가 보는 것도 좋은 경험이 될 것 같다고 말했다. 나는 여자배구리그를 보기 위해 정보를 찾았고 다행히 리우에서 펼쳐지는 경기가 있었다.

그런데 특이한 것이 입장료가 돈이 아닌 '쌀2kg'이라는 것. 믿기지 않았지만 '로마에 가면 로마법을 따르라'는 말이 있듯 준비해서 경기 시간에 맞춰 찾

아갔다. 도착하니 매표소 간판에 정말 2kg을 받는다는 글이 적혀있었다. 나중에 알고 나니 정말 좋은 아이디어라고 생각됐는데, 먼저 이 경기는 이벤트성 대회이고 이 대회에서만 돈이 아닌 쌀이나 잘 상하지 않는 가공된 식품 2kg으로 표를 구매할 수 있게 정했고 모아둔 식품들은 모두 어려운 이웃들에게 나눠준다는 것이었다. 배구를 보러온 사

람들은 경기를 즐기면서 좋은 일까지 할 수 있어서 좋고 관계자들은 마케팅도 하면서 이미지도 좋은 쪽으로 구축할 수 있어서 좋고 여러모로 참 좋은 아이디어라 생각됐다.

그리고 직접 마주한 브라질 여자배구리그 수준은 당연 최고였다. 박진감 넘치는 경기력과 체육관이 떠나가라 응원하는 팬들의 모습은 아마 오랫동안 기억에 남을 것 같다. 그렇게 리우에서의 일정을 모두 마치고 마지막 취재 장소인 배구 선수촌이 있는 사쿠아레마(Saquarema)라는 곳으로 이동했다. 사쿠아레마는 우리나라 사람들이 가본 적이 거의 없는 곳이다. 그렇기 때문에 정보가 너무 없었고 미지의 세계로 향하는 기분이라 두려움이 컸다. 리우에서 2시간 30분 정도 걸렸는데 가는 길에서 브라질의 시골 풍경을 자세히 볼 수 있어서 좋았다. 그리고 뜬금없이 말하는 것이지만 결과적으로 나는 이번 취재를 통해서 알려지지 않은 곳에 가는 것을 더 이상 두려워하지 않게 됐다. 그렇다고 긴장을 안 한다는 뜻은 아니다. 풍경을 구경하다 잠깐 졸았더니 금세 사쿠아레마에 도착했다. 곧바로 택시를 타고 선수촌으로 향했다.

해변도시답게 한쪽에는 길고도 아름다운 해변과 파도가 치는 모습이 보였고 반대편엔 주택들이 아기자기하게 모여 있었다. 10분 정도 지났을까 기사님께서 다 왔다고 이야기를 했고 문 앞 간판을 보니 맞게 잘 찾아왔다는 것을 알 수 있었다. 사실 국제대회 시즌이 모두 종료됐고 휴식기였던 터라 취재를 할 수 있다는 확신 없이 찾아갔기 때문에 떨리는 마음을 감출 수 없었다. 차에서 내려 'Excuse me'를 연달아 외쳤고 다행히 얼마 지나지 않아 직원이 나왔다. 이곳에 온 이유와 프로젝트에 대해 설명하니 잠시 기다리라고 했고 몇 분이 흐르자 사만타 야마토(Samanta Yamato)라는 여직원이 다가왔다. 그녀는 외부인이 이곳을 방문하면 설명하는 역할을 맡고 있다고 했고 걱정했던 것과 다르게 친절하게 건물 내부를 천천히 소개하며 구경시켜줬다.

일단 크기도 컸지만 분위기 자체가 정말 평화로웠고 주위에 아무것도 없으니 운동에만 집중하기 딱 좋은 곳이라는 생각이 들었다. '배구장, 비치발리볼장, 헬스장, 식당, 카페, 종교실, 회의실, 수영장, 숙소, 빨래방, 휴식실 겸 라운지 등' 웬만한 것은 모두 갖추고 있었다. 브라질 배구 대표팀이 주로 쓰지만 국내 타 종목 선수들이나 배구 프로팀, 그리고 다른 국가 배구 대표팀이나 프로팀들도 전지훈련을 하러 온다고 한다. 취재를 하면 할수록 브라질 배구가 세계 최강의 실력을 유지하는 이유가 있다는 생각이 들었다. 아낌없는 투자와 운동만 열심히 하면 되는 시스템과 시설들 그리고 배구를 사랑하는 많은 팬들까지 우리나라도 조금씩 이렇게 변화해가면 좋겠다는 생각이 들었다. 취재를 하며 한 국가에서 이렇게 많은 배구에 대한 경험을 한 것은 브라질이 유일했다. 아마 오랫동안 기억에 남을 것.

브라질에서 본 이과수 폭포

취재를 모두 마친 후 다음날 첫차를 타고 리우로 향했다. 리우에 도착하자마자 표를 끊어 포즈 두 이과수로 출발했는데 버스 이동시간이 무려 26시간이었다. 그동안 장시간 버스를 몇 번 타보긴 했지만 20시간이 넘는 이동시간은 처음이었기에 조금 걱정됐다. 회사는 'PLUMA'였고 가격은 255.68헤알. 가장 저렴한 티켓이었기 때문에 따로 밥은 주지 않았고 먹을 걸 사서 타거나 중간마다 들리는 휴게소에서 끼니를 해결해야 했다. 참고로 남미 버스도 비행기처럼 돈을 많이 지불하면 할수록 편하게 이동할 수 있다. 다만 나와 같은 가난한

여행자에겐 어림없는 소리⋯ 그렇게 잤다가 일어났다가 밖으로 보이는 풍경을 보며 생각에 잠겼다가 영화를 봤다가를 반복하다 보니 오랜 시간 끝에 포즈 두 이과수에 도착했다.

26시간을 이동했기 때문에 그날은 휴식을 취해야 하는 게 정상이었지만 부에노스아이레스에서 칠레를 끝으로 잠시 헤어진 우리 식구들을 다시 만나기로 했기 때문에 일정이 촉박했다. 그래서 결국 곧바로 택시를 타고 이과수 폭포를 보러 갔고 2시간 정도밖에 시간이 없었기 때문에 정말 빠르게 구경하면서 메인 장소로 이동했다. 아, 참고로 입장료는 당시 환율로 미국 돈 20달러를 내서 2헤알을 돌려받았다. 너무 급하게 지나갔기 때문에 티켓과 관련된 자세한 내용은 생각이 안 난다. 그렇게 나는 빠른 걸음으로 구경을 하며 이동했고 다행히 사진 명소에 관광객들이 몇 명씩 모여있어 사진 찍는 것도 수월했다.

혼자 여행하면 가장 단점 중 하나가 바로 사진… 그리고 대부분 한국인이 사진을 제일 잘 찍기 때문에 더더욱 안타까운 순간이 많다. 그렇게 메인 장소에 도착해서 그때부터 여유 있게 구경을 했는데 폭포를 가까이서 보니 답답하던 가슴이 뻥 뚫리는 것 같았고 시원한 물줄기를 보고 맞으면서 그동안 받았던 스트레스들이 모두 사라지는 것 같았다. 그만큼 정말 좋았다.

중간에 무지개도 봤는데 그때 내 눈으로 담았던 그 풍경이 이 글을 쓰는 지금도 생생하다. 삶을 살아가며 일상 혹은 여행 속에서 아름다운 것을 마주치곤 하는데 그때마다 난 왠지는 모르겠지만 '앞으로 친절하고 베풀면서 살아야지, 정신과 몸을 건강하게 가꾸면서 살아가자'라는 다짐을 하곤 한다. 이것이 아마 아름다운 자연이 주는 가장 큰 선물이지 않을까 싶다. '평소에 하지 못하던 생각들을 하게 만들어주는 것' 말이다. 급하긴 했지만 그래도 만족스러운 관광을 마치고 아르헨티나 푸에르토 이과수로 가기 위해 버스정류장으로 향했다. 아, 그리고 나는 시간이 없어서 포즈 두 이과수를 빠르게 본 것이지 천천히 구경하면 반나절은 시간을 보낼 수 있으니 참고. 포즈 두 이과수에서 푸에르토 이과수를 가는 방법은 일반버스를 타고 가는 것인데 티켓값도 싸고(나는 150 페소(아르헨티나) 냈음.) 시간도 국경검사 포함 30분~40분 정도 걸리기 때문에 크게 어려운 것은 없다. 오히려 일반버스로 국경을 오고 가고 한다는 자체가 신기하다. 그렇게 짧았지만 만족스러운 브라질을 뒤로하고 나는 아르헨티나 푸에르토 이과수로 향했다.

7. 다시 돌아온 아르헨티나

푸에르토 이과수에 도착한 후 미리 예약해둔 호스텔에 짐을 풀고 곧장 부에노스아이레스로 가는 버스를 알아봤다. 비행기도 당연히 운행을 했지만 미리예약을 하지 않아 값이 너무 비쌌다. 버스도 저렴한 편은 아니었지만 비행기에비해선 가격이 괜찮았다. 그렇게 정보만 알아두고 너무 피곤했기 때문에 일찍잤다. 다음날 아침을 든든히 먹고 이과수 폭포를 보기 위해 버스터미널로 향했다. 이과수 폭포로 가기 위해선 리우 우루과이(RIO URUGUAY)라는 회사의 버스를 타고 움직여야 하는데 가격은 왕복 360페소였고 이동시간은 30분이내로 걸렸다. 구경하는 곳에도 매점이 있지만 가격이 비싸니 미리 마트에서간식거리를 사갈 것을 추천한다.

입구에 도착해서 표를 사려고 가격을 봤는데 800페소였다. 다만 나는 미리환전을 하지 못해서 갖고 있던 달러로 결제했는데 확실히 환율을 낮게 측정한다. 웬만하면 미리 환전을 해서 가는 것이 좋다. 그리고 참고로 결과적으로만말하자면 나는 브라질에서 본 이과수 폭포도 물론 좋았고 아름다웠지만 가성비를 따지면 아르헨티나에서 본 이과수 폭포가 더 좋았다. 브라질과 아르헨티나 입장료가 크게 다르지 않았음에도 기차를 타고 이동한다던지 더 오랫동안천천히 구경할 수 있는 곳은 푸에르토 이과수 폭포였다. 아무래도 같은 가격이라면 더 다양하게 많은 것을 볼 수 있는 곳이 좋지 않을까?

아르헨티나에서 본 이과수 폭포

푸에르토 이과수 폭포는 모든 것을 다하려면 아침 일찍 가서 가장 늦게 나와야 할 정도로 넓었다. 대표적으로 사람들이 가장 많이 가는 코스가 '악마의 목구멍(Garganta del Diablo), Upper Trail, Lower Circuit'인데 나는 Upper-Lower-악마의 목구멍 순으로 루트를 짰다. 아침에 먼저 악마의 목구멍을 보러 가는 사람들이 많아 마지막으로 배치한 것. 그리고 이동할 때 기차를 타게되는데 표를 미리 발급받아야 탈 수 있으니 무턱대고 탑승구 쪽에서 기다리지 말고 꼭 표를 주는 곳으로 먼저 갈 것. 장황하게 설명하는 것보다 솔직한 후기를 말하는 것이 더 좋을 것 같아 소감문 느낌으로 말하고자 한다.

먼저 악마의 목구멍은 정말 그 이름에 걸맞은 모습이었다. 파워풀한 폭포소리와 시원하게 내려가는 물줄기들을 보면서 '내가 지금 여기서 빠지면 절대 살아남지 못할 거야…'라는 생각이 들 정도로 무섭기도 하고 신기했다. 그리고 사실 Upper 코스는 조금 기대하고 있었고 Lower 코스는 별생각이 없었는데 실제로 경험해보니 정반대였다. Upper 코스는 생각보다 별로였고 오히려 Lower 코스가 볼 것도 더 많고 사진도 예쁘게 잘 나왔다. 가장 좋은 것은 천천히 모든 곳을 하루 종일 돌아보는 것이지만 만약 시간이 없어 두 개의 코스만 갈 수 있다면 나는 악마의 목구멍과 Lower를 추천한다. 사람마다 다르겠지만 난 이 두 개의 코스가 정말 좋았다. 그리고 앞서 말한 것 이외에도 보트 투어 등 할 수 있는 것들이 많고 하루 종일 구경해도 시간이 모자랄 수도 있는 곳이니 음식을 미리 준비하고 가서 피크닉을 즐겨도 좋을 것 같다.

발생하는 문제에는 다 뜻이 있나 봐

푸에르토 이과수에서 짧은 일정을 마치고 부에노스아이레스를 가기 위해 버스터미널로 향했다. 미리 예약을 하지 않아 괜찮은 가격에 가장 빠른 시간을 구매해서 떠나려고 했다. 여러 회사가 있어 돌아다니며 알아보다 가성비가 괜찮은 'Crucero del Norte'라는 회사의 표를 예매했다. 그렇게 기다리다 버스가 정류장에 와서 탑승하려고 하는데 혹시나 해서 '이 버스 와이파이 되는 거죠?'라고 물었다. 그런데 기사님은 "이 버스는 와이파이가 되지 않습니다."라고 답하는 것. 사실 별일이 아니지만 사전에 내가 분명히 매표소 직원에게 와이파이가 되는 버스냐고 여러 번 물었기 때문에 화가 난 것. 나는 거짓말을 한 직원에게 여기 와이파이 된다고 하지 않았느냐고 왜 거짓말을 했냐고 물었다. 그러자 그는 아무렇지 않게 "내가 언제 그랬어? 나 그런 말 한 적 없는데?"라고 뻔뻔하게 답했다. 하… 정말 화가 치밀어 올랐다.

그냥 웃어넘길 수 있었지만 적반하장 하는 그의 태도를 참을 수 없었다. 나는 당신이 거짓말 했으니 표를 환불해달라고 말했다. 그는 이미 결제를 했기 때문에 안 된다고 했고 나는 그러면 경찰에 신고한다고 말했다. 계속되는 실랑이 끝에 결국 환불을 받아냈고 다행히 다른 회사에 가격이 비슷한 버스가 곧바로 있어서 예약을 하러 갔다. 화난 마음을 가라앉히고 남은 시간이 얼마 없었지만 표를 살 수 있다는 직원에 말을 듣고 계좌이체(참고로 와이파이가 정말 느려서 계좌이체 하는 것 자체만으로도 스트레스…)를 한 후 결제를 했는데 갑자기 "죄송한데 이미 버스가 출발했다고 하네요."라고 말하는 것. Wow… 정말 안 좋은 일은 겹쳐서 나타난다고 하더니 이날이 나에겐 그랬다. 정말 끔찍했다. 아니 못 탈 것 같으면 결제를 하지 말던가….

이미 두 차례나 큰돈이 지출됐고 환불은 된다고 했지만 돈이 계좌로 다시 돌아오려면 시간이 걸리기 때문에 정말 화가 났다. 가지고 있는 현금은 진작 없어졌기 때문에 현금으로 환불을 해달라고 했지만 그것도 안 된다고… 결국 폭발한 나는 그 직원과 계속해서 싸웠는데 갑자기 뒤에서 "오빠! 도영 오빠 아니야?"라고 부르는 것. 나는 잘못 들었나 싶어 뒤돌아봤는데 브라질에서 함께 동행했던 여동생이 서있는 것이었다. 푸에르토 이과수를 온다고는 했었지만 일정이 맞지 않아 어차피 못 보겠거니 생각했었다. 반갑긴 한데 지금 너무 화가 나있는 상태여서 여동생에게 미안한데 잠깐만 시간을 달라고 했다. 그렇게 그 직원과 끝까지 싸우다 말이 안 통해서 결국 포기했고 여동생에게 갔다.

어떻게 된 거냐고 물으니 생각보다 일정이 빨라져서 벌써 이곳으로 왔고 부에노스아이레스로 가는 버스를 예매하려고 온 길에 나를 발견했다는 것. 그리고 남자 한 분도 같이 있었는데 그분은 나를 리우에서 포즈 두 이과수로 이동할 때 들렀던 휴게소에서 봤다는 것. 화가 많이 나있는 상태였지만 그 둘을 만난 것이 신기해서 금세 마음이 또 풀렸다. 게다가 여동생이 페소가 많이 남아 현금을 빌려줬고 이과수 폭포를 구경하다 아이폰 연결선도 잃어버렸었는데 여동생이 여유분 있으니 가져가라고 줬다. 최악의 상황에서 구세주를 만났다 는 느낌이랄까? 여동생에게 정말 고마웠고 그렇게 나는 버스를 다시 예약했고 여동생과 형님과 저녁을 여유 있게 먹으며 앞으로의 일정 이야기를 하다 부에 노스아이레스에서 탱고쇼를 같이 보기로 정했다. '발생하는 문제에는 다 뜻이 있다고 하던데…' 정말 그런가 보다 싶었다.

다시 만난 식구들

우여곡절 끝에 17시간 30분을 이동하는 버스에 탑승했다. 회사 이름은 Via Bariloche였고 가격은 2,935페소였다. 버스 퀄리티도 전체적으로 괜찮았고 저녁과 아침까지 줘서 정말 좋았다. 나는 가격 대비 만족했으니 추천! 그리고 여행을 하다 가끔 남미에서 장시간 탔던 버스가 그립다. 정확한 이유는 모르 겠으나 그냥 그때 아무 생각 없이 멍하니 바라봤던 창밖 풍경도 떠오르고 나 에게 여러 가지 질문들을 던졌던 것들이 생각나서 그런지 여러모로 기억에 남 나 보다. 부에노스아이레스에 도착하자마자 식구들에게 연락했다. 이미 에어 비앤비로 숙소를 예약해 함께 지내고 있었다. 남동생 1명은 개인 사정으로 먼 저 귀국길에 올랐지만 그래도 나머지 6명이 다시 모일 수 있음에 감사하면서 도 행복했다. 떨어져 보니 그동안 정이 많이 들었다는 것을 실감할 수 있었 다. 그렇게 우리는 함께하는 마지막 추억을 부에노스아이레스에서 쌓게 됐다.

부에노스아이레스는 사랑입니다

 나는 부에노스아이레스가 참 좋았다. 그동안 남미는 위험하기 때문에 항상 조심해야 된다는 생각을 갖고 있었는데 부에노스아이레스는 정말 평화로운 분위기였다. 그리고 오랜만에 옷을 다려 입고 외모도 가꾸고 외출을 하다 보니 일상생활로 돌아왔다는 느낌이랄까? 편안함을 느낄 수 있어 좋았다. 그리고 남미에서 대중교통을 이용한 것도 부에노스아이레스가 유일하다. 그만큼 다른 남미 국가와 지역보다 안전하다는 뜻. 우리가 처음으로 함께 간 곳은 세계에서 가장 아름다운 서점이라고 불리는 '엘 아떼네오' 서점. 명성답게 웅장했고 아기자기한 장식들이 눈길을 끌었다. 사진 찍기엔 더할 나위 없이 좋은 곳!

 첫날은 내가 늦게 도착하는 바람에 더 구경은 못했고 다 같이 무한리필 고기집을 운영하는 한식당을 가기로 했다. 이름은 '한국관'이었고 가격은 인당 700페소. 정말 좋았던 것은 고기도 물론 맛있었지만 밑반찬이 많았고 찌개 맛이 일품이었다. 오랜만에 밥을 먹고 만족감과 포만감을 느껴서 그런지 다들 정말 행복해했다. 시내에서는 조금 떨어진 곳이지만 그래도 부에노스아이레스를 들리면 꼭 가볼 것을 추천한다. 특히 장기 여행자들에겐 더더욱! 그날은 그걸로 일정을 마쳤고 다음날은 매주 일요일마다 열리는 산텔모 시장과 대통령궁이 있는 광장을 구경하기로 했다. 먼저 산텔모 시장을 갔는데 건물 내부도 컸지만 외부 거리에서 열리는 스트릿 마켓이 규모가 상당했다. 시장 구경을 하다 소매치기를 당하는 사례가 많다고 하니 각별히 더 조심할 것.

시장을 돌아다니며 음식을 사먹고 구경하는 것도 좋았지만 현지인들이 여가 시간을 어떻게 보내는지 볼 수 있어서 좋았고, 길거리에서 그림을 그리는 사람들 버스킹을 하는 사람들 행위예술을 하는 사람들을 두루 볼 수 있어 좋았다. 구경을 하면 할수록 지내면 지낼수록 '부에노스아이레스는 사랑입니다'라는 말이 자꾸 나왔다. 짧지만 만족스럽게 함께하는 여행의 마무리를 보낸 우리는 마지막 밤 서로에게 롤링페이퍼를 쓰고 창작시를 지어 발표하는 등 오랜 시간 동안 대화를 나누며 아쉬움을 조금이나마 달랬다. 우리는 서로 말했다. "진짜 우리 7명이 모이지 않았으면 남미 여행이 크게 재밌지 않았을 것 같아. 고마워 함께 다녀줘서"라고. 나는 식구들에게 말하고 싶다. '함께했기에 할 수 있는 일들이 많았고 좋은 추억이 많이 쌓였어. 다들 고맙고 인연 오래오래 이어가자!'라고. 그대들이여 진심으로 고맙고 사랑하오!

Bar Sur

나는 사실 11월 8일에 부에노스아이레스에서 영국으로 떠나는 비행기를 예약했었다. 하지만 원래 계획에 없던 브라질을 다녀왔기도 했고 부에노스아이

레스가 너무 좋았기 때문에 11월 15일 비행기로 변경했다. 20만 원이 넘는 추가요금이 붙었지만 돈보다는 시간이 더 중요하다고 생각했고 지금 돌이켜 봐도 스스로에게 그 결정을 참 잘했다고 말해주고 싶다. 그렇게 식구들과 모두 헤어지고 나에겐 며칠 동안 부에노스아이레스에서 더 머무를 수 있는 시간이 생겼다.

아직 탱고쇼를 보지 못했던 나는 푸에르토 이과수에서 함께 보기로 했던 여동생과 형님을 만나 한국인들에게 가장 유명한 'Bar Sur'이라는 곳으로 향했다. 티켓 가격은 500페소고 사전에 시내에 있는 티켓 판매처에서 구매해야 한다. 그리고 공연장에서 인당 1000페소 이상 음식을 주문해야 한다. 우리나라에서 유명한 뮤지컬 한번 보는 가격과 크게 다르지 않으니 문화를 경험한다

생각하고 투자하길. 공연시간은 저녁 9시였고 우리는 좋은 자리에 앉기 위해 8시 30분에 갔다. 외부부터 탱고 감성 분위기가 느껴졌고 안으로 들어가니 크… 내가 정말 좋아하는 감성의 공연장이었다.

나중에 경제적으로 여유가 생기면 커피도 팔고 안주와 술도 파는 작은 선술집을 운영하고 싶다는 생각이 항상 있었는데 내가 생각하는 가장 이상적인 곳과 같았다. 인테리어부터 마음에 들었고 비싸긴 하지만 주문한 와인과 음식들이 모두 맛있었고 탱고 공연 자체가 정말 훌륭했다. 그렇게 가까운 곳에서 공연을 본 적도 처음이었고 탱고를 보는 것도 처음이라 더 좋게 느껴진 것 같다. 아름다운 모습으로 강렬한 음악에 맞춰 춤을 추는 댄서분들, 연세가 많으심에도 개의치 않은 듯 열정적으로 연주하고 노래하는 신사분들, 그리고 우리와 함께 공연을 보는 서로에 대한 사랑이 넘쳐나는 커플들까지 그 모습과 분위기가 오랫동안 기억에 남을 것 같다. 나중에 사랑하는 와이프가 생긴다면 꼭 다시 방문해 두 손을 꼬옥 잡고 함께 관람하고 싶다. 그런 날이 오겠지?

축구 강국 아르헨티나의 배구는?

놀만큼 놀았으니 일을 해야 되는 시기가 찾아왔다. 사실 여행을 하며 취재를 하고 글을 쓴다는 것 자체가 쉽지가 않다. 특히 해외에서는 외국어로 인터뷰를 해야 한다는 점이 더욱 부담… 그래도 내가 좋아서 하는 일이고 부족할지라도 하나씩 이루는 내 모습을 볼 때면 대견하다. 아르헨티나는 먼저 배구협회를 방문하기로 했다. 이번이 6번째 취재였는데 하면 할수록 조금씩 노하우가 생긴다. 정보는 구글에 자세히 검색하면 나오거나 만약 없으면 현지인들의 도움을 받아 결국 찾아낸다. 그리고 영어를 쓰지 않는 지역이라도 간단하

게 현지어로 인사말을 준비하고 영어 할 수 있는 분을 찾으면 신기하게도 항
상 계신다. 이것 또한 운이겠지.

찾은 주소인 '페데라시온 델 볼리볼 아르젠티노(FeVA, Federacion del
Voleibol Argentino)'로 향했다. 건물은 회사 외부라기보단 일반 상점과 비슷
했다. 초인종을 눌렀고 프로젝트에 대해 설명하자 안으로 들어오라고 했다. 인
터뷰를 통해 가장 의외였던 것은 아르헨티나에서 배구는 비인기 종목이라는
것. 아르헨티나 국민들이 축구를 응원하는 모습을 너무 열정적으로 봤던 탓일
까? 국민들이 좋아하는 스포츠를 굳이 순위를 매기자면 첫 번째는 당연히 축
구고 두 번째는 농구라고 한다. 그다음이 배구, 럭비, 필드하키, 테니스 중 하
나라고 했다. 브라질처럼 배구가 각광받는 스포츠인 줄 알았는데 조금 맥이
빠졌다. 그래도 직원분들이 친절하게 맞아주고 설명해줘서 좋았고 리그 경기

까지 추천해줘서 다음 취재를 하기가 수월해졌다.

인터뷰를 마치고 다음날 경기 시간에 맞춰 체육관으로 향했다. 당일 경기는 리버 플레이트(River Plate)의 경기였는데 나는 축구를 잘 몰라 알지 못했지만 나중에 알고 보니 축구에서 명문 구단으로 손꼽히는 팀이라고 했다. 왠지 경기 장에 도착했는데 바로 옆에 엄청 큰 스타디움이 있더라니. 미리 알았으면 표를 예매해서 현지 축구 분위기를 즐길 수 있었을 텐데 아쉬웠다. 반대로 배구장 은 정말 협소했다. 경기장 내부는 오래됐고 크기도 작았다. 취재를 하면 할수 록 정말 한국이 갖추고 있는 환경이 좋은 것이라 느껴진다. 그래도 경기 자체 는 재밌었고 국가대표 선수들 여럿이 소속팀으로 뛰는 모습도 보고 인터뷰도 잘 진행돼서 만족스러웠다. 사실 배구에 대해 더 설명하고 싶지만 여행에 관련 된 내용을 위주로 담는 책이니 자세한 내용은 내가 쓴 기사를 보는 것을 추천.

남미를 마무리하며….

나는 앞선 글에도 말했듯이 누군가 나에게 세계여행 도중 어디가 가장 좋았냐고 물어보면 전체적으로 봤을 땐 남미라고 답할 것 같다. 다른 대륙도 물론 좋았지만 정말 자연의 위대함과 유니크한 관광지를 많이 경험하고 눈으로 담아 여운이 깊고 크다. 악조건 속에서도 생존해내는 내 모습을 보며 성취감을 느낀 것도 너무 좋았고. 맛있는 음식을 먹으면 나중에 문득 '아, 그때 먹었던 그거 먹고 싶은데?'라고 떠오르듯이 여행을 하면서도 남미 생각이 유독 많이 났다. 야간버스를 타고 추위와 싸웠을 때, 하루가 넘는 시간 동안 버스로 이동하면서 했던 수많은 생각들, 불안감과 두려움이 설렘과 성취감으로 바뀌게 된 순간들, 현대 시대와 동떨어졌지만 옛것을 잘 보존하며 사람 냄새 풍기며 살아가는 사람들, 위험했던 시위와 폭동의 순간들, 보면서도 믿기지 않았던 아름다움을 보여준 수많은 관광지들 등, 아마 오랫동안 나의 마음속에서 살아 숨 쉬지 않을까 싶다. 다른 여행지보다 불편하고 위험하고 어려운 것이 사실이지만 그것을 모두 뛰어넘는 매력을 갖고 있는 곳인 남미, 더 늙기 전에 또 여행해야지. 평생 잊지 못할 추억과 좋은 사람들을 내게 선물해줘서 고마워. 또 보자 남미야!

2부

낭만은 곧 유럽

남미에서의 모든 여행을 마치고 영국으로 향하는 비행기에 몸을 실었다. 12시간 정도 걸렸는데 가는 내내 마음이 싱숭생숭했다. 걱정이 많았던 남미 여행을 무사히 끝냈다는 안도감과 '또 언제 갈 수 있을까?'란 아쉬움 그리고 그동안 정이 많이 들었던 사람들과 헤어지고 다시 혼자가 됐다는 외로움까지…. 그래도 지금까지 건강하게 큰 탈 없이 계획했던 일정을 소화한 것과 짐들을 잃어버리지 않았음에 감사했다. 그리고 남미에서 야간버스와 장시간 버스를 꽤 많이 경험해서 그런지 비행기에서 보내는 12시간이 정말 편안했다. 예전 같았으면 지루함을 느꼈을 거고 화장실도 불편해했을 텐데 그런 게 전혀 없었다. 역시 힘든 순간들을 많이 겪어서 그런지 이젠 사소한 것에도 감사함을 많이 느끼는 것 같다. 부에노스아이레스에서 영국으로 간 이유는 영국에서 유럽으로 이동하는 비행기가 저렴했고 겨울 시즌 때 영국을 여행하는 것을 많은 사람들이 추천해줬기 때문. 영화나 드라마 TV프로그램을 보거나 커뮤니티 후기글을 보면 '유럽에서 느끼는 감성은 낭만 그 자체다'라는 생각이 많이 들었다. 그 때문인지 앞으로의 유럽 여행이 기대가 많이 됐다. 결과적으로만 말하자면 아닌 곳도 있었지만 유럽 특유의 그 낭만적인 분위기는 확실히 있다고 느꼈다. 사랑하는 이성이 생겼을 때 함께 여행해보고 싶은 곳도 많았고.

1. 이번 생에 런던은 처음이라

런던, 문화와 예술의 도시라고 불리는 곳. 사실 유럽에서 정말 가고 싶었던 곳은 체코 프라하와 스위스 인터라켄이었다. 여행을 출발하기 전 남미에 대한 정보와 계획을 정리하는데 집중하느라 그 이외에 정보는 찾아보지도 못했다. 배우나 가수를 꿈꾸는 사람들에겐 정말 좋은 도시가 런던이라고들 많이 하던데 나는 크게 와닿진 않았다. 그래도 새로운 곳을 여행한다는 사실은 항상 설레는 일이다. 런던에 도착했을 때가 새벽 3시 30분 정도였는데 계획을 아예 세우지 않았기 때문에 공항에 있는 카페로 가서 앞으로 어떻게 여행할지에 대한 계획을 세우기 시작했다. 일단 정보가 너무 없으니까 첫날은 한인민박에서 지

　나도 몰랐어, 내가 해낼 줄

내기로 정했고 런던에서 꼭 하고 싶거나 가고 싶은 곳들을 추렸다.

그러다 보니 날이 밝았고 National Express 회사의 버스를 타고 시내로 이동했다. 가격은 10파운드. 이동시간이 총 2시간 정도 걸렸는데 가는 길에 보이는 풍경들을 구경하면서 가다 보니 금세 도착했다. 일단 밤을 새고 비행기를 타고 왔고 시차도 차이가 있어 몸이 많이 피곤해 다른 곳을 들리지 않고 한인민박으로 향했다. 이름은 '셜록홈즈 민박'이었고 가격은 20파운드. 중심지와 거리가 좀 있었지만 그나마 가격이 저렴했고 교통편도 나쁘지 않은 것 같아 선택했다. 아, 그리고 참고로 런던은 버스와 지하철 등을 이용하려면 교통카드를 사용해야 하는데 대표적으로 오이스터 카드와 트래블 카드가 있다. 간단하게 설명하자면 오이스터 카드는 흔히 사용하는 충전하면서 쓰는 카드고 트래블 카드는 정해진 일수만큼 선택한 존 내에서 무제한으로 사용할 수 있는 카드다.

보통 여행 기간이 짧으면 오이스터 카드를 많이 사용하는 편이고 길면 트래블 카드를 사용한다. 본인의 여행 스타일과 계획에 맞게 선택해서 사용할 것. 나는 트래블 카드 7일치를 샀고 선택한 존은 1-2존(대부분 관광지가 1-2존에 모여있음.)이었다. 숙소에 도착해서 곧바로 샤워를 하고 침대에 누웠다. 고된 일정을 소화하고 따듯한 물로 샤워한 뒤 눕는 침대에서 느끼는 감정은 이루 말할 수 없다. 진정한 소소한 행복. 그렇게 잠을 자고 일어나니 날은 어느새 저물었고 도미토리 방안에는 새로운 사람이 들어와 있었다. 남동생이었는데 서로 어떤 여행을 하고 있는지에 대해 이야기를 하다 보니 빠르게 친해졌다. 둘다 동행이 없었던 터라 같이 대표 관광지 구경을 하면 좋을 것 같다고 이야기했고 그렇게 우린 런던의 야경을 보기 위해 숙소를 나섰다.

Winter of London

　연말 시즌이 되면 평소보다 더 인기가 많은 여행지가 있는데 그곳 중 하나
가 바로 런던이다. 우리는 야경 명소만 보고 올 생각이라 빅벤-런던아이-타
워브리지 순으로 관광을 했다. 빅벤은 아쉽게도 공사 중이라 제대로 된 모습
을 보지 못했다. 그렇게 천천히 걸으면서 사진과 영상을 찍는데 개인적으로
런던아이는 반대편에서 찍는 것이 가장 잘 나오는 것 같다. 오늘 처음 만난 남
자가 서로 사진 찍어주는 게 조금은 민망했지만 그래도 찍어줄 사람이 있다
는 게 어디니….

　런던아이 쪽으로 가니 예쁜 음식점들이 서서히 보였고 조금 더 걸어가니
크리스마스 마켓이 열리는 곳이 나왔는데 거기서부터 '크리스마스병?'이라
고 해야 되나 괜히 더 예뻐 보이면서 외롭고 그랬다…. 특히 All I Want for
Christmas Is You 노래가 나오니 정말 크리스마스가 다가온다는 것이 느껴
졌다. 언제쯤 사랑하는 사람과 함께 보내려나… 후… 크리스마스 마켓이라는
것이 인생에서 처음이기도 했고 많은 사람들이 음식과 술을 맛있게 먹으며 웃
는 모습을 보니 괜히 기분이 좋아졌다.

　어느 정도 시간을 보내다 타워브리지로 향했는데 도착하는 순간 정말 놀랐
다. 구경하는 대부분의 사람이 한국인… 정말 거짓말 하나도 안 보태고 거의
다 한국인이었다. 조금 과장하면 잠깐 한강이라고 착각할 정도였다. 천천히 타
워브리지를 보며 구경을 하는데 처음 봤을 땐 그저 그랬지만 계속 쳐다보고 시
간이 흐를수록 점점 더 빠지게 됐다. 큰 이유는 없고 문득 '저 다리는 언제부터
저기에 위치하고 있었을까? 그때와 지금이 같은 모습일까?'라는 엉뚱한 생각

이 들어서 그런가? 그렇게 첫날 구경은 만족스럽게 끝났다.

　다음날 일어나서 한식으로 나온 조식을 맛있게 먹고 체크아웃 했다. 남동생과 나는 서로 예약한 호스텔이 달라 잠깐 헤어졌고 각자의 호스텔에서 체크인을 한 후 다시 만났다. 카페를 갔다가 이야기를 하다 보니 금세 또 날이 저물었다. 우리는 브릭레인 마켓을 들렀다가 소호거리를 시작으로 시내 길거리를 꾸며놓은 모습을 천천히 둘러보기로 했다. 브릭레인 마켓은 매주 일요일에만 열리는 장터인데 먹을 것부터 시작해서 이것저것 다양하게 많이 판매하는 것 같다. 굳이 뭘 사지 않아도 구경하는 재미가 쏠쏠하다. 특히 한 건물 안에서 현지인들이 전 세계음식을 다양하게 판매하는 모습도 봤는데 시식하는 것도 좋았고 여러 국가가 함께하는 모습처럼 보여 흐뭇하기도 했다. 마음에 들어 거기서 저녁을 먹었고 소호거리로 출발했다. 소호거리는 아기자기한 장식들이 예뻐 관광객들에게 소문이 난 곳인데 직접 봐보니 유명한 이유가 있었다.

겨울 느낌이 물씬 풍겼고 길거리를 걸어 다니는 것만으로도 힐링됐다. 그리고 꼭 유명한 곳이 아니더라도 런던 자체 거리들이 모두 크리스마스를 맞이할 준비를 하고 있었다. 한국에서는 한 번도 보지 못했던 모습이라 신기하면서도 부러웠다. 정신없이 구경하다 보니 자정에 가까워져 숙소도 돌아가려고 했는데 남동생이 클럽을 가고 싶다는 것. 사실 피곤했지만 또 언제 와보겠냐는 심리가 발생해서 결국 함께 클럽?을 갔다. 사실 우리나라에서 클럽이라 하면 어둡고 EDM 음악이 시끄럽게 나오는 곳을 떠올리는데 외국도 물론 그런 곳이 있지만 대부분 BAR 같은 곳들이다. 그래도 자유분방한 모습을 보며 함께 술을 먹고 리듬에 몸을 맡기다 보면 저절로 신이 나니 현지 분위기를 받아들이고 즐기는 것도 괜찮은 방법.

재밌게 놀고 있는데 갑자기 나이가 꽤 있어 보이는 여성 두 분이 다가왔다. 자리가 없어서 그런데 같이 앉아도 되겠냐고 물었고 우리는 괜찮다고 했다. 같이 놀면서 재밌었기도 했지만 정말 문화충격으로 다가왔던 것이 자신의 딸들을 불러 함께 노는 것이었다. 그리고 우리 보고 "내 딸 마음에 들어? 잘해봐~"라고 말하는 등 우리나라에선 상상할 수 없는 자유분방한 모습에 놀랐다. 그래도 딸들과 즐겁게 마시고 춤추며 노는 모습을 보니 한편으론 부럽기도 했다. '나도 나중에 아이가 생기고 나이가 들어도 저렇게 친구처럼 지낼 수 있을까?'라는 생각과 함께.

포기할 수 없어, 세븐 시스터즈!

전날 늦게까지 놀아서 그런지 아침에 일어나기가 싫었다. 하지만 미리 동행들을 구해 세븐 시스터즈를 관광하기로 했기 때문에 부지런히 움직여야 했다. 아침 10시 30분까지 런던 브리지역에서 모이기로 했다. 참고로 세븐 시스터즈는 4인 이상으로 함께 가야 티켓 할인을 받을 수 있다. 거의 반값이나 차이가 나니 웬만하면 꼭 동행을 구해서 다녀올 것! 세븐 시스터즈를 가는 방법은 간단하게 빅토리아역이나 런던 브리지역에서 브라이튼이라는 도시로 기차를 타고 이동한 후 브라이튼에서 시내버스를 타고 세븐 시스터즈 근처 정류장까지 이동한 후 도착지점까지 걸어가는 것. 주말에는 버스가 세븐 시스터즈 앞까지 데려다준다고 하니 참고. 그리고 나처럼 당일치기로 다녀올 생각인 사람들은 반나절 이상은 걸리니 하루를 모두 투자하는 것이 여유 있고 천천히 둘러볼 수 있다.

정해진 시간에 맞춰 역으로 향했다. 처음 보는 사람들이기 때문에 어색하기도 했는데 거기다 모인 6명이 모두 남자여서 그런지 왠지 모르게 더 칙칙했다… 기분 탓인가? 그래도 브라이튼으로 가는 내내 서로 이야기를 하며 금방 친해졌다. 동행을 만날 때마다 느끼는 것이지만 처음엔 서로 경계를 하다가도 조금만 서로에 대한 정보를 밝히고 이야기를 나누다 보면 친해진다는 것. 브라이튼에 도착해서 왕복 버스 티켓을 구매하고 밖으로 나갔는데 와… 동네 분위기를 보자마자 입을 다물지 못했다. 일단 내가 개인적으로 정말 좋아하는 아기자기함이 묻어있는 곳이었고 날씨까지 화창했기 때문에 날을 정말 잘 잡았다는 기쁨이 저절로 느껴졌다. 우리는 다들 아침을 안 먹었던 터라 각자 점심을 먹고 다시 만나기로 했다. 그땐 알지 못했다. 그 선택이 얼마나 바보 같았는지….

우리는 오후 3시쯤 다시 모여 버스를 타고 세븐 시스터즈로 이동했는데 이게 무슨 일? 생각했던 것보다 날이 빨리 저물고 있었다. 이동하기 시작했을 때부터 일몰이 지기 시작했는데 아무리 생각해도 도착할 때쯤엔 날이 모두 저물 것 같다는 생각이 들었다. '아니 이렇게 빨리 해가 저문다고? 노답…' 그래도 우린 이왕 여기까지 온 거 잠깐이라도 보고는 와야지 생각하며 세븐 시스터즈로 향했다. 예상은 역시 빗나가지 않았고 도착해서 우리가 마주한 모습은 일몰이 끝나고 난 뒤 보이는 풍경뿐이었다. 다들 티는 내지 않았지만 점심을 먹었던 것을 후회하고 있었다. '도대체 그놈의 점심이 뭐길래…' 그래도 어두워졌을 때 이곳 풍경을 본 건 우리뿐이라며 합리화를 시켰다. 참… 씁쓸하다.

다음 여행지인 포르투갈 비행기를 미리 예매를 해서 일정이 빠듯했는데 다른 교외로 관광 가는 걸 포기하고 나는 새로운 동행을 구해 세븐 시스터즈를 한 번 더 다녀오기로 정했다. 아마 과거 호주를 떠나기 전 정말 가고 싶었지만 못 갔던 멜버른 그레이트 오션 로드가 자꾸 마음에 남았던 것이 큰 영향을 끼친 것 같다. 결국 새로운 동행들과 다음날 다시 세븐 시스터즈로 향했는데 이번에 날씨가 문제였다. 어제가 정말 말도 안 되게 날씨가 좋아서 그런지 더 흐리게 보였고 자꾸만 '아… 어제 점심을 왜 먹어가지고 불필요한 지출을 하고 날씨가 좋았던 날도 놓치고 참…'이란 부정적인 생각이 떠올랐다. 그렇게 무거운 마음으로 향하는데 정말 신기하게도 도착할 때쯤부터 날씨가 좋아지기 시작했다. 이런 걸 행운이라고 표현하는 건가? 어두웠던 마음은 다시 설렘으로 가득 찼고 돈과 시간을 더 쓰긴 했지만 잘한 선택이라고 스스로가 느낄 만큼 세븐 시스터즈를 구경했던 시간이 정말 좋았다. 그레이트 오션 로드의 한을 풀어 홀가분하다! 아, 그리고 기차 왕복 비용은 12.35파운드, 브라이튼에서 탄 왕복 버스는 5.30파운드였으니 참고.

혼자서도 잘 놀아요

　이틀 연속으로 세븐 시스터즈를 다녀오니 몸이 만신창이가 됐다. 여행을 하면서 얻은 노하우 중 하나가 몸이 조금이라도 안 좋아질 것 같으면 하루 정도는 푹 쉬어야 된다는 것. 특히 나와 같은 장기 여행자들에겐 더욱 필요한 부분. 해외에서 아프면 정말 답이 없다… 그렇게 하루는 숙소에서 맛있는 걸 해먹고 푹 쉬었고 포르투갈로 떠나기 전 교외는 갈 시간이 없으니 중심지에 있는 안 가본 관광지를 가기로 정했다. 내셔널 갤러리-테이트 모던-세인트 폴 대성당-스카이 가든-노팅힐 거리 및 서점 순으로 다녀왔는데 하루에 다 방문한 것은 아니고 이틀 나눠서 구경했다. 다 설명하기보단 다녀왔던 곳 중에서 개인적으로 좋았던 곳만 골라 후기를 남기는 게 깔끔할 듯.

먼저 가장 좋았던 곳은 테이트 모던이었다. 미술관에 크게 관심이 없던 나에게도 좋았을 정도니 평소 미술관을 구경하는 것을 좋아하는 사람들에겐 그 어느 곳보다 좋은 관광지라 생각된다. 여러 그림과 작품들도 물론 예뻤고 잠깐이라도 생각을 하게 만들어줘 좋았지만 테이트 모던에서 바라보는 바깥 풍경과 입구 쪽에서 했던 버스킹이 정말 좋았다. 특히 버스킹이 취향저격이었는데 감미로운 목소리로 애절하고 사랑스럽게 노래를 불렀던 그의 모습이 아직도 생생하다. 나는 그때 이후로 감상에 젖고 싶을 때마다 Close to you를 듣는다. 나중에 사랑하는 사람이 생기면 꼭 같이 듣고 싶은 노래!

그리고 그다음으론 노팅힐 서점이 좋았다. 영화 보는 걸 원체 좋아해 보지 못했던 옛 명작들도 찾아보는 편인데 영화 노팅힐이 나에겐 정말 여운이 깊은 작품이었다. 그래서 별게 없다는 후기를 봤음에도 찾아간 것. 서점을 찾아가는 거리에서부터 She를 들으며 천천히 걸어갔는데 크… 다른 사람이 공감할진 모르겠지만 나에게 있어선 최고의 순간 중 하나였다. 사랑하는 이성과 함께 찾아올 사람들에게 추천을 하나 하자면 서점을 방문하기 전 영화 노팅힐을 꼭 다시 볼 것. 느껴지는 감정의 차이가 크다. 다른 곳도 다 좋았지만 나는 유독 이 두 곳이 기억에 남는다. 춥고 물가 비싸고 날씨가 우중충한 것만 제외하면 관광지와 길거리 분위기가 완벽했던 런던, 다음엔 사랑하는 사람이랑 올게!

2. Do you want to fall in love? Then go to Porto

언제인지 정확히 기억나진 않지만 "당신은 사랑에 빠지고 싶나요? 그럼 포르토로 가세요."라는 글을 어디에선가 봤다. 그때는 그냥 그런가 보다 하고 넘겼었는데 직접 여행하고 나니 그 말이 무슨 뜻인지 알 것 같았다. 영국 다음으로 포르토를 선택한 이유는 워낙 낭만적인 도시라는 소리를 많이 들었었고 때마침 비행깃값도 저렴했기 때문. 수도인 리스본으로 갈 수도 있었지만 포르토를 먼저 방문하고 싶었다. 도착한 후 미리 예약해둔 호스텔로 향했다. 다른 값비싼 물가의 유럽 국가를 여행한 경험이 있다면 포르투갈의 물가는 정말 저렴하다는 것을 알 수 있다. 숙소에서 체크인을 하고 먼저 장을 보러갔다.

아마 이때부터가 내가 외식을 잘 안 하고 밥을 해먹기 시작했던 것 같다. 두 달이 넘게 여행을 하면서 맛집이 꼭 답이 아니라는 것을 알게 됐고, 조금 번거롭지만 직접 요리를 한다면 더 맛있게 포만감을 느낄 수 있는 만족스러운 식사를 할 수 있다는 것. 장을 보고 에그타르트로 유명한 카페를 찾아갔다. 이름은 Manteigaria였고 한 개당 1유로였다. 어떻게 생각하면 비쌀 수도 있지만 퀄리티에 비해선 괜찮은 가격. 먹으면서 생각을 해봤는데 나는 지금까지 에그타르트를 먹어본 적이 없었다. 그래서 여기서 먹은 것이 처음이었는데 약간 뭐라고 표현해야 하지… '과자 카스타드 실사판?'이라고 해야 되나?(내가 쓰고도 민망…) 맛은 물론이고 식감도 굿! 입맛에 맞아 몇 개 더 테이크아웃을 했고 숙소로 돌아가는 길에 마트에서 산 포트와인과 함께 먹었는데, 칠레와 아르헨티나에서 1일 1소고기&와인 한 병을 먹어야 한다면 포르투갈에선 1일 1에그타르트&포트와인 한 병을 실천해야 한다. 정말 꿀조합!

　숙소로 돌아가 저녁을 해먹고 쉬는데 당일이 토요일이기도 했고 현지 '불토'
는 어떤 모습일지 궁금해 숙소 직원에게 추천받은 곳으로 향했다. 가보니 크게
화려하진 않았고 2개의 길거리 앞뒤 양옆이 모두 BAR였다. 대부분 입장료가
5유로였고(드링크 1개 포함) 열심히 찾아보면 무료인 곳도 있다. 나는 솔직히
크게 재밌진 않았는데 그래도 포르토에선 가장 핫한 거리니 금요일이나 토요
일 저녁에 가볼 것을 추천. 다만 위험한 사람들은 항상 있으니 자나깨나 소지
품 조심! 다음날 아침 눈을 떴는데 '아직 새벽인가?' 싶을 정도로 창문에서 보
이는 바깥 모습이 어두웠다. 알고 보니 비가 많이 내리면서 하늘까지 흐린 것.
어제 무리하기도 했고 날씨도 안 좋았던 터라 오후 늦게까지 잠을 계속 잤다.
여행에선 시간이 가장 귀하다고들 많이 하고 물론 나도 그랬지만 여행이 길어
질수록 왜 침대가 가장 좋은 건지… 참 아이러니한 상황….

다시 눈을 뜨니 오후 3시쯤이 됐고 비도 슬슬 그쳐서 밥을 챙겨먹고 야경을 구경하러 출발했다. 야경은 보통 두 개의 코스로 나누는데 Luis I Bridge를 시작으로 Garden of Morro와 세하 두필라르 수도원을 가는 코스가 있고 히베이라 광장을 시작으로 반대편 와이너리 거리까지 가는 코스가 있다. 포르토에서 구경하는 곳들 모두 도보로 이동해도 충분하기 때문에 하루에 모든 곳을 다 갈 수 있으니 자신의 숙소에서 가까운 곳부터 가면 될 듯. 나는 이곳들을 평일과 주말 모두 가봤는데 만약 자신이 사람이 없고 조용한 곳을 좋아하면 평일 (일~목)에 갈 것을, 시끌벅적하고 사람들이 즐기는 모습을 보는 걸 좋아하면 주말(금~토)에 갈 것을 추천한다. 일단 Luis I Bridge 코스는 포르토 시내의 전체적인 모습을 볼 수 있어서 좋고 히베이라 코스는 포르토 특유의 감성을 제대로 느낄 수 있는 곳이라 좋다.

아름답지만 조심해야 돼

저렴한 물가 낭만적인 분위기 모든 것이 마음에 들었지만 한 가지가 문제였다. 바로 날씨… 포르토에서 가장 해보고 싶었던 것이 세하 두필라르 수도원에서 핑크빛 노을이 지는 걸 직접 보는 거였다. 날이 화창할 때 동네 구석구석 돌아다녀보고 싶기도 했고. 하지만 며칠 동안은 계속 비소식이 예정이었다. 다행히 수도인 리스본은 날씨가 괜찮았고 포르토에서 진행할 배구 취재 경기도 며칠 후에 잡혀있었기 때문에 리스본을 다녀오기로 정했다. 버스회사는 Rede Expressos였고 가격은 편도 20유로로 이동시간은 3시간 30분 정도 걸렸다. 도착하자마자 예약해둔 숙소로 이동했다. 포르토보단 가격이 조금 높았지만 그래도 물가가 비싼 다른 유럽에 비해선 저렴한 편. 간단하게 저녁을 먹고 야경을 구경하러 밖으로 나섰다.

첫날이기도 했고 굳이 멀리 이동하고 싶지 않아 광장을 중점으로 두고 돌아다녔다. 보통 가장 유명한 곳이 로시우 광장, 코메르시우 광장, 피게이라 광장이고 거기에 아우구스타 거리까지 포함한다면 알찬 구경이 될 것. 포르토가 아기자기한 매력을 뿜어낸다면 리스본은 규모가 크기 때문에 조금 더 화려하고 웅장한 느낌이 든다. 그리고 포르토에서도 느꼈지만 길거리에 있는 조명들 자체가 몽환적이라고 해야 될까? 확실히 낭만적인 감성을 자극한다. 그리고 바다도 근처에 있기 때문에 밤바다 소리를 들으며 걸을 수도 있다. 나는 다 좋았지만 유독 아우구스타 거리에서 봤던 크리스마스 분위기와 조명들 그리고 아름다운 음악을 들려줬던 버스킹하는 사람들의 모습이 인상 깊었다. 이래서 다들 유럽유럽 하는 건가?

그리고 그냥 들어가기 아쉬워 리스본의 핫플레이스인 클럽 거리로 향했다. 따로 추천을 받은 것은 아니고 그냥 돌아다니다 사람들이 많은 곳을 발견한 건데 그쪽에 음식점과 펍이 모여있어 핫플레이스라고 느꼈다. 구글맵에 'Estatua do Duque da Terceira'라고 검색하고 그 주변을 돌아다니거나 사람들에게 물어보면 금방 찾을 수 있다. 하지만 조심하길 권한다. 포르토에선 안전한 곳이라는 느낌이 들었었는데 리스본은 달랐다. 지나갈 때마다 자꾸 '캐너비스 캐너비스, 마리화나 마리화나, 코카인 코카인' 이라고 외치며 다가오는 것이었다. 싫다는 의사를 표했음에도 자꾸만 따라오는 게 문제였다. 남자 혼자서도 무섭다고 느꼈을 정도니 다들 조심하길. 그리고 절대 호기심 때문에 외국에서 마약을 하는 일이 없길. 한순간에 잘못된 판단으로 모든 걸 잃을 수 있다는 점 명심.

유럽 최서단 호카곶

그렇게 첫날을 마무리했고 다음날 리스본에서 가장 가고 싶었던 호카곶으로 향했다. 호카곶은 유럽 최서단으로 유명한 곳인데 다른 구경할 거리도 많지만 대부분 최서단에서 보는 일몰을 보기 위해 방문한다. 보통 호카곶을 가는 코스가 리스본에서 기차를 타고 신트라역으로 가고, 신트라역에서 원데이 버스 티켓을 구매해 호카곶으로 향한다. 기차 가격은 왕복 5유로였고 버스 티켓은 15.50유로였다. 나는 사실 출발하기 전까지 어디를 다녀올지 정하지 못해서 돈을 아끼고자 따로 구매한 건데 신트라 1일권을 구매하면 모든 교통편을 포함해 15.50유로이니 미리 계획을 다 세운 사람들은 신트라 1일권을 구매하는 게 효율적이다. 그리고 신트라도 은근히 구경할 곳이 많기 때문에 아침 일찍 가서 천천히 많은 곳을 둘러보고 오는 것도 좋은 방법.

나는 신트라역에 도착하고 일몰시간 전까지 시간이 조금 남아 페나성을 먼저 들렀다. 입장료를 따로 지불해야 하는데 외부만 보는 것은 7.5유로로, 내부도 함께 보는 것은 14유로였는데 솔직히 내부에 별게 없다는 평이 많았고 실제로 사진 명소가 모두 외부에 있었기 때문에 굳이 돈을 더 내고 사는 것을 추천하진 않는다. 직접 마주한 페나성은 색깔이 알록달록해서 사진 찍기 좋았고 옛 모습이 잘 보존된 것 같아 나름 만족했다. 다만 성이 많이 녹슬었다는 것이 어쩔 수 없는 사실. 구경을 마치고 다시 버스를 타고 호카곶으로 향했다. 40분 이상 걸렸는데 사람이 끝까지 아무도 내리지 않아 계속 서서 갔다. 만약 일몰시간이 다가온 것이 아니라면 다음 버스를 기다렸다가 앉아서 이동할 것을 권한다.

나이가 들어서 그런지 무릎이 많이 아팠… 이동하는 버스에서 창밖을 바라봤는데 날씨가 좋았던 게 조금씩 흐려진다는 느낌을 받았다. 혹시나 하는 마음에 불안했지만 다행히 도착하니 일몰은 보일 정도로만 흐렸다. 사실 호카곶이 유럽 최서단인 것을 빼면 여느 바다와 큰 차이는 없지만 최서단이라는 말 자체가 유니크했고 실제로 뭔가 말로 표현할 수 없는 감동이 있었다고 해야 되나? 그냥 한마디로 정말 아름다웠다. 글을 쓰면서 '정말 아름다웠다'라는 말을 많이 하는데 정말 그랬고 달리 표현할 방법을 모르겠어서 계속 쓰는 것이니 이해해주길…. 도착해서 사진과 영상을 찍으며 시간을 보내다 일몰 시작 전 자리를 잡고 앉았다. 아마 이때부터 타임랩스로 일몰을 찍는 것이 습관화된 것 같다.

가만히 앉아 노을이 지는 것을 바라봤는데 햇빛이 바다를 비추고 비춰지는 바다의 파도 소리가 크지 않고 잔잔하게 들리고 천천히 혹은 빠르게 지는 해

를 바라보고 있으니 마음이 편안해지면서 저절로 미소가 얼굴에 지어졌다. 최서단이라는 단어에 이입이 돼서 그런지 더 낭만적으로 보였다. 노을이 질 때도 예뻤지만 지고 나서 주황과 핑크빛으로 물든 하늘의 모습이 정말 예술… 아직도 그 모습이 생생하게 기억난다. 투어를 모두 마친 후 며칠 더 여유가 있어 리스본에서 아무것도 하지 않고 푹 쉬었다. 그냥 당일마다 해먹을 식재료를 사고 휴식을 취하다 밥을 해먹고 잠깐 구경하러 밖을 걷다 오면 하루 일정이 끝나간다. 가끔은 이렇게 평범한 일상을 보내는 것도 장기 여행자에겐 꼭 필요한 부분.

포르투갈에도 배구가 있어요!

리스본에서 일정을 모두 마치고 다시 포르토로 향했다. 다행히 날씨가 좋다는 예보가 있었고 취재할 준비도 마쳤던 터라 마음이 한결 편안했다. 먼저 포르투갈 배구협회를 찾아갔다. 외부와 내부가 회사 사무실이라기보단 일반 유럽 주택처럼 구조가 되어있어 조금 놀랐다. 포르투갈어를 할 줄 몰랐기에 긴장했지만 다행히 영어를 구사하는 직원분이 계셨다. 포르투갈 배구도 다른 국가와 시스템이 크게 다르지 않았고 인터뷰는 순조롭게 진행됐다. 운이 좋았던 것이 방문했던 날 때마침 현 포르투갈 여자배구 대표팀 감독 우고 실바(Hugo silva)와 코치 조아오 호세(Joao jose)가 볼일이 있어 협회를 방문한 것. 크… 칠레에서도 운 좋게 국가대표팀을 만났는데 여기서도 대표팀 감독님과 코치님을 만나다니! 기분이 너무 좋았다. 나는 한국에서 왔다고 말했고 그들은 환영한다는 말과 함께 기념사진을 찍어줬다.

열심히 살다 보면 좋은 일이 조금씩 찾아온다고 하던데 여행을 하면서 유독 그 말이 많이 와닿는다. 그날은 협회 취재로 만족했고 다음날 현지 직원이 추천해준 남자배구리그 경기를 보러 갔다. 도시 이름은 이스피뉴(Espinho)였는데 한국 사람들이 잘 안 가는 곳이라 그런지 검색을 해도 정보가 많이 없었다. '어차피 뭐 취재만 하고 돌아올 텐데~'라고 생각하고 이동했다. 그런데 막상 도착하니 어우 생각보다 너무 괜찮은 곳. 기차를 타고 도착을 했는데 역에서 5분 정도 걸어가니 넓디넓은 바다가 나오는 것이었다. 다른 바다와 특이하게 다른 것은 없었으나 해가 정말 가까이 있는 것 같다는 느낌을 받았다. 과장하는 게 아니라 정말 해가 가까웠다. 다른 것보다 그냥 멍 때리면서 노을이지는 것을 보면 참 예쁠 것 같다는 생각이 들었다.

아쉬웠지만 다음을 기약하고 체육관으로 걸어갔다. 30분 정도 걸렸는데 여행을 하면서 하도 많이 걸으니 걷는 게 힘들지 않았고 오히려 무거운 짐이 없

다는 것에 감사했다. 나중에 돈 많이 벌면 택시만 주구장창 타보고 싶다. 이날 경기를 맞붙었던 두 팀이 상위권에 랭크되어있어 기대를 하고 갔지만 생각했 던 것보단 수준이 낮아서 조금 실망했다. '그래 아직 세계에서 제일 유명한 배 구리그들은 가보지 않았으니까. 한 국가씩 취재를 해나가는 것에 감사하자'라 고 스스로 합리화를 하며 위안으로 삼았다. 그래도 팬들의 열정적인 응원을 바라보는 것이 흥미로웠고 경기 자체는 막상막하로 펼쳐져 재밌게 관람했다. 사실 배구가 축구처럼 세계적으로 막 엄청 각광받는 스포츠가 아닐뿐더러 원 래 처음 목표가 '최대한 많은 나라의 현지 배구 정보를 전달하는 것'이었기 때 문에 경험을 하고 기록을 남길 수 있음에 감사하기로 했다.

매일 이렇게 아름다운 하늘을 본다면

여행과 취재를 모두 마치고 스페인으로 이동하기 전 이틀 정도 시간이 남았다. 예상보다 포르투갈의 머무는 기간이 길어져서 빨리 움직이고 싶었지만 싼 비행기를 이용해야 하기 때문에 어쩔 수 없었다. 그렇게 시간이 남아 뭘 할지 고민하다 딱히 하고 싶은 건 없어 밀린 글들을 작성했고 일몰시간에 맞춰 세하 두필라르 수도원 쪽으로 향했다. 가는 길에 나오는 Luis I Bridge부터 사람이 꽉 차있더니 다들 자리를 잡고 와인이나 맥주를 마시며 노을지는 것을 기다렸다. 나는 수도원까지 걸어가서 자리를 잡았고 타임랩스를 찍을 준비를 하고 감상하기 시작했는데 크… 이게 아 참 어떻게 표현을 해야 될지 모르겠지만 각 나라와 지역마다 특유의 일몰 감성이 있다고 해야 되나? 포르토는 또 다른 느낌의 아름다움이었다. 그리고 주위에 있는 사람들 대부분이 커플이었는데 아름다운 것을 혼자 보고 있자니 외로웠다… '아니야 난 괜찮아!' 라고 합리화를 하려고 했으나 깔끔히 실패. 그리고 문득 '매일 이렇게 아름다운 하늘을 본다면 어떤 기분일까?'라는 생각이 떠올랐다. 근데 한국에서 일상에 치이다 보면 노을이 지든 말든 신경 쓸 시간이 없는 것처럼 이곳 현지 사람들도 별 신경을 안 쓸 것 같다는 사실을 깨달았다. 이래서 '일상을 여행처럼'이란 말이 나온 건가?

3. 다채로운 매력의 도시를 보유한 곳, 스페인

포르투갈 일정을 모두 마치고 스페인 마드리드로 이동했다. 스페인 자체가 워낙 넓기 때문에 루트를 어떻게 정해야 할지 막막해 일단 수도이기도 하고 스페인 배구협회가 마드리드에 위치해있어 향한 것. 버스로 이동할 수도 있었지만 시간도 너무 오래 걸리고 때마침 비행깃값도 저렴해 비행기로 선택했다. 도착해서 공항버스를 타고 30분 정도 이동하니 시내에 도착했다. 가격은 5유로고 공항버스라고는 하지만 일반버스처럼 생겼으니 참고. 도착해서 주위를 둘러보는데 스페인 국기가 정말 많이 보였다. '오늘이 무슨 날인가?' 싶을 정도로 건물에는 꽤 많은 국기가 보였다. 아마 그만큼 자신의 국가를 자랑스러워해서이지 않을까? 수도여서 그런지 건물은 웅장했고 길거리는 깨끗했다. 첫 모습은 합격! 미리 예약한 호스텔까지는 도보로 이동하면 30분 정도 걸렸는데 이때부터 나는 웬만하면 걸어서 이동하기 시작했다. 앞뒤 배낭 합쳐 25kg~30kg이었는데 돈을 아끼고 싶기도 했지만 걸어서 이동하면서 뭔가 초심을 되새긴다고 해야 하나? 그냥 걷는 게 나은 것 같아서 그때부터 이동할 때마다 무거운 짐을 들고 걸어갔다. 지금 생각하면 참 바보 같은 짓….

호스텔에 짐을 푼 후 낮잠을 실컷 자고 대표 관광지를 구경하기 위해 밖으로 나섰다. 사실 이런 말을 하면 너무 주관적이라 글을 읽는 분들께 도움이 될진 모르겠지만 나는 솔직히 마드리드에 대한 기대가 많이 없었고 직접 여행을 해봤음에도 굳이 마드리드를 스페인 여행을 할 때 포함시켜야 하는지 잘 모르겠다. 스페인에 있는 다른 도시들이 더 괜찮아서 그렇게 느꼈을 수도 있을 듯. 그래도 막 너무 재미가 없었다거나 그렇진 않았다. 다만 큰 메리트가

없다는 뜻. 중심지 위주로 루트를 짰는데 푸에르타 델 솔-마요르 광장-마드리드 왕궁-알무데나 성모 대성당-데보드 신전-산 미구엘 시장 순으로 관광했다. 대부분 도보로 다 이동할 수 있는 거리였고 화창한 오후에 나가 야경까지 보고 들어왔다.

푸에르타 델 솔은 마드리드에서 가장 대표적인 광장인데 낮과 밤 상관없이 길거리엔 버스킹을 하는 사람들로 넘쳐난다. 가장 인상 깊었던 버스킹은 바로 성악? 뮤지컬? 노래를 합창하는 남자 4분이었는데 어우 정말 이걸 무료로 들어도 되나 싶을 정도로 너무 훌륭했다. 그리고 마요르 광장은 작지만 크리스마스 마켓이 열려 나름 볼거리가 많았다. 마드리드 왕궁과 알무데나 성모 대성당은 같은 곳에 위치해있는데 건물 자체가 워낙 아름다워 사진 찍기 좋다. 그곳에서 처음 보는 악기로 연주를 했던 사람의 모습과 선율이 아직도 생생하다. 데보드 신전은 이집트의 모습을 살짝 느낄 수 있는 곳인데 뒤쪽에 있는 공원이 노을이지는 걸 보는 곳으로도 유명하다. 내가 방문했을 때는 날씨가 좋지 않아 일몰을 보진 못했다.

그리고 데보드 신전은 방문하는 시간에 따라 줄을 서서 기다려야 되는 상황을 맞을 수 있으니 사람이 없는 시간에 방문할 것. 구경을 다한 후 산 미구엘 시장에서 이것저것 사서 저녁으로 먹었는데 가격은 비싸고 포만감은 없으니 참고. 나온 김에 야경도 보고 들어가자고 생각이 들어 낮에 다녀왔던 곳들을 다시 천천히 돌면서 구경했는데 확실히 낮과 밤에서 보이고 느껴지는 매력이 다르다. 나는 개인적으로 야경이 더 예뻤다. 대형 크리스마스 트리도 좋았고 현지 경찰들이 말을 타고 돌아다니는 모습도 신기했다.

스포츠 강국 스페인의 배구는 어떤 모습?

원래부터 마드리드에서는 짧게 머물기로 정했었기 때문에 관광할 곳이 더 있었지만 다음날 곧바로 스페인 배구협회로 찾아갔다. 구글맵에 검색하니 '레알 페더레이션 에스파뇰라 데 발리볼(REAL FEDERACION ESPANOLA DE VOLEIBOL)'이라는 곳으로 안내해줬다. 호스텔에서 도보로 이동이 가능할 정도로 가까웠다. 취재를 꽤 해보니 머무는 숙소와 가까운 곳이 최고. 도착해서 초인종을 누르고 안으로 들어갔다. 대부분 처음 들어갔을 때 마주하는 직원들의 모습은 '저 사람은 누구지? 왜 이곳에 온 거지?'라는 생각을 할 것 같은 표정이다. 사실 미리 연락을 해서 약속을 잡고 방문하는 것이 예의고 맞는 절차라는 것을 잘 알고 있다. 하지만 내가 한 국가에서만 머무는 것이 아니고 이메일로 연락을 했을 때 제대로 답변해주는 경우가 드물었다. 그래서 결국 선택한 방법이 다시 방문하더라도 일단 찾아가 보는 것. 결과적으론 이 선택이 좋은 결과를 만들어낼 수 있게 해줬다.

가끔은 색다른 방법으로 도전해보는 것도 좋다고 생각한다. 그리고 일단 부딪쳐야 뭐라도 얻을 수 있으니 생각만 하고 있어서는 안 된다. 직원에게 내가 왜 이곳에 왔는지 차분하게 설명했다. 그러자 다비드 페르난데스(David Fernandez)라는 건장한 체격의 남자분이 다가왔는데 그는 스페인 배구협회 비치발리볼 부서 대표였다. 영어를 할 수 있는 사람이 자신분이라며 인터뷰를 도와주겠다고 했다. 다행히 당시 한국배구리그에서 뛰고 있는 스페인 국가대표이기도 한 남자 선수가 있어 그 선수 이야기를 하며 어색함을 풀었다. 어느 국가를 가든 그 국가와 관련된 이야기를 하면 싫어하는 곳은 절대 없을 듯.

스페인 배구에 대한 정보를 들어보니 확실히 스포츠 강국다운 모습이 보였다. 축구만큼은 아니지만 그래도 정부에서 직접적으로 지원을 많이 해주고 있고 유소년 시스템과 프로 리그 운영도 체계적으로 되고 있었다. 스포츠 시설

은 당연히 좋고. 우리나라가 가장 배워야 할 점은 유소년 시스템이었다. 그만큼 우리나라 배구는 점점 유소년 스포츠에서 관심이 떨어지고 있으니… 걱정이다. 인터뷰를 마치고 돌아가려고 하는데 다비드 페르난데스가 대표팀 단체복을 선물로 주겠다고 했다. 먼 곳까지 와줘서 고맙다는 말까지 함께. 크으… '세상은 아직 따듯하구나!'라고 속으로 외치며 기분 좋게 선물을 받고 기념사진을 찍었다. 취재를 하면서 선물까지 받고… 난 정말 운이 좋은 사람이다.

아름다운 항구도시 말라가

마드리드에서 짧은 일정을 마치고 어디로 갈지 고민하다가 그래도 가장 유명한 곳인 스페인 남부를 여행해야겠다는 생각이 들었다. 추운 곳에서 좀 벗어나고 싶기도 했고 바다도 보고 싶었는데 찾아보니 남부 여행이 안성맞춤인 것처럼 느껴졌다. 남부에서도 도시가 많아 어디를 시작점으로 잡고 관광해야 하나 싶었는데 말라가라는 곳이 눈길을 끌었다. 구경거리도 많고 나름 발달도 잘 된 곳이라는 평이 많아 바로 이동할 티켓을 예약했다. 스페인에서는 주로 버스로 이동할 땐 'ALSA'라는 회사를 이용한다. 거리가 짧은 곳은 가격이 큰 차이가 없지만 시간이 오래 걸릴수록 미리 예매를 해야 저렴하니 참고.

나는 16.92유로를 지불했고 오후 1시에 출발해 오후 8시 30분 정도에 도착했다. 예상했던 시간보다 오래 걸렸는데 아마 다른 지역을 들려 경유를 하고 가서 그런지 조금 늦어졌다. 도착했던 날이 12월 5일이었고 목요일이었는데 길거리엔 사람들로 넘쳐났다. '분명히 내일은 평일인데 왜 오늘 저녁에 사람이 많은 거지?'라는 궁금증이 생기던 찰나 옆에 있던 현지인이 'Tomorrow is Constitution Day!'라고 말하는 것. 아… 내일이 스페인의 제헌절이구나. 우

리나라 공휴일과 같은 개념이라고 보면 된다. 숙소에서 좀 쉬려고 했는데… 이 분위기를 놓칠 순 없지! 짐을 간단히 풀고 곧바로 밖으로 나왔다. 첫날이라 무리하지 않게 말라가 대성당을 기준으로 주위를 천천히 둘러보고 말라게타 해변으로 가 밤바다를 구경한 뒤 돌아오는 코스로 짰다.

말라가 대성당, 큰 기대를 하지 않았지만 실제로 보니 건축물 규모가 상당했다. 이런 걸 볼 때마다 '그 시대에 도대체 어떻게 만들 수 있었을까?'란 궁금증이 생긴다. 그렇게 주변을 천천히 돌아보는데 라리오스 거리 쪽에서 크리스마스 트리와 아름다운 조형물들을 볼 수 있었다. 솔직히 나는 그 거리가 개인적으로 너무 좋았다. 일단 조형과 조명의 조화가 너무 예뻤고 크리스마스가 다가오는 것을 알리기 위한 것인지 분위기가 정말 예술! 혼자라는 게 아쉬웠지만 걷기엔 너무나도 좋은 곳이었다. 그리고 말라게타 해변으로 가 바다를 보는데 크으… 답답했던 가슴이 뻥 뚫리는 것 같았다. 당시 장기 여행으로 인해 지쳤었던 시기였는데 바다를 보면서 조금이나마 위안을 얻었던 것 같다.

나오지 않는 목소리, 그리고 뜻밖의 동행

그렇게 첫날을 잘 마무리하고 다음날 오후 본격적인 말라가 관광을 위해 숙소를 나섰다. 먼저 찾아간 곳이 로마 원형극장이라 불리는 Teatro Romano de Málaga라는 곳. 말라가 명소인 알카사바를 이어 히브랄파로 성으로 가는 입구 쪽에 있었기 때문에 잠깐 들렀다. 사실 난 여행을 시작하기 전 성대결절 판정을 받았다. 의사선생님께서 3개월 정도 말을 하지 않고 처방해준 약을 꾸준히 복용하면서 음성치료를 받아야 된다고 말씀하셨지만 이 여행을 포기할 수가 없었다. 더 늦어지면 마음이 약해질 수 있다고 판단했기 때문. 역시 상황은 점점 안 좋아졌고 마드리드에서부터 목소리가 거의 나오지 않게 된 것. 작은 목소리는 나왔지만 정상적인 목소리로 말을 하려고 하면 소리가 아예 안 나왔다. 무모한 것을 알지만 그래도 여행을 포기하고 싶지 않았다. 그래서 내린 결론이 앞으로는 웬만하면 혼자서 다니자는 것. 함께 다니고 싶지만 상대방에게도 피해를 줄 수 있는 거고 최대한 말을 하지 않아야 상태가 조금이라도 호전이 될 것이라 생각했다.

그렇게 혼자서 관광을 하려고 했는데 로마 원형극장에서 갑자기 누군가 말을 걸어왔다. "저기요. 혹시 한국 분이세요? 제가 사진 찍어드릴까요?"라고. 깜짝 놀라 뒤를 돌아봤는데 젊은 남성분이었다. 알고 보니 동갑. 서로 사진을 찍어준 후 나는 '제가 목소리가 잘 안 나와서 함께 다니면 불편할 수도 있을 텐데 괜찮으세요?'라고 물었다. 그러자 그 친구는 상관없다며 오늘 같이 돌아다니

자고 말했다. '그래. 혼자 다니는 것보단 둘이 낫겠지.' 결국 그날 함께 관광했다. 먼저 말라가 시내 전경을 보고 싶어 뷰포인트가 있는 히브랄파 성으로 향했다. 가는 길에 알카사바도 볼 수 있다. 경사가 꽤 높은 곳이니 편안한 운동화를 신는 것이 좋을 듯. 천천히 20분 정도 걸으니 뷰포인트에 도착했는데 날씨가 좋아서 그런지 바다의 색감과 건물들의 조화가 잘 이루어진듯했다. 그리고 투우경기장도 잘 보였는데 나중에 기회가 되면 꼭 한번 직관을 해보고 싶다는 생각이 들었다. 내려오는 길에 해변에도 들러서 사진을 찍다 보니 금세 해가 저물었는데 야경까지 함께 보고 헤어지기로 했다.

다시 중심지로 돌아가는데 로마 원형극장의 사람이 엄청 몰려있었다. '도대체 뭐지?'란 궁금증을 안고 가보니 빔을 쏴서 공연을 보여준다는 것이었다. '오이게 무슨 행운이람?' 친구와 나는 얼른 자리를 잡고 카메라를 들었다. 한 10분 정도 공연을 했는데 생각보다 재밌게 봤다. 겨울이어서 그런지 감성을 자극한다고 해야 하나? 공연이 끝나자 사람들은 환호를 질렀고 우리도 그 무리에 껴서 즐거운 밤을 보냈다. 여행 전에 시간이 난다면 방문하는 곳에서 축제와 이벤트 같은 게 있는지 찾아보는 것도 좋은 방법. 나는 귀찮아서 잘 찾아보지 않았는데 의도치 않게 만나는 이런 공연들은 참 '꿀맛'이다. 친구와는 그 공연을 끝으로 헤어졌다. 서로 다음 여행지가 달랐기 때문. 짧았지만 서로 불편하지도 않았고 부담 없이 알차게 잘 다닌 것 같다는 생각이 든다. 우연하게 만나는 뜻밖의 동행과 짧은 시간 같이 다니는 것도 좋으니 본인에게도 그런 상황이 생긴다면 크게 싫어하는 분류의 사람이 아닌 이상 같이 다녀보는 것을 추천한다.

알메리아? 거기가 어딘데?

마드리드 이후 남부 여행을 결정했던 이유 중 하나가 스페인 배구리그 경기 때문이다. 알려지지 않은 도시와 섬에서 하는 등 경기를 보러 가기가 참 애매한 곳들이 대부분이었다. 그러다 발견한 곳이 바로 알메리아였다. 남부 끝자락에 있는 도시였고 정보가 많이 없었다. 가끔 어학연수를 위해 그곳으로 향하는 소수의 한국인들이 있다고는 한다. 하지만 여행으로 가는 사람은 거의 없다. 막막하긴 했지만 남부 여행을 하면서 취재를 할 수 있는 곳이라 어쩔 수 없이 선택해야 했다.

말라가 일정을 마치고 ALSA 버스를 타고 알메리아로 향했다. 가격은 21.89 유로였고 2시간 30분 정도 걸렸다. 거리는 더 가까운데 왜 가격은 더 비싼 거지? 도착한 후 잠깐 짐을 바닥에 놔두고 주위를 둘러봤는데 분위기 자체는 나쁘지 않았다. 다 그런 것은 아니지만 처음 도착했을 때 느끼는 감정이 그곳을 여행할 때 느끼는 감정과 비슷할 때도 있다. 알메리아는 정말 작은 소도시라 크게 구경할만한 곳이 없다. 그래도 그나마 유명한 곳이 알카사바와 그 반대편에 있는 'Cerro San Cristobal'이었다. 확실히 알카사바는 말라가보단 알메리아가 더 볼거리가 풍부했다. 원래 입장료가 있는데 내가 방문했던 날이 무슨 날인지는 모르겠지만 그냥 표를 주면서 들어가라고 했다. 이런 날을 '운수 좋은 날'이라고 하겠지?

천천히 둘러보니 1시간 30분 정도 걸렸는데 알카사바에서 바라본 알메리아 전경도 너무 아기자기하게 예뻤고 내부도 둘러볼 곳들이 많아 지루하지 않아서 좋았다. 혼자라 사진 찍는 게 좀 힘들었지만… 그리고 반대편에 있는 Cerro San Cristobal은 현지에서 야경 보기 좋기로 유명한 곳인데다가 예수상이 있

어 나름 괜찮았다. 다만 야경을 보러 가기엔 조금 위험하다는 느낌을 받았다. 두 곳을 구경하니 날이 슬슬 저물어가기 시작했는데 오늘도 역시 일몰을 놓칠 수 없다며 곧바로 해변으로 향했다. 말라가에서도 노을지는 것을 봤지만 알메리아는 또 다른 아름다움을 뽐내고 있었다. '왜 일몰은 볼 때마다 색다른 느낌을 주는 것일까?, 왜 봐도 봐도 질리지 않을까?'라는 생각이 문득 들었다.

낯선 곳에서 만난 따듯함

관광은 그쯤에서 끝내고 경기 시간에 맞춰 체육관으로 이동했다. 숙소에서 40분 정도 걸렸는데 걷다 보니 걷는 게 익숙해져 그냥 걸어갔다. 라임 보소? 입장료는 5유로였고 좌석은 1층과 2층 중에서 자신이 앉고 싶은 곳을 선택하면 됐다. 그러고 보니 여행 시작하고 취재를 하면서 입장료를 지불한 경우는 처음이었다. 당일 경기는 스페인 남자배구리그 1위와 2위의 대결이었는데 그

날 경기로 순위가 바뀔 수도 있던 터라 중요한 경기였다. 포르투갈에서 본 것
보다는 수준이 높았지만 세계적으로 봤을 땐 아쉬웠던 게 사실. 경기가 재밌으
면 끝까지 앉아서 보겠지만 그저 그렇다면 빨리 취재하는 게 답.

　인터뷰할 사람을 찾는데 경기 중이기도 했고 마땅하게 할 사람이 보이지 않
았다. 그러던 찰나 어떤 여성분이 사진을 열심히 찍고 노트북으로 실시간 작업
을 하는 것을 봤는데 기자라는 느낌이 들었다. 방해되지 않게 조심스럽게 다가
가 이곳에 온 이유를 설명했다. 그녀의 이름은 크리스티나 다오. 그리고 빨리
가까워지기 위해 당시 한국에서 뛰는 스페인 국가대표 남자 용병에 대해서 이
야기를 했는데 이게 무슨 일? 크리스티나 다오는 그 용병이 자신의 실제 친구
라며 한국에 대해서도 종종 연락을 받는다고 했다. Wow… 뭔가 도움을 받을
수 있을 것 같다는 느낌이 드는 이유는 뭘까? 계속 대화를 하다 보니 가까워졌
고 그녀는 최선을 다해 내가 질문하는 것에 답변을 해줬다.

그리고 그녀는 자신의 카메라로 나와 홈팀인 Unicaja Costa de Almeria 코칭스태프와 선수들과 함께 기념사진을 찍어줬다. 지금까지는 장비가 없어 핸드폰으로만 찍어 화질이 좋지 않았는데 확실히 카메라로 찍으니 달랐고 간단한 포토샵까지 그 자리에서 해준 후 곧바로 이메일로 보내줬다. 취재가 끝날 때까지 "뭐 더 도와줄게 없나요?"라고 물어보는 그녀에게 정말 고마웠고 따뜻함을 느꼈다. 세계여행을 시작한 후 항상 타인과 주위를 경계해왔던 나에게 그녀가 주는 '따뜻함'은 더 소중하게 다가왔다. 나는 끝으로 한국으로 여행을 오면 꼭 나에게 연락을 하라고 했다. 그녀에겐 무료로 가이드를 해줘도 아깝지 않을 테니. 여행을 하면서 사람 때문에 힘든 경우가 많지만 반대로 사람 때문에 좋았던 경우도 많다. '이게 도대체 정확히 무슨 맛?'인지 모르겠지만 그래도 포기하지 않고 여행을 이어가게 만드는 힘을 준다.

알함브라 궁전과 타파스의 도시, 그라나다

알메리아에서 그라나다로 이동할 때도 ALSA 버스를 이용했다. 가격은 17.13유로였고 2시간 정도 걸렸다. 참고로 그라나다는 알함브라 궁전을 보기 위해 방문한다고 봐도 무방한 곳인데 365일 관광객들로 북적인다고 하니 미리 티켓을 예약하는 것이 좋다. 나는 이 사실을 직전에 알게 돼서 급하게 예약을 했는데 원하는 시간대를 얻진 못했지만 그래도 나름 잘 다녀왔다. 성수기 때는 미리 예약을 안 하면 못가는 경우도 종종 발생한다고 하니 꼭 미리 예매를 하는 것을 추천한다. 티켓 가격은 수수료 포함 14.85유로가 나왔다. 도착한 후 알함브라 궁전 투어는 며칠 뒤라 무엇을 하면 좋을지 정보를 찾았다. 그나마 가볼 만한 곳은 그라나다 시내를 한눈에 볼 수 있는 전망대들과 누에바 광장 그리고 알카이세리아 시장 등 시내 구석구석을 돌아보는 정도? 그라나다도 웬만한 관광지는 도보로 이동할 수 있을 만큼 작은 도시다.

그리고 관광객들에게 스페인 도시 중 타파스 투어로 가장 유명한 곳이기도 하다. 나는 먼저 전망대로 향했다. 보통 가장 많이 가는 곳이 니콜라스 전망대 인데 아마 알함브라 궁전의 외관을 자세히 볼 수 있는 곳이어서 인기가 많은 것 같다. 날씨가 좋아서 풍경을 보는 것만으로도 좋았는데 어떤 현지인 남성이 이슬람 음악? 같은 노래를 버스킹 하는 것. 그동안은 계속 팝송을 부르는 버스 킹만 들어서 그런지 신선하게 다가왔다. 하지만 난 10분 정도 반대편으로 걸 어가면 나오는 크리스토발 전망대가 더 좋았다. 일단 그라나다 시내를 한눈에 담기엔 이곳이 더 좋았고 사람도 적고 멍 때리면서 감상하기 안성맞춤인 곳. 한 20분 정도 아무것도 안하고 풍경을 바라보고 노래를 들으며 시간을 보냈던 것 같다. 그다음으로 누에바 광장으로 향했는데 도착하고 난 '응? 이게 광장이 라고?'라는 의문이 들었다. 이유는 광장이라고 하기엔 너무나도 작은 곳이었 기 때문… 그동안 너무 크고 넓은 곳만 봐서 그런 걸까? 더 작게 느껴졌다. 알 카이세리아 시장도 다른 곳에 비해선 열악했다.

구경은 이쯤하고 본격적으로 타파스 투어를 시작했다. 그리고 혹시 타파스 를 모르는 분들이 있을 수도 있으니 간단히 설명하자면 '스페인에서 식사 전 에 술과 곁들여 간단히 먹는 소량의 음식을 이르는 말'이다. 우리나라 사람들 에게 유명해진 이유는 값싼 가격과 술을 시키면 안주를 무료로 주는 시스템이 놀랍고 신기해서. 우리나라 술값(술+안주)이 비싼 건 모두가 인정하는 사실… 크게 관심은 없었지만 그래도 여기까지 왔는데 다들 하는 타파스 투어는 해 야 된다고 생각했다. 혼자 돌아다녀도 크게 상관은 없지만 동행을 구해서 다니면 맛볼 수 있는 음식과 술의 종류도 다양해지니 웬만하면 동행자를 구할 것을 추천! 나는 혼자였지만…. 커뮤니티 후기에서 추천해준 La Riviera, Los diamantes 두 곳을 방문했는데 나는 개인적으로 La Riviera가 분위기도 그렇고 맛도 더 괜찮게 느껴졌다. 확실히 한국 사람들이 추천해준 곳이어서 그런지 방문했을 때 한국 사람들이 많았다. 친화력이 좋은 사람들은 거기서 동행을 구해보는 것도 괜찮은 방법일 듯? 꼭 투어를 할 필요는 없지만 그래도 스페인 남부에 방문했으면 타파스를 경험해보는 것은 필수!

알함브라 궁전의 추억

알함브라 궁전 투어가 우리나라 사람들에게 유명세를 타기 시작한 것은 '알함브라 궁전의 추억'이라는 드라마가 방영되고 난 후부터다. 물론 그전에도 인기가 있었지만 드라마 때문에 더 많은 사람들이 찾아가게 된 것. 난 아쉽게도 드라마를 보지 못했지만 아마 본 사람들에겐 더 감성 돋는 관광지가 아닐까 싶다. 나는 오후 1시 30분 티켓을 예약해서 시간에 맞춰 방문했는데 알고 보니 1시 30분 예약을 했던 게 가장 핫한 나스르 궁전 입장시간이지 다른 코스인 헤네랄리페, 알카사바, 카를로스 5세 궁전 등이 포함되어 있는 것이 아니었다. '아… 바보…' 간단하게 개장시간에 맞춰서 방문해 다른 곳들을 천천히 구경하다가 예약한 시간에 나스르 궁전에 도착하면 되는 것!

참고로 오디오 가이드는 6유로인데 별로라는 후기가 많아 나는 따로 빌리지 않았다. 미리 공부를 좀 하고 오면 구경하는데 큰 문제없음. 나는 나스르 궁전-알카사바-카를로스 5세 궁전-헤네랄리페 순으로 코스를 돌았는데 전체적으로 만족스러운 투어였다. 나스르 궁전은 확실히 이슬람의 모습이 많이 보

였다. 건물들도 그렇고 디자인도 그렇고 스페인이라는 나라가 아니라고 생각
하면 이슬람 국가 관광지로 소개해도 될 정도였으니. 사람이 너무 많아서 천천
히 감상하긴 어려웠고 인생샷을 찍기 위해 고군분투?를 하고 나왔다.

알카사바와 카를로스 5세 궁전은 나스르 궁전 바로 옆에 있었는데 알카사바
는 그라나다의 전경과 아름다운 색감을 갖고 촘촘히 모여있는 집들을 볼 수 있
었는데 이미 전망대를 다녀와서 그런지 크게 감흥은 없었다. 그래도 사진 찍긴
좋은 곳. 카를로스 5세 궁전은 조금 엉뚱한 소리지만 처음 보고 '여기 전투장
아니야?'라고 생각했다. 건물이 주는 분위기가 그랬다고 해야 될까나? 마지막
으로 헤네랄리페는 '숲속의 정원' 이 다섯 글자면 충분히 설명이 되는 것 같다.
아름답게 가꾼 정원이라는 느낌을 많이 받았고 걸으며 산책하는 코스로 최적
의 조건을 갖추고 있었다. 어디가 제일 좋았다고 설명하긴 어려울 것 같고 각

각 매력이 다 달랐고 좋았다고 말할 수 있을 듯. 가격은 생각보다 비싸게 느껴졌지만 그래도 그라나다의 들렀으면 꼭 가보길 추천한다. 그리고 아예 하루를 잡고 먹을 것을 싸가서 천천히 구경도 하고 피크닉을 즐기는 것도 좋은 방법!

1.4 유로의 행복

다음 도시를 어디로 갈지 고민하다 세비야로 향하기로 정했다. 가고 싶은 이유가 크게 있었던 것은 아니었고 어차피 최종 목적지가 바르셀로나였기 때문에 가는 길에 들르면 좋겠다 싶어 선택했다. 이번에도 역시 ALSA 버스를 이용했고 가격은 26.67달러(미국)였다. 버스 시간에 맞춰 숙소를 나섰다. 그라나다에선 계속 도보로 이동했기 때문에 대중교통 카드를 사지 않았던 터라 호스텔 직원이 말해준 대로 탑승한 후 기사님께 표를 사기로 정했다. 그렇게 정류장에서 기다리는데 시간이 지나도 버스가 오지 않는 것. 숙소에서 터미널까지 멀지 않았기 때문에 천천히 나왔는데 좀 더 지나면 세비야 가는 버스를 놓칠 수도 있겠다는 불안감이 밀려왔다.

안절부절 못하면서 택시를 타야 하나 고민하고 있는데 현지인들도 내가 왜 불안해하는지 아는지 "곧 버스 도착 예정이라네요. 충분히 터미널 갈 시간 되니까 너무 불안해하지 마세요."라고 말해주는 것이었다. 부끄러웠지만 한편으론 정말 감사했다. 모르고 지나칠 수도 있는 부분인데. 그렇게 몇 분 지나지 않아 버스는 도착했다. 이제 마음 편히 가면 되겠다는 안도의 한숨을 쉬고 탑승을 하려는데 더 큰 문제가 발생했다. 현금이 없었던 나는 카드로 결제가 되는 줄 알고 탔는데 기사님께선 "카드 결제가 안됩니다. 현금 인출해서 다음 버스 타세요."라고 말하는 것. 사정을 이야기했지만 들으려고도 하지 않았고 뒤에선 사람들이 모두 나를 쳐다보고 있었다.

'하… 지금 못가면 예약한 버스표 날리는 건데 노답이다 장도영 진짜…'라고 혼잣말을 내뱉으며 망연자실한 마음으로 내리려는데 갑자기 어떤 할아버지께서 오시더니 "어디까지 가세요? 아마 이 돈이면 터미널까지 가는 티켓을 살 수 있을 거예요."라고 말씀하시면서 1.4유로를 건네시는 것. 나는 다행히 그 돈으로 티켓을 살 수 있었고 제 시간에 터미널에 도착해 세비야로 가는 버스를 탑승했다. 터미널로 가는 버스 안에서 할아버지께 '할아버지 정말 감사드려요. 제가 뭐라도 드리고 싶은데 드릴 게 없네요.'라고 말씀드렸다. 그러자 할아버지는 아무 일도 아니라는 듯 "여행자 같은데 이곳에서 즐거운 추억 많이 만들고 돌아가세요. 행운을 빕니다."라고 답하시는 것. 나는 아직도 그때 기억이 생생하다. 큰돈이 아니지만 나에겐 하루 일정을 지킬 수 있었던 아주 의미 있는 돈이었고 타지에서 그런 '따뜻함'을 느낄 수 있음에 감사했다. 할아버지를 보면서 '돈의 가치는 이럴 때 빛나는 거구나' 싶었다. 그리고 나도 앞으로 베풀면서 살아가야겠다는 다짐을 했다.

보면 볼수록 지내면 지낼수록 매력적인 곳, 세비야

어렵게 세비야로 가는 버스를 탑승해서 그런지 타자마자 곧바로 곯아떨어졌다. 이동시간이 3시간 정도 걸렸는데 한 번도 깨지 않고 갔을 정도니… 긴장이 풀리기도 했고 많이 피곤했나 보다. 도착하니 날이 다 저물었고 몸도 피곤해 숙소에서 푹 쉬었다. 다음날 일어나서 본격적으로 세비야 투어를 시작했는데 세비야 명소로는 스페인 광장, 황금의 탑, 세비야 대성당, 메트로폴 파라솔, 이사벨 2세 다리가 대표적이다. 나는 먼저 스페인 광장으로 향했다. 세비야도 웬만하면 모두 도보로 이동이 가능하니 다리가 크게 불편한 것이 아니면 걸어 다니는 것을 추천. 나만 그렇게 느끼는 것인지 잘 모르겠지만 걸으면서 이동하면 대중교통을 이용했을 때 보지 못하는 부분도 볼 수 있다고 생각한다. 날씨가 엄청 좋진 않았지만 그래도 먹구름까지는 아니어서 다행이었다.

스페인 광장에 도착하고 나도 모르게 '와… 미쳤다… 실화야? 진짜?'라는 말이 나왔다. 왜냐고 물어본다면 나는 한 문장으로 답할 수밖에 없다. '너무 예뻐서요'라고. 이렇게 말하면 좀 과할 수도 있지만 '이곳이 바로 천국?'이라는 생각까지 들었다. 일단 건물은 말할 것도 없이 너무 아름다웠고, 광장엔 행복한 표정을 지은 사람들이 사진을 찍거나 걸으며 온몸으로 광장을 느끼고 있었다. 시원한 물줄기를 뿜내며 아름다운 자태를 드러내는 분수대, 그 옆에서 비눗방울 아저씨가 비눗방울을 만들어 휘날리면 아이들이 그것을 따라 뛰어가는 모습, 작은 호수? 강가?에서 카약을 즐기는 사람들, 타인의 시선은 신경 쓰지 않은 채 자신들의 방법으로 피크닉을 즐기는 사람들의 모습까지. 이 모든 장면들이 합쳐진다면 천국이라는 말도 어울리지 않을까 생각했다. 그만큼 좋았다는 뜻.

그리고 현지인들이 다양한 버스킹도 많이 했는데 제일 좋았던 것이 바로 플라멩코 버스킹! 태어나서 처음 보는 것이기도 했고 원래는 공연장에서 보려고 했는데 버스킹만으로도 너무 좋아 굳이 또 봐야겠다는 생각이 들지 않을 정도로 훌륭했다. 아르헨티나에서 봤던 탱고와는 또 다른 매력. 아무튼 스페인 광장은 그냥 최고다 최고! 첫 명소가 너무 성공적이라 한껏 업된 마음으로 다음 관광지로 이동했다. 메트로폴 파라솔은 일몰시간에 맞춰 갈 예정이어서 그전에 시간이 남아 가는 길에 있는 황금의 탑과 세비야 대성당을 들리기로 정했다. 황금의 탑은 솔직히 별로였다… 그래도 옆에 강가가 있어 걸으면서 바람

쐬긴 좋은 곳이니 참고. 세비야 대성당은 물론 예뻤지만 여행을 오래 다니다 보면 세계에서 유명한 성당들을 자주 보게 돼 점점 감흥이 떨어지는 게 사실이다. 그렇게 두 곳을 구경을 하다 보니 서서히 날이 저물기 시작했다.

사전에 정보를 찾아봤을 때 메트로폴 파라솔에서 세비야 전경을 볼 수 있고 일몰을 보기에도 좋은 곳이라는 후기가 많아 기대를 품고 향했다. 입장료는 6 유로였는데 생각보단 비쌌지만 그래도 세비야에 왔으면 꼭 들러볼 것을 추천한다. 엘리베이터를 타고 전망대로 올라가면 되는데 구경할 수 있는 범위는 작지만 파라솔의 디자인으로 건물을 만들었다는 자체가 신기했고 세비야 시내의 모습을 한눈에 담을 수 있어 좋았다. 다만 전망대라고 하기엔 높이가 좀 낮은 편이니 너무 기대는 하지 말 것. 날씨가 점점 흐려지는 것 같더니 일몰시간이 되자 기다렸다는 듯 먹구름이 몰려왔다. 그래도 한 곳에서 작은 불빛이 보였는데 시간이 지나자 그쪽만 아름답게 노을이 졌다. 완벽한 색감이 아니었음에도 아름다움이 보였다. 아마 날씨가 좋은 날 제대로 본다면 반할 것 같은 느낌. 아쉬웠지만 그래도 하루 동안 많은 것들을 했다는 자체에 스스로에게 박수를 쳐주기로 했다.

야경 맛집 세비야

몸이 많이 피곤해 숙소로 들어가서 저녁을 해먹고 잠시 쉬는 시간을 가졌다. 잠깐 눈을 붙였다 일어나니 컨디션이 괜찮아져 야경을 구경하기 위해 밖으로 나갔다. 야경은 스페인 광장을 시작으로 이사벨 2세 다리와 메인 거리로 이어지는 코스로 짰다. 스페인 광장은 낮에도 예뻤지만 어우… 저녁도 만만치 않았다. 조명의 색감이 건물을 더 빛나 보이게 해준다고 표현해야 하나? 그 색감은

본 사람만이 알 수 있다. 그리고 한쪽에서는 정말 신기하게도 K-POP 노래에 맞춰 춤을 추는 어린 친구들이 있었는데 노래가 나오면 춤을 아는 사람은 모두 나와 함께 춤을 추는 식이었다. 이 낯선 땅에서 현지인이 우리나라 노래에 맞춰 춤을 추는 걸 보고 있다니… 한류가 정말 대단하다는 걸 다시금 느꼈다.

그리고 떠나기 직전에 어떤 남성분이 클래식 장르의 연주를 해줬는데 그때의 분위기가 아직도 생각난다. 참고로 정확히 몇 시인지는 모르겠지만 스페인 광장을 너무 늦게 방문하면 이미 폐장해서 못 들어가는 경우도 있다고 하니 웬만하면 야경을 보더라도 일찍 갈 것을 추천. 다음은 이사벨 2세 다리로 걸어갔는데 가는 길에 마트가 있으면 술을 싫어하거나 아예 안 먹는 사람이 아니라면 캔맥주 한 캔 정도는 사서 들고 갈 것을 권한다. 한마디로 표현하자면 우리나라 한강이라고 생각하면 된다. 걸으면서 마셔도 좋고 의자에 앉아 강가를 바라보며 마셔도 좋고 적당한 음주는 감성을 더 좋게 자극하는데 유용하다.

　사랑하는 사람과 같이 갔다면 하루 종일 있었을 텐데 혼.자.가.서. 굳이 오래 있을 필요가 없었다. 왠지 씁쓸…. 마지막으로 메인 거리를 걸었는데 크리스마스 트리도 있고 겨울을 맞이해 다양한 조형물들도 있고 행위예술이라든지 버스킹도 많이 했다. 길거리 분위기도 너무 좋았지만 가장 인상 깊었던 것은 초등학교? 학생 정도로 보이는 어린애들이 옷도 맞춰 입고 선생님의 지휘에 맞춰 합창을 하는 모습. 크리스마스 캐럴들을 연달아 불렀는데 그 모습이 어찌나 예뻐 보이던지 내 마음이 다 순수해지는 것 같았다. 겨울에 유럽을 여행해서 좋은 점이 있다면 각 나라마다 다르겠지만 그래도 크리스마스 분위기를 제대로 느낄 수 있다는 것. 낮에도 좋았고 밤에는 더 감성 깊었던 세비야 잊지 못할 거야….

늦잠의 악몽

　원래 이틀만 있을 계획이었는데 세비야가 마음에 들어 이틀을 더 추가해 총 4일을 머무르게 됐다. 문제는 미리 예약한 바르셀로나를 가는 기차표를 취소해야 한다는 것. 가격이 43.10유로였는데 이 가격도 할인을 받아 예약을 한 것이라 환불이 안 된다. 나에겐 너무나 큰돈인데… 후… 고민을 많이 했지만 그동안 너무 타이트하게 움직이기도 했고 밀린 글도 써야 했기 때문에 과감히 표를 버렸다. 세비야의 분위기가 정말 좋다고 느꼈기 때문에 가능한 일. 그렇게 남은 이틀 동안 느긋하게 글도 쓰고 스페인 광장과 이사벨 2세 다리 등 갔었던 곳을 또 방문하며 힐링이 되는 시간을 보냈다. 만족스러운 4일을 보냈고 다음날 아침 8시 35분 기차를 타고 이동할 계획이었다.

나는 보통 도시나 국가를 옮겨야 해서 짐을 다시 패킹해야 되면 몇 시가 됐든 이동하기 전날 자기 전에 꼭 짐을 다 패킹해놓고 자는 편이다. 전날 야경까지 구경하고 오느라 숙소로 돌아온 시간이 늦어져 새벽까지 패킹을 해놓고 잤다. 문제는 다 준비해놓고 잔 것은 좋았지만 늦잠을 잤다는 사실. 분명히 알람도 많이 맞춰놨고 여행을 시작하고 알람 소리를 들으면 무조건 잘 일어났었는데 이날은 눈을 뜨니 8시인 것⋯. 보고도 믿기지 않아 잠이 덜 깼나? 싶어 볼을 때려보기도 했지만 정확히 보이는 시간은 8시. 그때 그냥 포기하고 푹 자고 일어나서 다시 예매를 했어야 했는데⋯ 그래도 시도는 해보자는 생각으로 곧바로 우버를 불러 역으로 향했다. 얼추 도착할 수 있을 것 같았는데 생각지도 못한 문제가 발생했다.

우버를 불렀는데 급하게 부르느냐 카드 결제가 아닌 현금 결제로 부른 것. 나는 당시 필요할 때만 현금을 인출해 사용했기 때문에 현금이 아예 없었다. 기사님께 최선을 다해 설명했지만 자신은 카드로 결제를 해줄 수 없다며 ATM기가 있는 곳으로 먼저 들리겠다고 했다. 나 참 이게 무슨 상황인 건지⋯ 1분 1초가 아까운데 ATM을 들러야 한다니 정말 '멘붕'이었다. 거기서 그냥 포기했으면 그나마 나았겠지만 그래도 끝까지 해보자는 생각에 ATM을 들러 돈을 인출했는데 하필 수수료가 비싼 은행이어서 만 원이 넘는 수수료를 지불했다. 우여곡절 끝에 역으로 도착하니 딱 8시 36분이었다.

혹시나 될까 싶어 무거운 짐을 들고 잽싸게 뛰어갔지만 기차는 이미 떠났고 인포메이션으로 가 사정을 설명했지만 내가 실수를 범해서 놓쳤기 때문에 티켓을 변경해줄 수가 없다고 했다. 틀린 말도 아니었지만 너무 분하고 억울해 짜증이 폭발했다. 기차표도 날려~ ATM 수수료도 날려~ 역으로 왔다가 다시 숙소로 돌아가는 택시비까지 날려~ 기분도 최악인데 경비까지 날려버렸으니 오죽했을까… 나는 그날의 짜증 그리고 쓰라림을 아직도 잊지 못한다. 제발 나처럼 다음날 이동해야 하는데 늦잠을 자서 표를 날리지 마시길… 그리고 때론 과감한 포기가 현명한 선택이 된다는 것을 확실히 느꼈다. 그전에 실수를 안 하면 되겠지만. '늦잠의 악몽' 다신 겪고 싶지 않다.

베드버그의 습격

늦잠 사건처럼 여행을 하다 보면 최악의 날이 가끔씩 찾아오는데 그때마다 하는 스트레스 해소 방법은 아무것도 하지 않고 하루 종일 맛있는 걸 먹고 푹 쉬는 것. 나에겐 그게 효과가 제일 좋았다. 그렇게 쉬다가 화가 좀 가라앉고 괜찮아졌을 때 다음 여행 계획을 준비하는 것이 가장 현명한 방법. 장기 여행에서는 체력관리만큼 멘탈관리도 중요하니까. 결국 다시 기차표를 끊었는데 이번 가격은 38.10유로였다. 세비야에 더 머물지 않았으면 이 금액만 지불하고 바르셀로나로 갈 수 있었을 텐데. 그 사이에 얼마를 낭비한 건지 참…. 그래도 다행히 '이미 지나간 일은 잠깐만 후회하고 앞으로 대처를 잘하자'라는 관념을 평소 갖고 있었던 터라 나 자신을 질책하긴 했지만 그 이후엔 잊어버렸다. 다음에 똑같은 실수를 안 하면 되지 뭐.

그렇게 다음날 일부러 일찍 일어나서 안전하게 기차를 타고 바르셀로나로 향했다. 아, 그리고 참고로 스페인에서 버스는 ALSA라는 회사가 가장 유명하다면 기차는 주로 Renfe(렌페)를 많이 이용하니 참고. 기차도 탔겠다 이제 맘 편히 갈 일만 남았다고 생각했는데 오산이었다. 어제부터 두드러기 같은 게

몸에 나더니 갑자기 간지럽기 시작했고 기차에서 이동하는 시간부터 가려움증이 심해졌다. 웬만하면 참는 성격인데 너무 가려워 한국에서 가져온 버물리를 바르고 긁으면 안 좋다고 하니 계속 때렸다. 하지만 효과는 잠시뿐 가려움증은 더 악화됐다. 안 좋은 일은 항상 겹친다더니 나에겐 찾아오지 않을 것이라 생각했던 베드버그의 물린 것. 그동안 너무 더럽거나 나무 소재로 된 침대면 한국에서 미리 챙겼던 비오킬을 뿌리고 잤었는데… 언제 어디서 물렸는지 알 수가 없어 더 억울했다.

참고로 세비야에서 바르셀로나까지 기차로 이동시간이 총 11시간 30분 정도 걸렸는데 정말 가려움증 때문에 잠도 제대로 못자고 너무 고통스러웠다. 오죽하면 도착하자마자 병원으로 갔을까… 비용이 얼마나 나오든 일단 살고 보자는 심정으로 병원에 찾아갔지만 돌아오는 대답은 "우리가 해줄 수 있는 게 없어요. 약국에서 약을 사서 바르거나 드세요."라고 말하는 것. 응? 병원에서 해줄 수 있는 게 없다고? 잘못 들었나 싶었지만 사실이었다. 결국 체념한 상태로 약국을 찾아가서 추천해주는 약을 샀는데 먹는 것(Cetirizina NORMON 10)과 바르는 약(Fenistil) 두 가지였다. 가격은 합 14.20 유로였는데 생각보다 비싸지 않아서 다행. '병원에서도 해줄 수 있는 게 없다는데 이 약을 먹고 바른다고 좋아지겠어?'라는 반신반의한 심정으로 복용하고 발랐다.

신기하게도 다음날부터 서서히 좋아지더니 한 일주일? 정도 지나니까 확실히 좋아졌다는 것을 느낄 수 있었다. 나는 정말 운이 좋아 약을 바르고 먹기만 했는데도 좋아진 거지 정말 심한 사람들은 귀국을 해서 오랜 시간 동안 치료를 받는다고 하니 사전에 철저히 준비하고 정보를 알아놓고 여행을 할 것을 강력하게 권한다. 비오킬은 작은 공병들을 활용해 나눠서 담아 챙기는 것이 좋고 뭔가 미심쩍다 싶은 곳은 꼭 뿌리고 취침을 하길. 그리고 나처럼 만약 물렸다는 증세가 나타나면 곧바로 약국으로 가 약을 사서 먹고 발라보길. 그래도 호전이 없다면 귀국을 하는 것이 최선의 방법이다. 여행은 다음에 또 할 수 있지만 건강은 그때그때 챙기지 않는다면 더 큰 화를 불러온다는 사실은 모두 다 잘 알고 있을 것이라 생각한다. 베드버그 꺼져!

가우디의 도시, 바르셀로나

스페인에서 가장 가보고 싶었던 곳이 바르셀로나였다. 마지막으로 온 이유는 파리로 가는 비행기표가 가장 저렴했기 때문. 다른 도시가 저렴했다면 아마 바르셀로나를 먼저 왔을 것. 축구는 크게 관심이 없었고 말로만 듣던 가우디의 건축물들을 실제로 보고 싶은 마음이 컸다. 아쉽지만 비행기를 예약한 날이 바르셀로나에 도착하고 이틀 후에 출발하는 거였기 때문에 당일 저녁과 다음날 하루만 관광을 할 수 있었다. 그래서 미리 사그라다 파밀리아 성당 티켓을 예약했다. 시간은 오전 11시 30분으로 정했고 가격은 한국어 오디오 가이드 포함 23유로였다. 다른 곳은 못 가보더라도 사그라다 파밀리아 성당은 꼭 가보고 싶었다. 바르셀로나에 도착하니 저녁 8시쯤이었다. 숙소에 짐을 풀고 근처 슈퍼에서 캔맥주와 과자를 사서 야경 명소인 벙커로 향했다. 시내에서 버스를 타면 근처까지 데려다주고 정류장에서 5분 정도 걸어가면 도착하는데 바르셀로나 전경을 보려면 꼭 와야 하는 곳이니 계획에 무조건 추가할 것!

사실 버킷리스트 중 하나가 벙커에서 맥주를 마시며 야경을 보는 것이었다. 시간적인 여유가 없어 오고 가는 길거리를 제외하곤 야경을 본 곳이 벙커가 유일했는데 나는 만족했다. 아름다운 야경을 바라보며 캔맥주 한 모금이면 충

분했으니. 그곳을 방문한 사람들의 웃음소리와 노래를 틀고 춤을 추는 모습까지 좋았다. 첫날은 그렇게 마무리가 됐고 단 하루만 제대로 된 관광을 할 수 있었기 때문에 다음날 새벽부터 일찍 움직였다. 하루 안에 많은 곳을 보기 위해서였지만, 구엘 공원 무료입장(원래는 입장료 10유로)과 그곳에서 일출을 보기 위해서라는 이유도 있었다. 보통 오픈 전 아침 6시~8시 사이에 공원 안쪽에 있는 유료존에 들어가 있어야 하니 참고.

늦을까봐 걱정했지만 다행히 제시간에 도착할 수 있었다. 이른 새벽임에도 불구하고 사람들이 꽤 있었는데 한국인이 정말 많았다. 부지런한 것+여행을 오면 뽕을 뽑는? 것은 한국인이 최고다. 역시 명성 그대로 공원에 있는 가우디가 만든 건축물들은 정말 독특하면서 신기했다. 막 엄청 아름답고 예쁘다기보단 확실히 세계에서 유일무이한 건축물인 것은 맞는 듯했다. 아쉽게도 날씨가 우중충해 일출을 보진 못했지만 그래도 무료로 공원을 구경할 수 있음에 감사했다. 숙소로 돌아가기 전 가우디의 또 다른 대표적인 건물인 까사 바뜨요와 까사 밀라 외부를 구경했는데 디자인 자체가 독보적이었다. 그 이상 어떻게 표현을 해야 할지도 참…. 한 가지 바람은 우리나라도 이런 독특하고 신기한 건물들을 만들면 좋겠다는 생각이 들었다. 가벼워 보이지도 그렇다고 무거워 보이지도 않고 뭔가 '동심으로 돌아가는 것 같은 느낌이랄까?' 가우디는 분명 천재가 맞다.

세계에서 가장 아름다운 성당, 사그라다 파밀리아

숙소에서 늦은 아침을 챙겨 먹고 곧바로 사그라다 파밀리아 성당으로 향했다. 그토록 기다리던 곳이라 설렘 지수가 증폭했다. 미리 예약해둔 티켓을 프린트해 준비했고 시간에 맞춰 입장했다. 일단 외부부터 압도적이었다. 보자마자 감탄사가 끊임없이 나왔다. '와… 미쳤다… 진짜… 미쳤어…'라며 좋은 뜻으로 실성하는 웃음을 지으며 혼잣말을 계속했다. 정말 믿기지 않을 정도로 예술적이었으니 그럴 만도. 먼저 한국어 오디오 가이드를 대여한 후 직원이 알려준 곳에서부터 오디오를 들으며 천천히 이동했다. 옛날 전화기? 느낌으로 된 오디오였는데 나름 들을만했고 완벽하진 않아도 역사를 이해하는데 조금은 도움이 됐다.

드디어 그토록 기다리고 기다리던 내부로 입장! 외부를 보고 긍정적인 충격을 받았다면 내부를 보곤 '이야… 와… 여기가 진짜 천국이구나? 스페인 광장도 아름다웠지만 여기가 진짜 대박이다…'라고 말할 정도로 놀랐다. 정말 이 모습을 죽기 전 볼 수 있음에 감사했고 '인간의 한계는 끝이 없다'라는 글귀가 떠올랐다. 다른 곳들도 물론 좋았지만 나는 개인적으로 스페인 통틀어서 사그라다 파밀리아 성당이 제일 아름답고 인상 깊었고 여운이 길게 남았다. 가족들 생각이 먼저 났는데 나는 안 간지 오래됐지만 우리 집 식구들은 모두 천주교 신자이기 때문. 특히 부모님이 외국여행을 가면 꼭 그곳에 성당들을 방문해서 미사를 드리곤 했는데 부모님이 오시면 정말 좋아하실 것 같다는 생각이 들었다.

'나중에 꼭 모시고 다시 와야지.'

건물들을 구경하는 것도 너무 좋았지만 중간마다 성가와 비슷한 평화로운 분위기의 음악을 틀어줬는데 가만히 앉아 눈을 감고 음악에 집중하다 보니 나도 모르게 눈물이 흘러내렸다. 한 20분 정도 기도도 하고 지난날을 돌아봤는데 정확한 이유는 모르겠지만 '아마 그동안 많은 사건사고 속에서도 건강하게 여행을 하고 있음에 감사했던 마음이 가장 컸던 것 같다.' 종교가 다르더라도 충분히 구경하기에 너무나도 좋은 곳이다. 천주교 신자라면 아마 지금껏 보지 못했던 성당의 모습과 감동을 느낄 수 있을 것이라 예상한다. 바르셀로나에 왔다면 꼭! 방문하길. 그리고 외부와 내부 건물 모두 가우디가 숨겨놓은 참뜻이 있는데 그것들을 하나씩 찾아보고 알아가면서 구경하면 더 유익한 투어가 될 것.

지금까지 이런 건축물은 보지 못해서 그런지 한동안 생각이 정말 많이 났다. 잠깐이지만 성당이 그동안 지친 내 마음을 어루만져 준다는 느낌이랄까? 참 감사하면서도 따뜻했다. 고마워 사그라다 파밀리아! 감사해요 안토니 가우디!

이미 충분히 많은 것들을 보고 느꼈기 때문에 더 관광을 안 해도 됐지만 그래도 시간이 남아 마지막으로 바르셀로나 핫플레이스 중 한 곳인 바르셀로네타 해변을 방문했다. 다른 해변보다 특출난 것은 없지만 그래도 잠시 쉬어가기 좋은 곳이니 시간이 여유 있다면 가볼 것을 추천! 돌이켜보니 짧은 시간을 참 잘 활용해서 돌아다닌 것 같아 뿌듯.

4. '그럼에도 불구하고' 포기할 수 없었던 프랑스

스페인 일정을 모두 마친 후 프랑스 파리로 떠날 준비를 했다. 사실 방문하기 전 파리 교통 파업으로 인해 현지에서 지내고 있는 한인분들과 여행자분들이 커뮤니티를 통해 지금 시기엔 오지 않는 것이 좋을 것이라고 말했었다. '페루 시위, 볼리비아 대선, 칠레 폭동 그리고 파리 교통 파업까지…' 아무리 장기 여행이라고 해도 이 중에서 한 가지를 겪는 것도 흔치 않은 일인데 벌써 4번째나 국가적 문제와 마주쳤다…. 왜 하필 내가 여행하는 시기에 이런 일들이 겹치는 것인지 참… 다른 국가를 먼저 들릴까 고민했지만 이미 벨기에-네덜란드-독일로 이어지는 육로로 이동하는 코스로 계획을 세워놨기 때문에 프랑스를 포기할 수 없었다. '그래, 지금까지 모두 잘 이겨냈는데 이거라고 못 이겨내겠어? 한번 부딪쳐보자!'라는 다짐을 스스로에게 하며 프랑스 파리로 향했다.

마음은 강하게 먹었지만 파리 공항에 도착하자마자 난관에 봉착했다. 교통이 모두 중단돼 시내로 갈 수 있는 방법은 택시가 유일했는데 터무니없이 비싼 금액을 받는 것. 그럴 수 있다고 생각했지만 지금 이 시기에도 자신의 이익을 챙기는 사람들이 아니꼽게 보일 수밖에 없었다. 혹시나 조금 걸어가면 운행하는 대중교통이 있을까 지도를 보고 검색을 하는데 갑자기 뒤에서 "혹시 한국 분이세요?"라고 묻는 것. 나와 비슷한 또래의 남성이었다. 내가 한국인이라고 하니 그는 "그럼 어디로 가세요? 저도 지금 택시비 때문에 고민하고 있었는데 방향이 같으면 합승해도 좋을 것 같아서요."라고 말했다. 하지만 우리는 방향이 달랐다. 근데 공항에서 택시를 타는 것보다 그 남성분이 가려고 하는 곳에서 버스를 타고 예약한 호스텔 근처에 내려 걸어가는 것이 더 저렴했

다. 조금 번거롭긴 하지만 그래도 비용을 절약할 수 있으니 나는 이유를 설명
하며 함께 가자고 했다.

　그러자 그는 "그럼 제가 그냥 택시비를 다 낼 테니까 제가 가는 곳까지 같이
가요!"라고 말하는 것. 어차피 자신은 가려던 곳이었고 내가 그 이후에도 번거
롭게 숙소를 찾아간다는 말이 안타까워 조금이나마 도움을 주고 싶다는 것.
원래 같았으면 누군가에게 빚지는 걸 정말 싫어하는 성격이라 정중하게 거절
했겠지만 상황도 안 좋았고 그분의 마음이 따듯해 감사한 마음으로 합승했다.
정말 세계 어딜 가더라도 따듯함을 가진 한국 분들이 계서 여행할 맛이 난다!
택시에서 내려 버스를 타고 숙소 근처에 내리긴 했지만 40분을 걸어가야 했
다…. 경비를 아끼려면 이 정도 고통은 감수해야지라고 합리화를 시키며 걸
어갔지만 교통 파업이라는 현실이 미웠다. 이번 계기로 대중교통의 소중함을

다시금 느끼는 중.

더 심해지기 전에 취재부터 끝내야 해!

숙소에 도착하자마자 씻고 침대에 누웠다. 아무래도 무거운 짐을 들고 오랜 시간 걸으니 체력적으로 부담이 됐나 보다. 그리고 생각했던 것보다 파리의 상황은 좋지 않았고 이러다 취재까지 못할까봐 두려웠다. 일단 관광은 뒤로 미루고 취재를 먼저 끝내야겠다고 생각했다. 다행히 협회는 파리에 있었고 아직 파업으로 인해 문을 닫진 않았다고 했다. 가는 방법도 대중교통이 모두 중단돼 어려웠지만 다행히 기차가 운행 수는 적어도 협회 근처까지 갈 수 있는 유일한 방법이었다. 다음날 혹시 몰라 일찍 출발했고 다행히 기차를 타고 협회 근처 역에 내릴 수 있었다.

갑자기 뜬금없지만 파리에는 유독 쥐들이 많이 보이는데 싫어하는 사람들은 마음의 준비를 단단히 하고 오길. 길거리를 지나가다 손바닥 크기만한 쥐들이 움직이는 걸 보면 온몸에 소름이 돋을 수도 있으니…. 역에서 조금 걸어가니 협회로 보이는 건물이 나왔다. 외부는 일반주택과 비슷했고 언제나 그랬듯 심호흡을 크게 한번 하고 안으로 들어갔다. 처음엔 아무도 없어서 당황했는데 조금 기다리니 위에서 누군가 내려오는 소리가 들렸다. 그녀의 이름은 캐롤라인 토마스(Caroline Thomas)였는데 커뮤니케이션 매니저(Communication Manager)라는 직책을 맡고 있다고 했다.

이곳에 온 이유를 설명하자 자신이 외부에서 기자들이나 관계자가 오면 인터뷰를 담당하는 사람이라며 나보고 운이 좋다고 했다. 내일부터 자기는 휴가를 떠날 예정이었다면서. 역시 취재를 먼저 하길 잘했다! 프랑스 배구도 이야기를 들어보니 다른 국가들과 비슷한 시스템으로 운영을 하고 있었다. 의외였던 건 프랑스도 배구가 비인기 종목이라는 것. 남자배구는 상위권 랭킹을 항상 유지하는 국가 중 하나였는데 비인기 종목이라니… 배구를 사랑하는 나로선 조금 아쉽게 다가오는 현실이었다. 다행히 캐롤라인이 친절하게 인터뷰의 응해줘 무사히 끝낼 수 있었고 여기까지 오느라 고생했다며 줄건 없고 협회에서 직접 제작한 기념품들을 선물로 준다는 것. 오늘 취재 안 왔으면 어쩔 뻔? 감사함과 따뜻함을 느낄 수 있는 지금 이 순간이 너무 행복하다!

BlaBlaCar

협회 취재를 끝내기 전 캐롤라인은 이틀 뒤에 남자배구리그 경기가 열리는데 관람하고 싶으면 꼭 가라는 것. 처음엔 무슨 뜻이지? 싶었는데 알고 보니 그 경기가 2019년 마지막 경기라는 것이었다. 그 경기를 놓친다면 내년이 올 때까지 기다려야 한다고… 파리 관광이고 뭐고 일단 취재부터 해야겠다는 생각이 컸다. 경기는 투르(Tours)라는 지역에서 펼쳐질 예정이었는데 시외버스나 기차로 이동하는 방법은 가격이 너무 비쌌다. 다른 방법을 찾아보다 'Car Pool'이란 것을 찾았는데 간단하게 설명하자면 운전자들이 어차피 다른 지역으로 이동해야 하는데 동행자들에게 다른 교통수단보다 저렴하게 가격을 받아 함께 이동하는 방법이라고 이해하면 된다.

운전자들은 용돈벌이를 할 수 있어서 좋고 나와 같은 탑승자들은 저렴한 가격으로 도시를 이동할 수 있어서 좋다. 카풀 회사 이름이 BlaBlaCar였고 이미 유럽에서는 유명한 교통수단이라고 한다. 낯선 사람과 함께 오랜 시간을 이동해야 한다는 것이 안전성이 보장되는 일이 아니라 걱정이 많이 됐지만 이것도 경험이구나 생각하고 도전해보자는 마음으로 예약했다. 일단 홈페이지에 들어가서 자신의 현재 위치와 목적지를 선택하고 여러 명의 운전자와 시간대를 보고 자신이 원하는 사람과 시간을 선택하면 되는데 다행히 후기 시스템도 잘 되어있어서 평점과 이미 탑승했던 사람들의 글들을 보고 자신이 끌리는 운전자를 선택하면 된다.

여기서 주의해야 될 점은 같은 도시에서 출발하고 도착한다고 해도 조금씩 위치가 다른데 중심지랑 먼 곳에서 태우거나 내려주는 사람들도 많으니 잘 보고 예약을 할 것을 추천한다. 가격이 싸다고 예약했더니 픽업 장소까지 가는 비용이나 도착지에서 자신의 숙소까지 가는 비용이 많이 나오는 경우도 있으니 조심해야 한다. 나는 다행히 좋은 운전자와 승차감도 나쁘지 않은 차량을 만나 처음부터 끝까지 편하게 이동했지만 가격이 싼 만큼 불편함이 는다는 법칙은 변하지 않으니 잘 찾아서 예약하길. 참고로 파리에서 투르까지 다이렉트로 가서 2시간 30분 정도 걸렸고 가격은 17.50유로였다.

'만원 관중, 경기력, 팬서비스' 모든 것이 완벽했던 프랑스 배구리그

사실 포르투갈과 스페인 배구리그 수준이 생각보다는 낮은 편에 속했고 프랑스도 배구가 비인기 종목이라고 하니 큰 기대를 하지 않았다. 경기가 펼쳐질 체육관이 숙소에서 걸어서 5분 정도 거리였는데 가까운 것만큼 좋은 것이 또 없다. 시간에 맞춰 경기장으로 향했다. 늘 그랬듯 취재를 하러 왔다고 말했는데 이번엔 매표소에서 기자증을 받아와야 입장이 가능하다는 것. 지금까지는 간단한 신원 절차만 검사하고 들여보내줬는데, 생각보다 철저한데? 매표

소로 가서 상황을 설명하니 기자 ID카드가 있는지 물어보는 것. 나는 한국에 놓고 왔다고 말하자 직원은 입장이 안 된다는 제스처를 보냈는데 여기서 나의 센스를 최대한 동원했다. 그동안 배구 취재를 했던 국가들의 사진과 한글이긴 하지만 인터넷에 업로드된 기사들을 보여줬다.

사진과 기사를 본 직원은 미소를 짓더니 "It's cool"이라며 기자증을 건네줬다. 하마터면 큰일 날 뻔… 생각보다 일찍 도착해서 그런지 입구에서 딜레이가 됐음에도 경기는 시작 전이었다. 안에 있는 홈팀 스태프에게 기자석을 안내해 달라고 부탁한 후 따라 들어갔는데 Wow… 안으로 들어가자마자 온몸에 소름이 쫘악~! 관객석은 관객석은 팬들로 만원이었고 경기가 시작하기 전인데도 응원을 하면서 체육관이 떠나가라 소리를 지르는 것. 시설도 물론 좋았고 내가 생각했던 가장 이상적인 경기장의 모습이어서 좋았다. 특히 몸이 불편해

휠체어를 사용하시는 장애인분들을 위한 좌석이 따로 있었는데 인상 깊었다. 당시 맞붙었던 두 팀은 투르(Tours 당시 리그 2위 홈팀) vs 툴루즈(Toulouse 리그 10위 어웨이팀)였는데 확실히 수준 차이가 많이 났고 전체적으로 투르 가 경기를 리드했다. 그래도 경기 자체는 박진감이 넘쳤고 팬들의 응원을 구 경하는 맛이 쏠쏠했다.

그리고 특이한 경기 규칙이 있어 놀랐는데 2세트가 끝나면 10분 동안 휴식 을 취하고 다시 경기를 재개한다는 것. 잉? 국제대회에서도 그런 규칙은 본 적 이 없는데 무슨 소리지? 알고 보니 프랑스는 예전부터 이 규칙을 리그에 적용 을 시켰다는 것이었다. 프랑스 배구리그를 취재하러 오지 않았다면 아마 평생 몰랐을 수도 있었을 것. 그리고 경기가 끝나고 선수들이 끝까지 남아 팬들과 거리낌 없이 사진을 찍어주고 사인을 해주는 모습을 보였다. '이러니 팬들이 안 찾아오겠어? 당연히 또 오지!'라는 생각을 하며 팬서비스의 중요성을 다시 금 깨달았다. 급작스럽게 결정해서 왔지만 생각보다 취재할 거리가 많아서 좋 았다. 그리고 투르라는 도시도 내가 좋아하는 소도시에다 아기자기한 분위기 가 스며든 곳이라 짧은 시간 가볍게 지내기 훌륭했다. 다만 굳이 파리에서 이 곳으로 올 필요까진 없는 곳인 듯. '2019년 마지막 취재 끝!'

사진, 나이, 횟수, 후기를 잘 보세요

투르 일정을 모두 끝내니 홀가분한 마음이었다. 2019년 취재가 무사히 끝났 다는 안도감이 가장 컸으니 그럴 만도. 그리고 투르로 먼저 취재를 하러 온 이 유가 마지막 경기이기도 했지만 편안한 마음으로 크리스마스 주부터 여유 있 게 여행을 하고 싶었기 때문이다. 특히 크리스마스는 파리에서 꼭 보내고 싶었다. 그렇게 들뜬 마음으로 파리를 가려고 BlaBlaCar를 예약하고 시간에 맞춰 약속 장소로 나갔는데 운전자는 찾아볼 수도 없었고 전화기는 꺼져있는 상태였다. 하… 지금 놓치면 내일 가야 하는데 아 짜증나네 진짜… 욕이란 욕은 계속 퍼부었다. 나중에 호스텔 직원이 알려준 팁이 운전자를 예약할 때 사진을 먼저 보고 그다음으로 나이와 운행한 횟수 그리고 후기를 자세히 봐야 한다고 했다. 내가 예약했던 운전자는 남자인데다가 나이가 20살이라 아마도 술을 먹고 뻗었을 확률이 높다고 했다. 왠지 어제 예약이 확정되고 연락이 안되더니… 이미 결제가 된 상태라 더 화가 났다. 다행히 호스텔 직원의 도움으로 홈페이지를 통해 환불을 요구하는 글을 보냈고 나는 결국 하루를 더 투르에서 머물렀다. 그리고 환불은 한 달이 지나서야 해줬는데 웬만하면 나처럼 실수를 하지 않길 바란다. 돈도 돈이지만 하루를 날려버린 것이 정말 화가 나니….

Christmas in Paris and the Eiffel Tower

다음날 예약한 BlaBlaCar 운전자는 괜찮은 친구였다. 가는 도중 자꾸 말을 거는 게 귀찮았지만 그래도 운전 실력이 좋아 예상시간보다 빨리 파리에 도착했다. 교통 파업이 계속됐지만 관광을 포기할 순 없었다. 가고 싶었던 곳들을 추리고 현재 파업으로 인해 문을 닫은 곳이 있는지 찾아보면서 계획을 세웠다. 첫날은 오후에 도착했기 때문에 제일 보고 싶었던 에펠탑을 다녀오기로 정했다. 크리스마스 시즌이기도 했고 파리 자체가 원래 물가가 높은 편이라 저렴한 호스텔로 예약하다 보니 에펠탑과 멀리 떨어진 곳이었다. 걸어서 1시간 정도 걸리는 거리였는데 방법이 없었다. 그렇다고 값비싼 택시를 탈 수도 없는 노릇… 그때부터 파리를 떠나기 전까지 정말 많이 걸었다. 정말 많이… 기억하고 싶지 않아…. 그래도 날씨가 나쁘지 않아서 걸어가는 길이 나름 운치도 있

고 예뻤다. 어차피 걸어야 되는 거 구석구석 구경하라는 뜻인가 보다 생각했다. 때론 합리화를 시키는 것이 정신건강에 좋다.

　에펠탑이 가까워지면 가까워질수록 사람들이 많아졌다. 그리고 점점 선명해지는 에펠탑을 보며 '오호 장난 아닌데?'라는 감탄사가 나오기 시작했다. 솔직히 나는 자연을 좋아하는 사람으로서 유럽의 건축물이나 박물관 및 미술관을 크게 좋아하진 않는다. 그래서 엄청 좋았다고 말할만한 곳이 많이 없는데 에펠탑은 설명할 필요 없이 그냥 눈으로 봐야 한다. 그만큼 나에겐 좋았다는 뜻. 여행을 하다 보면 정말 멍하니 계속 바라보면서 '와… 대박이다… 진짜…'라는 감탄사를 연발하게 만드는 곳들이 있는데 나에겐 에펠탑이 그중 하나였다. 보면 볼수록 신기하고 보고 또 봐도 질리지가 않았다. 특히 에펠탑은 시간

별로 볼 수 있는 모습이 여러 개 있는데 먼저 밝을 때 보는 기본 에펠탑이 있고, 보통 저녁 10시(여름과 겨울 시즌 다름)~새벽 1시 전까지 매 정각마다 5분 동안 반짝이는 에펠탑의 모습을 볼 수 있고, 새벽 1시에 5분 동안 화이트 에펠탑의 모습을 볼 수 있다.

화이트 에펠탑을 보는 시간엔 대중교통이 모두 끊긴 시간이라 숙소가 가깝지 않거나 돌아갈 때 택시를 타지 않을 거라면 굳이 추천하진 않는다. 그리고 이건 내 개인적으로 느꼈던 것인데 날씨가 좋은 날 일몰시간에 맞춰 인셉션 촬영지로 유명한 'Pont de Bir-Hakeim'이라는 곳을 방문하면 해가 지면서 생기는 강렬한 빛이 에펠탑을 비추는 모습을 볼 수 있다. 조명이 켜지기 전인데다가 색감이 특이해 기억에 많이 남는다. 그리고 파리에서는 꼭 1일 1에펠탑을 실천할 것을 추천한다. 사람마다 다르겠지만 나는 더 많은 시간을 보고 오지 못했음에 아쉬움이 크다. 에펠탑을 볼 수 있는 장소도 많지만 나는 사이요 궁에서 봤던 에펠탑의 모습이 가장 아름답게 느껴졌다. 사람마다 느끼는 것이 다르니 자신만의 장소를 찾길 추천한다.

내 스타일 대로 내가 원하는 대로

파리에는 박물관과 미술관이 많아 이쪽 분야에 관심이 있는 사람들에겐 최고의 여행지다. 대표적으로 루브르 박물관과 오르세 미술관이 있다. 보통 뮤지엄 패스를 구매해서 많이 활용하는데 나는 가난한 여행자이기도 했고 크게 박물관과 미술관에 관심이 높은 편이 아니라 외부만 구경하는 쪽으로 계획을 세웠다. 글 초반에 말했듯이 나는 효율성을 추구하는 여행자 '효행러'다. 또 언제 올지 모르는 곳이고 그 나라에서 가장 유명한 관광지인 것도 맞지만 굳이 다른 사람들이 다 간다고 꼭 가야 할 필요성을 느끼지 못했다. 여행을 하는 국가가 적고 기간이 짧았으면 말이 달라질 수도 있겠지만 장기 여행자인 내겐 효율성이 가장 중요했다. 몽마르뜨 언덕을 시작으로 바스티유 광장과 콩코르드 광장, 튈르리 공원, 루브르 박물관과 개선문, 그리고 여러 개의 다리들까지. 이외에도 중심지 근처를 천천히 돌면서 머무는 기간 동안 파리 구석구석을 구경했다.

나는 개인적으로 몽마르뜨 언덕이 가장 괜찮았는데 개선문에서 보는 뷰와 같지는 않지만 그래도 파리 시내의 모습을 어느 정도 전체적으로 한눈에 볼 수 있어서 좋았고, 같은 위치에 있는 사크르쾨르 사원도 예뻤다. 사진 찍기엔 에펠탑 못지않은 곳이니 참고. 그리고 현지인들이 추천해준 곳이 있었는데 바로 라파예트 백화점 크리스마스 트리. 세계적으로도 예쁜 트리로 유명하다고 해서 찾아갔는데 괜히 명성이 있는 것이 아니었다. 실제로 보니 지금까지 봤던 트리 중에서 가장 예뻤고 보는 것만으로도 크리스마스 분위기를 느낄 수 있어 좋았다. 사랑하는 사람과 함께 간다면 금상첨화! 비록 유명한 관광지를 가진 못했지만 그래도 내 스타일 대로 투어를 할 수 있어 좋았고 뿌듯했다. 여행은 누가 뭐라 해도 자신이 원하는 대로 하는 게 최고.

5. 분위기 왜 이래? 벨기에의 첫인상

파리 일정을 모두 마치고 BlaBlaCar를 예약해 벨기에의 수도인 브뤼셀로 향했다. 가격은 24.50유로였기 때문에 저렴한 편이었지만 운전자를 제외하고 나를 포함해 4명이나 탔기 때문에 좌석은 너무 좁았고 불편했다. 이동시간은 휴게소를 한번 들린 것을 포함해 총 4시간 30분 정도 걸렸는데 정말 죽을 맛이었다… 가격이 저렴한 것도 좋지만 가끔은 몸을 더 생각해야겠다는 깨달음을 얻었다. 사실 벨기에와 네덜란드를 가고 싶은 생각이 크게 없었지만 어차피 독일에서 새해를 보내고 싶다는 생각을 했었고 가는 길에 충분히 들렀다 가기 좋은 나라들이라 여행지에 추가했다. 그러다 보니 머무는 기간은 당연히 짧았다. 연말이어서 숙소들이 퀄리티에 비해 너무 비쌌는데 저렴한 곳을 찾으려다 보니 중심지와는 먼 곳으로 예약을 하게 됐다. 운전자가 내려준 곳에서 40분 정도 걸어갔는데 가는 길 분위기 자체가 험악하다는 느낌을 받았고 사람들도 거의 다니질 않아 무서웠다. 보통 도착하면 새로운 곳에 대한 설렘이 증폭되는데 브뤼셀을 그렇지 않았다. 비가 와서 더 칙칙하게 느껴진 듯. 오죽하면 혼잣말을 크게 하면서 걸어갔을까. 늦게 도착하기도 했고 불편한 좌석을 참고 이동했기 때문에 몸이 피곤해서 도착한 당일은 휴식을 취했다.

감자튀김과 와플 그리고 맥주의 나라

일정상 하루만 제대로 브뤼셀을 구경할 수 있었던 터라 아침부터 일찍 돌아다니려고 했는데 문제는 날씨였다. 비가 너무 많이 내리는 것. 가는 날이 장날이라더니… 다행히 오후부터는 비가 멈췄고 흐리긴 했지만 야경은 볼 수 있는 날씨였다. 브뤼셀의 메인 관광지인 그랑 플라스를 중심으로 두고 오줌싸개 동상들과 주위에 있는 브뤼셀 왕궁과 예술의 언덕 등을 천천히 걸으면서 구경했다. 가장 인상 깊었던 곳은 그랑 플라스였는데 해가 다 지고 난 뒤 갑자기 음악이 흘러나오고 조명이 건물을 비치더니 하나의 공연을 보여주는 것. 말라가에서도 비슷한 느낌의 공연을 봤지만 브뤼셀에서 본 것이 퀄리티가 더 높았다. 며칠 지나면 2019년이 끝난다는 걸 위로하듯 아름다운 음악과 조명들로 눈과 귀를 즐겁게 해줬다. 그 공연이 없었다면 솔직히 브뤼셀이 별로였다는 생각이 들었을 것 같은데 다행인지? 공연을 보고 난 후엔 한동안 감상에 젖어 헤어 나오지 못했다. 그 옆에 있던 크리스마스 마켓 거리도 좋았다. 그리고 벨기에를 여행하면 꼭 먹어봐야 한다는 감자튀김과 와플 그리고 맥주까지 모두 사서 먹어봤는데 확실히 다르긴 했다. 와플 빼고….

감자튀김은 브뤼셀에서 가장 유명한 프릿랜드(Fritland)라는 곳을 갔는데 맛집답게 줄이 엄청 길었다. 감자튀김 가격은 4유로였고 소스 한 개당 0.80유로였는데 나는 직원들이 추천해준 사무라이(Samourai) 소스를 선택했다. 먹어보니 확실히 한국 감자튀김과는 조금 다른 느낌이었는데 간단하게 설명하자면 튀김이 더 담백하고 속이 더 촉촉하다고 해야 하나? 소스는 매콤하면서 새콤했는데 결과적으론 맛있었다. 그리고 맥주는 생맥보다 병맥이 더 먹고 싶어서 후기가 좋았던 브랜드들을 마트에서 몇 병 구입하고 마셔봤는데 확실히 도수가 와인과 비슷한 정도여서 그런지 맥주를 먹는 것이 아니라 와인을 마시는 느낌이랄까? 맥주는 원래 원샷하는 맛으로도 먹지만 벨기에 맥주는 그럴 수 없었다. 도수가 높아서 한 번에 먹기가 어렵다. 나는 카스틸(KASTEEL)이란 맥주가 가장 입맛에 맞았는데 사람마다 좋아하는 취향이 다르니 참고만

하길. 그리고 와플도 물론 맛있긴 했지만 한국에도 요즘 와플집이 잘 되어있어서 크게 다르다는 느낌을 받지 못했다. 다음에 또 방문한다면 한 손에는 맥주를 들고 한 손에는 감자튀김을 들고 천천히 길거리를 걸으면서 먹어도 좋을 듯싶다. 짧았지만 그래도 만족스러웠다 벨기에!

6. 반 고흐의 나라, 네덜란드

브뤼셀에서 곧바로 암스테르담으로 향하는 버스를 탔다. 회사는 BlaBlaBus
였고 가격은 14.99유로 이동시간은 4시간 정도 걸렸다. 국가를 이동하는데 버
스를 탑승했음에도 짧은 시간이 걸리고 여권 검사 없이(셍겐조약 국가끼리만)
국경을 자유롭게 넘나드는 것은 겪을수록 신기하다. 도착한 날은 시간이 너무
늦어 휴식을 취했고 다음날 일찍 일어나 움직였다. 보통 암스테르담 투어를
할 때 홀랜드 패스나 시티카드를 구매해서 활용하는데 나는 영국에서 만난 남
동생이 암스테르담에서 유학을 하는 중이라 구매를 하지 않고 도움을 받을 수
있었다. 남동생은 내게 학생증 같은 카드를 빌려줬고 나는 그걸로 미술관들을
무료로 입장했다. 여행을 하면서 괜찮은 인연들을 많이 만났음에 감사하다는
생각이 문득 들었다. 먼저 사전에 정보를 찾았을 때 가장 가고 싶었던 반 고흐
미술관으로 갔다. 방문하기 전 인터넷으로 미리 예약을 한 후 그 시간에 맞춰
서 와야 입장이 가능하다.

나는 다행히 남동생이 미리 예약을 해줘서 편하게 입장할 수 있었다. 오디
오 가이드가 한국어로 된 것도 있었는데 성인 기준 5유로를 주고 대여를 해야
해서 그냥 구경하기로 정했다. 사실 그림을 볼 줄 아는 것도 아니고 평소에 좋
아하는 분야도 아니지만 반 고흐의 작품은 감상하고 싶었다. TV나 인터넷에
서 자주 봤던 그림들도 있었고 처음 보는 작품들도 있었는데 가장 인상 깊었
던 것은 사람들의 얼굴과 표정을 자세하게 찍은 영상이었다. 멍하니 그 영상
을 보고 있으니 '저 사람들은 무슨 생각을 하고 있는 걸까?'라는 생각이 들면
서 빠르게 작품에 집중됐다. 내 기준으로 좋다고 느끼는 것들은 '생각하게 만

들어주는 작품'이다. 평소 반 고흐를 좋아하는 사람들에겐 더할 나위 없이 좋은 곳. 다음으론 암스테르담 국립미술관과 시립미술관을 방문했는데 개인적으로 국립미술관은 그냥 그랬고 시립미술관이 좋았다. 더 다양한 작품들이 전시되어 있었고 정적인 것이 아니라 자유로운 작품들을 많이 볼 수 있어서 그런지 더 좋게 다가왔다. 만약 두 곳밖에 갈 시간이 없다면 나는 반 고흐 미술관과 시립미술관을 추천한다.

문화충격 그 자체, 홍등가 체험기

미술관 투어를 하니 금세 저녁이 찾아왔다. 남동생과 호스텔에서 우연히 만난 한국 남자 한 분과 함께 저녁을 먹으러 갔다. 남동생이 추천해준 곳이었는데 구글맵에 'Satellite Sportscafe'라고 검색하면 나오고 폭립 무한리필 집으

로 유명한 레스토랑이다. 저녁 10시~문 닫는 시간 사이에 가면 9.95유로고 오전 9시~저녁 10시 사이에 가면 11.95유로다. 고기가 정말 먹고 싶은데 돈이 많이 없을 경우 가성비가 좋은 곳. 음료값이 싼 편은 아니었지만 폭립은 가격에 비해 먹을만했다. 만족스러운 저녁을 먹고 셋이서 다 같이 홍등가를 체험하기로 했다. 하도 얘기를 많이 듣고 블로그나 유튜브에서도 문화충격을 제대로 느낄 수 있는 곳이라고 해 꼭 가보고 싶었다. 두근거리는 마음을 진정시키고 'Red light District'를 구글맵에 검색한 후 이동했다.

거의 다 와갈 때쯤부터 많은 사람들이 보이더니 입구 쪽에 도착하니 암스테르담 사람들이 여기 다 모였나 싶을 정도로 사람이 많았다. 거리가 꽤 넓었기 때문에 골목 한 곳을 출발점으로 정하고 천천히 한 바퀴 돈다는 느낌으로 구경을 했는데 어우… 와우… 진짜… 대박… 문화충격 그 자체였다. 이걸 자세하게 설명을 해도 되는 부분인지 모르겠지만 내가 직접 보고 느낀 것을 그대로 설명하겠다. 일단 성행위를 해주는 대신 돈을 받는 여성들은 통유리로 된 작은방에서 속옷 차림으로 지나가는 남성들을 유혹하고 있었다. 처음 보는 모습이라 시선처리를 어떻게 해야 될지 몰랐다. 그리고 성인용품점들도 길거리 곳곳에 많았고 섹스 박물관과 라이브 섹스쇼까지… 정신을 못 차릴 정도로 개방적인 곳이었다. 그리고 'Coffee Shop'이라고 되어있는 곳들을 커피 파는 곳으로 착각하고 들어가면 안 된다.

일반 카페가 아니라 대마초를 파는 곳이니 호기심에 들어갔다가 행여 피기라도 한다면 그 이후에 어떻게 될지는 다들 잘 알고 있을 것이라 생각된다. 암스테르담에서는 합법이지만 우리나라 국적의 사람이라면 해외에서 마약을 하는 것도 불법이니 헛된 호기심으로 실수를 범하지 않길 바란다. 나는 다른 곳들은 크게 관심이 없었는데 솔직히 라이브 섹스쇼는 보고 싶었다. 사람들 줄이 정말 길기도 했고 갔다 온 여행자들도 섹스쇼는 모두 추천해줬기 때문에 궁금증이 컸다. 하지만 가격이 너무 비쌌다. 50유로… 응 50유로? 경험이 중요하긴 했지만 굳이 라이브 섹스쇼에다가 50유로를 쓰고 싶지 않았다. 혹시 보고 싶은 사람이 있다면 우리나라 사람들에겐 'CASA ROSSO'라는 곳이 가장 유명하니 찾아가보시길. 암스테르담으로 여행을 갔다면 한 번쯤은 꼭 가볼 만한 곳이라 생각된다. 다만 그냥 구경한다는 마음으로 가길 바란다. 그렇지 않다면 뒷일이 어떻게 될지 나도 장담 못하니.

자전거의 도시 암스테르담

저렴한 숙소를 찾다 보니 역시 이번에도 중심지와 떨어진 곳으로 예약했다. 숙소에서 중심지로 걸어가는 것만 40분 정도 걸렸는데 가면서도 그리고 돌아오면서도 길거리엔 자전거가 정말 많이 보였다. 대중교통을 이용하는 사람들도 있었지만 자전거를 타는 사람들이 다른 국가보다 유독 더 많았다. 도보로 이동할 때 자전거 라인을 걷는 곳이라 착각하고 걸으면 큰일 나니 항상 조심할 것. 그리고 시간이 된다면 자전거를 대여해 암스테르담 구석구석을 천천히 구경해보는 것도 좋은 방법이라 생각된다. 나는 머무는 기간이 짧아 다양한 것들을 못했지만 내가 체험한 것 외에도 암스테르담에서 할 수 있는 것이라든지 근교를 방문하는 관광이라든지 많으니 기간이 길다면 많은 것들을 체험하고 오길.

7. 'Happy New Year!' in Germany

2020년을 맞이하는 카운트다운은 큰 도시에서 하고 싶었다. 작년 이맘때쯤 호주 시드니를 여행하며 2019년을 맞이했는데 화려하고도 아름다운 불꽃놀이와 수많은 사람들의 함성소리가 아직도 잊혀지지가 않는다. 아마 그 영향이 큰 도시에서 새해를 보내고 싶다는 바람이 된 것 같다. 마음 같아서는 독일의 수도인 베를린으로 가고 싶었지만 암스테르담에서 프랑크푸르트로 이동하는 버스가 그나마 저렴하기도 했고 배구협회도 프랑크푸르트에 위치해 있었기 때문에 베를린은 다음으로 미뤘다. 이동할 때 탔던 버스는 BlaBlaBus였고 가격은 25.99유로 이동시간은 7시간 30분 정도 걸렸다. 유럽에서도 국가나 도시를 이동할 때 시간이 오래 걸리면 야간버스를 주로 이용했는데 확실히 남미에서 탔던 버스들보단 퀄리티가 떨어져 몸에 피로가 더 쌓인다. 그래도 하루 숙박비를 아끼고 불필요한 시간 낭비를 없애주는 점이 좋아 계속 타는 것 같다.

도착했던 날이 31일이었는데 한해 마지막 날이기도 하지만 내 생일이기도 하다. 생일이지만 몸이 너무 피곤해서 오후까지 잠을 푹 잤다. 따로 하고 싶은 것도 없어 근처 마트에서 장을 봐 나를 위한 생일상을 차렸다. 한인마트가 문을 닫아서 한식을 해먹을 순 없었고 고기와 와인으로 아쉬움을 달랬다. 나이가 들면 들수록 생일을 맞이하는 게 기분이 영 좋지가 않다. 예전엔 나이를 먹는 게 좋았는데 이젠 늙어가는 것들이 달갑지 않아서 그런 듯. 점점 책임져야 하는 것들이 늘어가는 느낌이랄까? 부담감이 커지는 기분이다. 혼자서 생일

을 보내는 게 쓸쓸하긴 했지만 그래도 여행을 시작하고 지금까지 별 탈 없이 돌아다닐 수 있음에 감사했다. 저녁을 먹고 쉬다가 자정이 다가올 때쯤 밖으로 나갔다. 어디로 가야 될지 몰라 호스텔 직원에게 물어보니 아이젤너 다리 (Eiserner Steg)를 추천해줬다.

숙소에서 도보로 40분 정도 걸리는 거리였는데 구경도 할 겸 걸어갔다. 강가에 도착하고 다리 쪽으로 걸어가는데 사람들은 이미 폭죽놀이를 하고 있었다. 건전하게 했으면 보기 좋았겠지만 지나가는 사람들에게 쏘거나 이상한 작은 폭죽들을 바닥에 던지며 놀래키는 등 보기 안 좋은 행동들을 많이 보였다. 아이젤너 다리에 도착하니 사람들이 정말 많이 모여있었다. 다들 새해의 설렘을 빨리 맞이하고 싶다는 눈빛으로 기다리고 있었고 나도 자리를 잡고 사람들을 구경하며 시간을 보냈다. 드디어 대망의 카운트 "10, 9, 8, 7, 6, 5, 4, 3, 2, 1, Happy New Year!!" 함성소리와 함께 사람들은 기다렸다는 듯 갖고 있던 폭죽을 마구마구 터트렸다. 아쉽게도 시 자체에서 따로 폭죽을 준비한 건 없었고 모두 시민들이 직접 들고 온 폭죽으로만 불꽃놀이를 감상할 수 있었다. 그래도 나름 장관의 뷰를 보여줘서 다행.

2019년도 나름 열심히 잘 살았다고 스스로를 칭찬해주고 싶었고 앞으로 살아가야 될 2020년도 후회 없이 매 순간을 보내자는 다짐을 했다. 감동도 잠시 갑자기 옆에서 남자들이 욕하는 소리가 들리더니 패싸움이 시작됐다. 서로 가져온 폭죽을 상대방 무리에게 쏘거나 바닥에 있는 병들을 집어던지는 등 위험한 순간들이 발생했다. 이대로 가만히 있다간 나도 다칠 것 같아 빨리 그 자리를 떠났다. 새해부터 이게 무슨 일인지 참… 그래도 나에겐 큰 문제는 없었으니까 그러려니 생각했다. '액땜이라고 생각하지 뭐~ 2020년도 늘 그래왔듯 장도영답게 잘 살아보자!'

나쁜 상황, 하지만 좋은 소식?

새해를 맞이해서 그런지 Reset이 되는 기분이 들더니 다시 힘차게 여행과 취재를 해야겠다는 생각이 들었다. 다행히 다음날 배구협회가 문을 연다고 해 딜레이 없이 원래 계획했던 일정대로 방문할 수 있었다. 구글맵에 'Deutscher Volleyball-Verband'라고 검색을 하고 출발했다. 1시간 정도 걸렸고 도착하니 웅장한 스타디움이 하나 보였다. 그 옆 건물들엔 각종 스포츠협회들이 모여있었는데 스포츠로 둘러싸인 곳이라는 느낌을 받으니 설레기 시작했다. 표지판을 잘 따라가니 금세 입구 앞에 도착했다. 1층에 경비원 같은 분이 계셔

서 인사를 하고 이곳에 온 이유를 설명한 뒤 올라갔다. 문이 열려있어서 노크를 하고 들어가 'Excuse me'를 연달아 외쳤다. 하지만 돌아오는 것은 묵묵부답… 뭐지? '분명히 불이 켜져 있는데 왜 아무 대답이 없지?'라고 의아하던 찰나 어떤 여성분이 나왔다.

　이름은 줄리아 립셔(Julia Liebscher)였고 주니어 배구 국가대표팀 부서에서 일을 하고 있다고 했다. 하지만 문제는 줄리아를 제외하곤 다른 직원들은 아무도 없는 것. '왜 혼자서 일을 하고 계시나요?'라고 물어보자 그녀는 "지금 다들 베를린으로 출장을 떠났어요. 곧 그곳에서 '2020 도쿄올림픽 남자배구 유럽예선전(현재는 코로나 때문에 2021년으로 변경됨)'이 펼쳐지거든요."라고 답하는 것. 배구협회에 다른 직원이 없었다는 것은 분명 안 좋은 일인데 곧 국제대회가 베를린에서 열린다고 하니 이게 무슨 행운인가 싶기도 하고 기분이 참 묘했다. 그녀는 혼자서 밀린 업무를 처리하고 있었던 터라 긴 시간은 뺐을 수 없어 짧게나마 독일 배구에 관한 인터뷰를 진행했다. 생각했던 것보단 독일에서도 배구는 인기가 없는 편이었고 축구처럼 전폭적으로 지원받는 편은 아니라고 했다.

그래도 부러웠던 것은 배구리그 1부 팀보다 2부 팀들이 더 많다는 것. 1부는 남자 12팀과 여자 11팀으로 리그를 운영하고 있다고 했고, 2부는 북쪽과 남쪽으로 나눠서 운영을 하는데 북쪽은 남자와 여자팀 모두 13팀을, 남쪽은 남자 14팀과 여자 13팀을 보유하고 있다고 했다. 역시 스포츠 인프라하면 독일… 우리나라에선 현재 많은 배구 선수들이 기회 한번 제대로 제공받지 못하고 프로의 벽에 막혀 그만두는 경우가 많다. 취업률이 낮다 보니 점점 배구를 시키려고 하는 부모님들이 적어진다. 말 그대로 악순환이 반복되는 것. 언제가 됐든 우리나라 배구도 2부리그를 운영하는 배구 강국으로 거듭났으면 하는 바람이다. 협회에서 취재하기엔 직원들이 없어 상황이 좋지 않았지만 그래도 국제대회를 경험할 수 있는 기회가 생겼다는 좋은 소식을 들을 수 있어 좋았다.

고급스러운 느낌과 역사의 아픔이 공존하는 베를린

프랑크푸르트는 머무는 내내 비가 오기도 했고 며칠 지내지 않고 국제대회 취재를 위해 베를린으로 떠났기 때문에 사실 구경을 제대로 하지 못했다. 뭐라도 알려주고 싶지만 내가 해보지 않은 걸 억지로 꾸며낼 수는 없기에 정보가 필요하다면 각종 커뮤니티나 유튜브로! 그래도 한 가지 솔직하게 말하자면 나는 프랑크푸르트가 별로였다. 도시 자체에서 느낄 수 있는 감성?이 없었던 게 가장 컸고 특히 독일 다른 도시들이 워낙 특색이 있는 곳들이 많다 보니 굳

이 여기를 들릴 필요가 있을까 싶다. 뭐 사람마다 다르겠지만. 베를린으로 이동할 때도 버스를 이용했는데 BlaBlaBus를 탔고 가격은 21.99유로로 이동시간은 8시간 30분 정도 걸렸다.

이번에도 야간버스를 탔는데 좌석이 불편해서 너무 고통스러웠다. 왜 자꾸 남미 버스가 그리운 걸까? 도착한 날은 감기 기운이 있어 따듯한 물로 오랫동안 샤워를 하고 잠을 잤다. 푹 쉬어서 그런지 다음날 일찍 일어났는데도 컨디션이 좋았고 취재 때문에 관광할 시간이 부족했던 터라 아침부터 투어를 시작했다. 브란덴부르크 문-학살된 유럽 유대인을 위한 기념물-체크포인트 찰리-포츠담 광장-베를린장벽 등 중심지를 기준으로 두고 도보로 이동 가능한 곳들만 추려서 루트를 짰다. 막 도시 자체가 분위기가 좋거나 예쁜 것은 아니었지만 확실히 수도여서 그런지 고급스러운 느낌을 받았고 역사의 흔적들을 많이 볼 수 있어서 좋았다. 특히 통일과 관련된 역사이니 더더욱 와닿았고. 나는 유독 기억에 남는 곳이 학살된 유럽 유대인을 위한 기념물과 체크포인트 찰리였다.

학살된 유럽 유대인을 위한 기념물은 예전 '꽃보다 할배'라는 프로그램에서 보긴 봤었는데 실제로 와보니 분위기가 정말 달랐다. 마음이 저절로 경건해졌고 디자인 자체가 숙연해지는 감정을 느끼게 만들었다. 그들이 느낀 아픔을 알 수는 없겠지만 얼마나 끔찍하고 고통스러웠을지는 조금이나마 짐작이 됐다. '내가 지금 이 시대에 태어나서 살아갈 수 있음에 감사해야겠다'라는 생각이 크게 들었다. 그리고 체크포인트 찰리는 우리나라로 치면 판문점과 같은 곳이다. 지금은 관광객들로 붐비고 장난스러운 사진과 영상도 자유롭게 마음껏 찍는 곳으로 변했지만. 그곳을 멍하니 보고 있으니 이런 생각이 떠올랐다. '판문점도 언젠간 저렇게 변하겠지? 내가 죽기 전에 통일이 될 수 있을까?'라고. 여러모로 많은 생각을 할 수 있어서 좋았던 베를린 투어다. 역사를 좋아하는 사람들에겐 안성맞춤인 곳일 듯.

하늘이 무너져도 솟아날 구멍이 있다

내가 베를린을 가자마자 투어를 했던 이유는 2020 도쿄올림픽 남자배구 유럽예선전 취재에 집중해야 하기 때문이었다. 사실 내가 기자로서 들어갈 수 있을지 여부도 모르는 상태였지만 어떤 방법을 쓰더라도 들어가겠다는 생각이었다. 사실 국제대회는 미리 출입할 사람들의 명단을 받고 ID카드를 만들어 대회 전에 나눠주는 시스템이다. 2014년 때 인천 아시안게임 기자로서 활동을 했었기 때문에 알고 있었다. 내가 얼마나 무리수를 두고 있는지… 그래도 어쩌겠나 세계적인 선수들이 바로 눈앞에서 경기를 펼친다고 하는데 어떻게 해서든 들어가야지. 결국 첫 경기가 시작되는 날 아침 일찍 경기장인 'Max-Schmeling-Halle'로 향했다. 도착하니 이미 팬들은 줄을 서고 있었고 나는 관계자들이 들어가는 입구에 가서 나의 소속과 현재 진행하는 프로젝트에 대해 설명을 했다.

처음엔 ID카드를 미리 신청 안 했으면 출입이 불가능하다고 했는데 내가 알겠으니 배구협회 관계자를 불러줄 수 있겠냐고 부탁했다. 갈 땐 가더라도 한 번쯤은 직접 물어보고 싶다고 하면서. 조금 기다리니 건장한 남자분이 나왔고 어떻게 찾아왔냐고 물었다. 내가 여행을 시작하고 지금까지 취재한 것들을 보여주고 프랑크푸르트에서 독일 배구협회도 들렀다가 왔다고 하니 갑자기 웃으면서 미소를 짓는 것. 느낌이 좋았다. 그는 "대단한 일을 하고 계시네요. 잘 찾아왔습니다. 원래는 규정상 출입 불가가 맞지만 당신은 예외로 해야겠네요. ID카드 만들어드릴 테니까 절 따라오세요."라고 말했다. 나는 속으로 외쳤다. '하늘이 무너져도 솟아날 구멍이 있다더니 하느님 예수님 부처님 모두 감사합니다!'

올림픽 남자배구 유럽예선 취재는 처음이라

ID카드를 만들 때 나는 따로 증명사진을 갖고 있지 않아서 즉석에서 찍은 화질이 좋지 않은 사진으로 대체했다. 조금 아쉽… 그래도 들어가는 게 어디니 정말. 사진을 찍고 만들어지기까지 한 10분 정도 걸렸나? 역시 세상이 많이 좋아졌다는 것을 다시 한번 느꼈다. 경기장으로 들어가니 와우… 역시 독일의 메인경기장 다운 시설이었고 관중석은 이미 관객들로 꽉 차있었다. 관중석은 1층과 2층으로 나눠져 있었는데, 1층엔 먹을 것을 살 수 있는 즉석식품 코너와 매점, 배구와 관련된 다양한 이벤트들을 체험할 수 있는 부스도 준비되어 있었다. 작지만 그래도 웬만한 건 다 있는 스토어도 있었다. 시설 면에서 가장 인상 깊었던 것은 서서 술과 음식을 먹으며 구경할 수 있는 테이블이

곳곳에 배치되어 있다는 것. 흔히 유럽인들이 퇴근하고 길거리에서 맥주 한 잔할 때 보이는 그 테이블과 일치했다. 그만큼 팬들이 자유롭고 편안하게 경기를 관람할 수 있도록 노력했다는 것이 가장 잘 들어난 점이고 팬들은 "끝나고 맥주 한잔하러 갈까?"를 말할 때 길거리 음식점보다 경기장을 먼저 떠올릴 수도 있을 거라는 것.

오랜만에 좋은 마케팅을 봐서 기분이 업됐다. 이번 대회는 지난 2020 도쿄올림픽 남자배구 세계예선에서 각 조 1위로 올림픽행을 확정 지은 '러시아, 이탈리아, 폴란드'를 제외한 나머지 'CEV(Confederation European de Volleyball 유럽배구연맹)' 기준 랭킹 포인트 순위에서 상위 8개의 팀(프랑스, 슬로베니아, 세르비아, 벨기에, 불가리아, 체코, 네덜란드, 독일)이 참가했다. 8개의 팀 중 단 한 팀만이 올림픽 진출권을 따낼 수 있었는데 우승할 유력한 국가로는 세계랭킹이 높은 '프랑스(9위 2019년 기준), 세르비아(11위), 불가리아(14위)' 3팀이었다. 내가 이 대회를 꼭 취재하고 싶었던 이유는 물론 세계적으로 유명한 선수들도 많이 뛰었지만, 우리나라에서 용병으로 뛰었던 선수들도 많이 나와서 반갑기도 하고 취재거리도 많을 것 같아 꼭 직접 현장에서 경기를 보고 싶었다. 막상 뚜껑을 열어보니 홈팀인 독일과 참가한 팀 중 세계랭킹이 가장 높았던 프랑스의 경기력이 상위권이었는데 결국 두 팀이 결승에서 맞붙게 됐다.

나는 아쉽지만 다음 일정을 소화해야 돼 결승 소식은 다음 여행지인 폴란드에서 들었다. 결과는 3-0으로 프랑스가 우승을 차지해 도쿄올림픽 진출권을 따냈다. 그 현장을 직접 보지 못한 것이 한이지만 그래도 취재를 할 수 있었음에 감사했다. 불가능할 수 있었는데도 말이다. 2014년 인천 아시안게임(기자), 2018년 평창 동계올림픽(공연팀), 2019년 서울 아시아여자배구선수권대회(통역)에 이어 2020년 도쿄올림픽 남자배구 유럽예선(기자)까지. 아직 대학을 졸업하지 못했음에도 꽤 다양한 국제대회를 참여할 수 있었음에 감사했다. 그리고 여행을 하다 우연히 마주하게 된 대회고 사전에 준비를 못했음에도 계속 부딪친 결과 취재를 할 수 있었다는 짜릿한 성취감도 얻은 대회라 유럽예선이 다른 것들보다 더 기억에 남을 것 같다. 이번 경험을 통해 훗날 꼭 기자가 아니더라도 실무자로서 국제대회를 참여하고 싶다는 바람도 생겼다. 여러모로 좋은 기운을 얻은 대회다.

8. 액땜이잖아? 그치? 시작이 좋지 않았던 폴란드

독일 다른 도시들도 구경한 후 다음 국가로 이동하고 싶었지만 각국의 리그 경기 날짜는 이미 정해져 있고 미리 계획한 일정이 조금만 딜레이 돼도 앞으로 해야 할 취재에 문제가 생기기 때문에 어쩔 수 없이 방문을 포기했다. 그리고 최대한 효율적으로 경비를 아끼면서 국가와 도시를 이동해야 했기 때문에 선택지가 없었다. 그래도 건강하게 여행을 이어나가고 있음에 감사했다. 여행을 하면 할수록 감사한 것들이 자꾸만 늘어난다. 이제 좀 성숙해지고 있다는 뜻일까? 베를린에서 폴란드 수도인 바르샤바로 버스를 타고 이동했다. 'FlixBus' 회사를 이용했고 가격은 18.40유로 이동시간은 8시간 정도 걸렸다. 이번엔 낮에 출발해서 크게 힘들진 않았지만 잠이 야간버스를 탈 때보단 덜 와서 시간이 너무 천천히 흘러 지루함을 참는 것이 조금 힘겨웠다. 도착하니 저녁 9시 정도였는데 호스텔에 짐을 푼 후 일단 장을 먼저 보고 뒤늦은 밥을 해먹었다. 여기까지는 아무 문제없이 좋았었는데 도미토리에 새로운 인물이 등장하고 나서부터 모든 것이 엉망이 됐다.

웬만하면 여행하는 도중 사람하고 얽히기가 싫어서 그 사람이 뭘 하든 나한테 피해만 오지 않는다면 신경 끄고 지내는 타입인데 이번엔 그럴 수가 없었다. 도를 지나쳐도 너무 지나쳤다. 지금 생각해도 화가 날 정도니 뭐… 새로운 인물은 바로 30대로 보이는 건장한 체격을 지닌 남자였다. 이미 들어올 때부터 술이 취한 것 같았는데 들어오자마자 불을 켜더니 다짜고짜 방안에 있는 사람들에게 큰소리로 반갑다면서 하이파이브를 하자는 것. 거기까지는 그래 뭐 그럴 수 있다고 생각했지만 이번엔 갑자기 술을 사오더니 노래를 크게 틀고 술을 마시면서 창가에서 담배까지 피는 것. '와… 이거 진짜 완전 생또라이구나…' 그리곤 이런 말을 자꾸 해댔다. "어이 친구 마약 할래? 여자랑 자러 갈래? 그리고 나 코카인 했어(비열한 웃음을 지었다)"라고. 참다가 도저히 안 되겠어서 호스텔 직원(젊은 여성이었다)에게 말하니 갑자기 울먹이는 것이었다. 이건 또 뭐지? 싶었는데 알고 보니 저 남자가 현금이 지금 없으니 체크인을 먼저 해주면 나중에 돈을 주겠다고 말해서 키를 준 건데 아직까지 결제도 안 했다는 것.

돈을 달라고 말하고 싶지만 이미 술과 마약에 취해서 잘못 건드리면 자신이 위험할 것 같아서 경찰을 부를까 고민 중이었다고… 나도 많이 화났지만 그 여성 직원도 참 안타까웠다. 어떻게 할까 계속 고민을 하는데 다행인 건지 문제의 남자 동료?로 보이는 사람이 그 남자를 찾으러 들어온 것이었다. 찾아온 사람은 정신이 몽롱해 보이진 않았고 나와 여직원이 그 생또라이가 저질렀던 만행들을 설명하니 자신이 대신 사과하겠다며 데리고 나가겠다는 것이었다. 이러다간 나도 무슨 일을 저 생또라이한테 저지를지 모르겠다 싶었는데 그나마 다행이었다. 결국 이 사태는 그 정상적인 동료가 데리고 나가면서 마무리됐다. 생또라이가 잠깐 머물렀던 침대는 아수라장이 되어있었고 방안에는 담배와 술 냄새로 진동했다. 아… 다시 생각해도 정말 불쾌하다. 더 문제는 결국 결제를 안 하고 도망갔다는 것. 세상엔 정말 다양한 생또라이들이 많다….

나에게 주는 선물

다음날 기분이 좋지 않아 분위기를 전환시킬 수 있는 것이 필요했다. 생일날 스스로에게 제대로 된 선물을 해주지도 않았고 폴란드가 전체적으로 물가가 저렴한 편이라 필요한 것들을 쇼핑하기로 했다. 호스텔 직원에게 추천도 받고 검색해서 찾아보니 'Zlote Tarasy'라는 백화점 평점이 가장 좋았다. 숙소랑 멀지 않아 도보로 이동했고 중심지 부근에 위치해있어 골목들을 구경하면서 가니 금세 도착했다. 미리 살 것을 정리해왔는데 가장 필요한 것이 바로 운동화! 원래 신던 건 벌써 깔창이 거의 다 닳아서 신을 때마다 통증이 느껴졌었다. 생각보다 백화점이 커서 신발 집만 찾아서 돌아다니는 것도 일이었다. 가격이 조금 나가도 착용감이 좋은 걸로 사고 싶었다.

착용감이 괜찮은 것 같으면 가격이 비쌌고 가격이 괜찮은 것 같으면 착용감이 문제고… 쇼핑은 참 어렵다. 그래도 다행히 아디다스 매장에 괜찮은 신발이 있어 구매하고 곧바로 신었다. 다음으론 티셔츠랑 청바지 그리고 속옷을 사야 했다. 쇼핑하기 전엔 금방 사고 나올 줄 알았는데 막상 와보니 뭐 하나 고르는

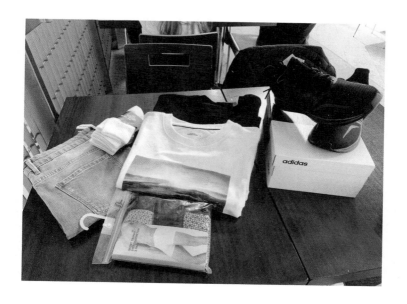

것도 쉽지가 않다. 그래도 오랜만에 여행이 아닌 평범한 일상을 보내는 것 같아 좋았다. 주말에 쇼핑하러 나온 느낌이랄까? 천천히 전체적으로 한 바퀴 돌아보니 얼추 사고 싶은 것들이 추려졌고 메모해놨던 곳들을 들러 구매했다. 쇼핑을 다하고 배가 너무 고파 KFC가 있어 햄버거를 시켰다. 자리에 앉아 먹으면서 오늘 쇼핑했던 것들을 보는데 갑자기 왜 울컥하는지….

그동안 여행을 온 것임에도 불구하고 최대한 많은 국가를 취재해야 한다는 생각 때문에 돈이 있어도 최대한 아끼려고 했었다. 기념품 같은 건 꿈도 못 꾸었고 외식도 가끔만 할 뿐 거의 해먹었다. 숙소는 물가가 비싼 곳이 아니면 항상 1, 2만 원 이하인 곳에서 묵었고 걷는 것이 곧 나의 교통수단이었다. 그래도 내가 원해서 여행을 하며 취재도 하고 글을 쓰는 것을 병행하는 것이었기 때문에 당연히 이런 부분을 감수해야 한다고 생각했다. 하지만 나도 사람인지라 많이 힘들었나 보다. 울컥하기나 하고… 그래도 오늘 나에게 준 선물 덕분에 당분간은 또 힘내서 돌아다닐 수 있을 것 같다. '지금 당장은 많이 힘들겠지만 포기하지 않고 끝까지 꾸준히 최선을 다한다면 분명 좋은 결과 있을 거야 도영아. 조금만 더 힘내자!'

폴란드의 수도 바르샤바

폴란드 바르샤바, 배구 취재를 위해서가 아니라면 '아, 여행을 해보고 싶다'라고 생각이 들지 않았을 것 같은 나라이자 도시. 찾아보지도 않긴 했지만 정보가 많이 없었고 주위에서도 딱히 추천받아본 적이 없었던 터라 큰 관심이 없었던 게 사실. 그래도 이왕 들린 거 관광은 제대로 하고 가야지라며 정보를 찾았다. 바르샤바는 구시가지 쪽이 유명했는데 지그문트 3세 바사 기둥을 시작

으로 바르샤바 왕궁, 리네크 스타레고 미아스타, 바르바칸까지 이어지는 코스
가 가장 인기가 많다. 일단 그쪽을 걷다 보면 느껴지는 색감이 알록달록한 주
황색이랄까? 표현을 어떻게 해야 될진 모르겠지만 바르샤바 구시가지 특유의
그 색감이 있다. 그리고 구경하면서 좋았던 것은 버스킹을 하시는 분들이 취
향저격이었다는 것? 한 분은 클래식 기타를 안는 듯한 자세로 연주를 하셨고
다른 한 분은 아코디언을 활용해 연주를 하셨는데 그때 들었던 선율들이 문득
떠오르곤 한다. '그때 참 편안하고 좋았는데'라고 혼잣말을 하면서.

그리고 잠코비 광장 쪽에 쇼팽 의자가 있는데 짧긴 하지만 의자에서 나오는
쇼팽의 음악을 들을 수 있어 신기하고 좋았다. 구시가지 말고도 괜찮았던 곳

이 문화과학궁전이었는데 바르샤바에서 봤던 건축물 중 가장 규모도 크고 제일 높았고 그리고 예뻤다. 하지만 현지인들은 싫어한다고 해서 놀랐다. 이유를 알고 보니 이해가 됐다. 옛 아픔인 사회주의 시대 때 만들었고 그 당시를 대표하는 건물이어서 혐오한다고 한다. 우리나라로 치면 일제강점기 시대 때 만든 건물이고 그 당시를 대표하는 건물… 이렇게 생각하니 왜 혐오하는지 이해가 바로 됐다. '여행하기 전 역사 공부를 조금 더 하고 올 걸'이란 아쉬움이 몰려왔다. 그리고 쇼팽의 음악을 좋아하는 사람들이 있다면 쇼팽 박물관도 있으니 참고. 물가도 저렴하고 나름 바르샤바만의 분위기를 갖고 있어 가성비 좋은 여행지인 것 같다.

배구 강국 폴란드

놀만큼 놀았으니 다시 일을 해야지? 사전에 찾아놨던 배구협회 주소 'Polish Volleyball Federation'을 구글맵에 검색하고 이동했다. 폴란드는 남자배구 대표팀이 세계랭킹 2위(2020년 기준), 여자배구 대표팀이 세계랭킹 13위인 만큼 배구 종목에서는 강국으로 꼽힌다. 차별하는 것은 아니지만 그래도 세계적으로 배구 강국으로 평가받는 나라를 취재하러 갈 때가 더 설렌다. 도착하니 큰 건물이 하나 있고 옆에는 비치발리볼장이 있었다. 생각했던 것보다 규모가 더 커서 많이 놀랐다. 안으로 들어가서 인터뷰를 진행하려고 하는데 직원들은 무슨 일이 생긴 건지 계속 정신없이 왔다 갔다 하며 분주했다. 지금까지 취재를 하며 얻은 노하우 중 하나는 '사람은 세계 어딜 가든 비슷하다'라는 것. '바쁠 때 말을 걸면 누구나 웃으며 반겨주기 힘들다'라는 것을 일찍이 깨달았기 때문에 조용히 대기했다.

그렇게 30분 정도가 흐르니 어떤 한 직원이 안내를 해줬고 외면과 내면 모두 아름다운 안나 다닐루크(Anna Daniluk)를 만날 수 있었다. '심장아 뛰지마 왜 나대니 가만히 있어!' 나도 어쩔 수 없는 남자… 그녀는 차분하게 폴란드 배구에 대해 설명해줬다. 대표팀이나 리그 운영방식은 다른 국가와 비슷했고 놀랐던 것은 이 건물에서 일하는 직원만 50명이나 된다고 했다. 거기에 이곳은 국가대표만 관리하는 협회고 자국 배구리그를 담당하는 협회는 다른 곳에 위치해 있다고 했다. 브라질 이후로 최고의 인프라를 보유한 국가. 그리고 폴란드는 배구가 인기 종목에 속한다고 한다. 당연히 스포츠 1위는 축구지만 2위가 배구일 정도로 국민들의 사랑을 받는다고. 풍부한 자원과 인프라를 갖고 있고 안정된 시스템을 운영 중이며 국민들의 열렬한 사랑까지 받는다니… 그저 부러웠다.

브로츠와프가 더 예쁜데?

폴란드 배구리그를 보기로 정한 도시는 브로츠와프였다. 루트에 따라 다르겠지만 보통 독일이나 체코를 가기 전 잠깐 들러 구경하는 곳으로 알려져 있다. 바르샤바보다 작은 소도시라고 해서 큰 기대 없이 출발했다. 이번에도 FlixBus를 이용했고 가격은 16.99달러(미국) 이동시간은 5시간 15분 정도 걸렸다. 도착하니 날이 다 저물어있어 곧바로 호스텔로 향했다. 가는 도중 메인 역 앞에 'I♥WROCLAW'라는 문구의 조형이 보였는데 색감이 그곳의 분위기랑 너무 잘 어울려서 더 예뻐 보였다. 이거이거 처음부터 느낌이 좋은데? 도착한 날은 쉬었고 다음날 경기를 보기 전 남는 시간을 활용해 관광을 하기로 정했다. 어차피 소도시여서 오랜 시간을 필요로 하지 않아 좋았다. 브로츠와프의 대표적인 관광지로는 브로클로 마켓 광장-Cathedral of St. John the

Baptist(성당)-난쟁이 동상 정도가 있다.

　브로클로 마켓 광장은 브로츠와프의 모든 것이라고 봐도 될 정도로 정말 많은 사람들이 찾는 곳이다. 파스텔톤의 알록달록한 건물들의 모습이 유럽 감성을 더욱 자극해주고 주말에는 다양한 공연과 장터도 열리는데 꼭 축제를 온 것만 같은 기분이 든다. 그냥 걷기만 해도 좋다고 표현을 해야 하나? 성당은 낮에 가도 좋지만 개인적으론 야경이 더 내 취향에 맞았다. 성당 자체만으로도 예쁘지만 그 주위 분위기와 조형물들이 성당을 더 아름답게 보이게 만들어준다. 그리고 브로츠와프는 난쟁이 동상 찾기로도 유명한 곳인데 구시가지 구석구석의 자리 잡고 있으니 시간이 된다면 찾으면서 구경하는 것도 좋은 방법. 나는 2개 정도만 찾고 만족했다. 브로츠와프를 여행해보니 개인적으로 바르샤바보다 더 좋았다. 사진 찍기도 좋고 조용한 분위기는 더 마음에 들었다. 말그대로 짧은 시간 쉬다 가기 딱 좋은 곳!

2부리그 클라쓰 보소

사실 브로츠와프에서 열리는 경기를 선택한 이유는 바로 2부리그 경기였기 때문이다. 그동안 1부리그만 취재를 하기도 했고 인기가 많고 자원과 인프라도 풍부한 배구 강국 국가 2부리그의 모습은 어떨지 궁금했다. 호스텔에서 트램을 타고 20분, 내려서 10분 정도 걸으니 체육관인 'Hala Orbita'가 나왔다. 당일 경기를 펼칠 팀은 KFC Gwardia Wrocław(홈팀) vs Mickiewicz Kluczbork(어웨이팀)였다. KFC가 스포츠 팀을 운영한다는 사실을 이번에 처음 알았다. 내가 생각했던 2부리그의 모습은 일단 경기장부터가 열악할 것이고 팬들도 거의 없으며 수준도 많이 떨어질 것으로 예상했다. 하지만 막상 들어가 보니 정반대였다. '이게 2부리그라고? 진짜로?'라는 말이 나올 정도였다.

체육관 내부는 시설 면에서 거의 부족한 것이 없어 보일 정도로 괜찮았고 꽤 많은 팬들이 선수들을 응원하기 위해 찾아왔다. 그리고 경기력도 생각했던 것보다는 수준이 괜찮았다. 가장 신기했던 것은 바로 마케팅 부분이었다. 보통 기업이나 회사들이 스포츠 1부리그에만 스폰서를 많이 해준다고 생각했었는데 폴란드는 2부리그에도 많은 기업과 회사들이 스폰서 역할을 해주고 있는 것. 광고판과 체육관 바닥에 광고 문구들이 많이 보였고 스폰서를 해주는 기업의 자동차까지 체육관 내부에 들어와 있었다. 여기가 2부리그라는 사실이 전혀 믿기지 않았다. 홈팀 KFC팀 소속 기자인 도리드 펠릭(Dawid Paluch)씨의 인터뷰 덕분에 그래도 이해가 갔다.

그는 "폴란드 배구 2부리그는 1부리그와 구단을 운영하는 방식과 시스템에선 별 차이가 없어요. 다만 선수들의 수준이나 연봉이 다를 뿐이죠. 그리고 각

팀들은 스폰서를 위해 최선을 다해 마케팅 활동을 펼쳐요. 보이는 것들이 모두 직원들의 노력 덕분에 만들어진 것들이죠."라고 설명했다. 그리고 이어 "폴란드 배구는 총 4부리그까지 운영하고 있어요. 3부리그부터는 팀에서 운영하는 개념이 아니라 사회체육과 일반체육 시스템으로 이해하면 편할 거예요. 동호회 느낌이랄까?"라고 덧붙여서 말했다. 보면 볼수록 들으면 들을수록 왜 이렇게 부러운지… 취재와 인터뷰는 성공적으로 마쳤지만 쓸쓸한 기분은 무엇 때문인지… 우리나라도 빨리 2부리그가 도입되어서 많은 선수들이 기회를 제공받는 날이 찾아왔으면 좋겠다. 정말로. 그리고 도리드 펠릭씨는 내 이야기를 칼럼으로 쓰고 싶다며 질문에 대한 답을 WhatsApp(대화 앱)으로 보내달라는 것. 대박… 폴란드 배구 사이트에 내 이야기가 실린다고 하니 감사하면서도 기분이 너무 좋았다. 많은 것들을 얻은 취재였다.

9. 드디어 체코 프라하

앞서 말했듯이 나는 여행하기 전 유럽에서 제일 가보고 싶었던 곳 중 하나가 프라하였다. 내가 제일 좋아하는 영화가 '뷰티 인사이드'라는 영화인데 마지막 엔딩 장면 촬영지가 바로 프라하였기 때문. 취재의 순서를 정하고 경비를 아끼려다 보니 이제야 방문하게 됐다. 브로츠와프에서 FlixBus를 이용했고 가격은 7.99달러(미국) 이동시간은 5시간 정도 걸렸다. 도시를 이동할 때마다 애매한 시간대에 버스를 타면 하루가 그냥 날아가 버린다. 그래서 이번엔 오전 7시 버스로 예약했다. 갈 때 폴란드 다른 도시들도 들렀다가 이동했는데 소도시한 곳이 눈으로 모두 뒤덮여 있었다. 데이터가 없었던 터라 어딘지는 정확히 알지 못했지만 영화에서 나오는 딱 그 느낌이었다. 하마터면 진짜 내릴 뻔….

프라하에 도착하니 12시쯤이었다. 미리 예약해둔 숙소로 이동했고 도착한 당일은 폴란드에서도 타이트하게 움직여 휴식을 취하기로 했다. 크게 아프거나 컨디션이 급격하게 떨어진 것이 아니라면 웬만해선 하루 정도 쉬면 괜찮다. 그리고 신기하게도 한인민박도 아니고 일반 저렴한 호스텔인데도 한국인 남자분을 만났다. 게다가 6인실 도미토리인데 내가 아래에 있는 침대 그분이 위 침대를 사용했다. 그분도 아직 나처럼 많은 곳을 보지 못했다고 해서 그분과 원래 동행을 하기로 했던 여자분까지 셋이서 함께 프라하를 구경하기로 했다. 나는 취재를 먼저 할 예정이었고 한인 미용실도 미리 예약을 해둔 터라 주간엔 각자 시간을 보내다 저녁때 만나 같이 밥 먹으면서 친목도 다지고 어떻게 관광할지 정하기로 했다. 체코 배구협회 취재를 위해 밖으로 나섰다. 트램을 타고 이동했는데 익숙해진 걸 보니 여행을 길게 하긴 했나 보다.

　사실 체코는 세계적으로 배구 수준이 높은 편이 아니라 취재할 거리가 많이 없을 것 같았다. 그래도 '최대한 많은 국가의 배구 정보를 전달하는 것'이란 프로젝트의 취지를 저버릴 순 없었다. 도착하니 'CESKY VOLEJBA'라는 팻말이 보였고 안으로 들어갔다. 어떤 여성분이 나를 맞아줬는데 키가 딱 봐도 190cm가 넘는 것 같았다. 내가(181cm) 올려다볼 정도였으니. 찾아온 이유에 대해 설명하니 곧바로 이벤 아이로(Ivan Iro)라는 분을 소개해줬다. 그는 'International Secretary'라는 직책을 맡고 있다고 했다. 우리나라 협회로 치면 국제부서 팀장 정도? 그리고 지금까지 많은 곳들을 취재하기도 했고 매번 같은 질문과 비슷한 답변을 들으니 티는 내지 않지만 솔직히 조금 지루할 때도 있다. 그래도 달리 생각해보면 우리나라 배구협회 대표자들과 같은 사람들을 인터뷰하는 건데 얼마나 좋은 경험인가 싶다. 분명히 언젠가는 지금의 이 경험들이 미래의 나에게 도움이 될 것이라는 생각이 들었다. '역시 모든 경험에는 좋은 것이든 나쁜 것이든 항상 가르침이 있는 법'

한인 미용실

한인 미용실이란 단어를 사용하게 된 것은 호주 워킹홀리데이 시절부터였다. 해외에서 살게 되면 '머리와 관련된 것들은 어떻게 해야 하지?'라는 고민이 있었는데 막상 살아보니 한인마트와 한인 미용실은 웬만한 관광지에는 작은 규모로라도 있었다. 근래 들어 커트를 해야겠다는 생각이 들었었는데 한인이 많이 살기로 유명했던 프라하에서 하는 것이 좋을 것 같아 미리 예약해뒀다. 미용실 이름은 'Tout Va Bien'이었고 기본 남성 커트 가격은 450코루나였다. 예약제로 운영하는 곳이었고 커트 전 대기할 때 주는 커피와 과자도 굿. 오랜만에 '대우를 받는 느낌?'이라 조금 낯설게 느껴졌다. 그동안 얼마나 치열하게 여행을 했으면… 흑… 커트는 생각보다 더 잘해주셔서 너무 만족했고 오랜만에 찍은 셀카도 나름 잘 나온 것 같아 기분이 좋았다. 혹시 장기 여행을 하다 커트를 하고 싶은 사람들에게 추천해주고 싶은 곳이다. 가격도 괜찮은 편이고 한국 스타일과 다른 해외 미용실에서 커트를 하게 되면 그 후폭풍이 어떨진 아무도 모르니.

짧지만 알찼던 동행

커트를 다하고 약속 장소인 스트라호프 수도원 양조장으로 향했다. 이곳은 한국인들에게 폭립&맥주로 유명한 곳인데 겨울이어서 그런지 내가 방문했을 때는 사람들이 많진 않았다. 레스토랑 안으로 들어가니 동행자들이 앉아있었는데 목소리가 잘 나오질 않아서 걱정이 됐다. 거의 귓속말을 하듯 말을 했으니… 목소리가 멀쩡한 것도 참 감사한 일이다. 다행히 비슷한 또래이기도 했고 이해심이 넓은 친구들이라 대화를 하는데 큰 문제는 없었다. 우리는 폭립을 시키고 각자 취향대로 맥주를 시켰다. 나는 흑맥주를 먹었는데 평소 애주가인 내가 '어우… 와…'란 감탄사를 했다면 맛은 최고라는 것. 목 넘김이 부드러워서 좋았고 마시고 난 뒤 나는 풍미가 훌륭했다. 폭립은 사실 암스테르담에서 먹었던 것이 더 생각났다. 이 글을 쓰는 지금 그때 먹은 맥주가 자꾸 생각난다. 또 먹고 싶다… 가격이 비싼 편도 아니고 종류도 여러 개 있으니 한 번쯤은 가볼 것을 권한다.

식사를 마치고 여행자들이 뽑은 프라하의 원픽! 관광지인 카를교로 이동했다. 프라하의 오고 싶었던 이유도 카를교를 가보고 싶은 마음이 가장 컸으니 기대가 됐다. 하지만 막상 도착해보니 솔직히 큰 감흥이 없었다. 분명 예쁘긴 한데 크게 와닿진 않는 느낌이랄까? 아마도 그동안 많은 곳들을 보기도 했고 유럽을 여행하면 할수록 국가들끼리 비슷한 부분들이 많아 그런 듯. 이대론 안되겠다 싶어 우리는 서로 듣고 싶은 노래를 하나씩 틀어보자고 했다. 그렇게 듣다 갑자기 뷰티 인사이드 OST인 'She'가 나오는데 '이거다'라는 생각이 들면서 제대로 감성에 취하기 시작했다. 영화 엔딩 장면이 떠오르면서 그때 느꼈던 감정이 자꾸만 되살아나는데 그때부터 카를교가 달라 보이기 시작했다. 다시 생각해도 참 신기한 현상이다.

혹시 생각보다 관광지가 별로라는 느낌이 드는 경우가 있다면 우리가 했던 것처럼 음악의 힘을 빌려도 좋을 듯. 그 감성을 갖고 구시가지 광장으로 이동했다. 프라하 구시가지 광장은 일단 넓어서 보기 좋았고 천문 시계와 틴 성모 교회 등과 같은 볼거리와 각종 레스토랑도 밀집해있어 식사하기 좋은 장소처 럼 보였다. 그리고 버스킹을 하는 사람들도 있었는데 연주를 감상하며 야경의 뷰를 바라보니 '아, 내가 여행 중이구나'라는 것이 실감이 났다. 우리는 원래 하루만 같이 함께하기로 했지만 성격도 잘 맞고 다음날 다들 계획이 없었던 터라 하루 더 같이 다니기로 정했다. 다음날 오후에 만나 프라하 성으로 향했다. 보통 이쪽으로 가면 프라하 성-성 비투스 대성당-황금소로를 관광지로 잡는데 세 곳 모두 같은 곳에 있으니 오랜 시간을 필요로 하진 않는다.

나는 개인적으로 이곳을 들린다면 프라하 성 쪽에 있는 스타벅스를 가볼 것을 추천한다. 거기서 보는 뷰가 너무 예쁘고 사진 찍기도 좋아 커피 한잔하면서 좋은 추억을 만들 수 있을 것. 우리는 천천히 걸으면서 구석구석 구경하다 저녁시간 때가 됐을 때 프라하에서 유명한 중국집인 '주방'이라는 곳으로 갔다. 그때 당시 짬뽕이 정말 먹고 싶었는데 잘 됐다 싶었다. 짬뽕은 290코루나였고 탕수육 소자는 460코루나였다. 가격은 조금 나갔지만 그래도 너무 맛있었다. 이런 표현이 맞을진 모르겠지만 가뭄 속 단비를 맞는 기분이랄까? 너무 얼큰하고 시원하고 좋았다. 그리고 우린 마지막 일정으로 재즈바를 갔는데 처음은 좋았지만 시간이 갈수록 너무 졸려서 중간에 나왔다. 그때 이후로 재즈 생각이 나질 않는다 이유가 뭘까? 이번에도 좋은 친구들과 함께할 수 있어 행복했다. 짧지만 참 알찼다!

평소 상상하던 가장 이상적인 곳

프라하 일정을 마치고 체스키 크룸로프로 이동했다. FlixBus를 이용했고 가

격은 8.99달러(미국) 이동시간은 3시간 10분 정도 걸렸다. 사실 프라하 말고는 체코에서 딱히 가고 싶었던 곳이 없었던 터라 정보를 많이 안 찾아봤다. 그럼에도 체스키 크룸로프로 가자고 마음먹은 이유는 다음 여행지인 오스트리아로 이동하기 수월한 곳이었고 체코 배구리그를 볼 수 있는 지역과도 가까웠기 때문이었다. 막상 도착해보니 체스키 크룸로프를 선택한 내 자신이 너무 사랑스러웠다. 이상한 소리로 들릴 수도 있지만 '평소 상상하던 가장 이상적인 곳'과 같다고 느꼈을 정도로 좋았다. 작은 마을이 주는 분위기, 주위에 보이는 아름다운 풍경들, 마음이 저절로 편안해질 수밖에 없는 고요함 등 만약 내가 사는 곳을 직접 마음대로 선택할 수 있다면 반드시 이런 곳으로 오고 싶다는 생각이 들 정도로 취향저격인 곳이었다.

기분 좋게 미리 예약해둔 호스텔로 갔는데 나를 제외한 손님이 아무도 없는 것. 비수기는 비수기인가 보다 싶었고 솔직히 조금 무서웠다…. 그래도 혼자인 게 조용해서 좋긴 좋다. 도착했을 때가 점심쯤이었는데 재정비 시간을 가진 후 관광을 시작했다. 체스키 크룸로프는 한 바퀴 다 도는데 2시간~3시간 정도 생 각하면 된다. 그만큼 작은 소도시고 그래서 당일치기로도 많이 오는 곳. 체스 키 크룸로프는 전망을 한눈에 담을 수 있는 곳들이 유명하다. 대표적으로 체 스키 크룸로프 성 탑과 State Castle and Chateau가 있는데, 나는 개인적으 로 State Castle에서 바라보는 전망이 더 좋았다. 뷰포인트에서 보는 경우 무 료이기도 했고 사진도 더 예쁘게 잘 나왔다.

그다음으론 망토 다리가 괜찮았는데 건축물 자체가 신기하기도 했지만 사 진이 잘 나와서 더 좋게 느껴졌다. 그리고 다녀온 사람들 대부분이 후기에서 말하듯 체스키 크룸로프는 딱히 뭘 안 해도 마을이 주는 분위기가 너무 좋다. 걸어도 좋고, 카페에서 커피나 차를 마셔도 좋고 등등. 그리고 뭘 하려고 오지 말고 '천천히 여유를 즐기다 돌아가야지'라고 생각하면 더 제대로 된 매력을 느낄 수 있을 것이다. 나중에 꼭 이런 곳에서 살고 싶다 정말! 아, 그리고 성 쪽 에 곰이 있는데 보일 때도 있고 안 보일 때도 있는데 그건 오로지 곰의 선택이 니 운에 맡겨야 한다.

이건 축제야? 배구 경기야?

다음날 취재를 위해 체스케부데요비체로 출발했다. 버스를 타고 이동했고 30분 정도 걸렸다. 어차피 경기만 보고 바로 돌아올 거라 따로 관광에 대한 정 보를 찾아보진 않았지만 도착해서 잠깐 주위를 돌아다녀 보니 확실히 사람들 에게 인기가 왜 없는지 알 것 같았다. 분위기 자체가 칙칙했고 눈에 띄게 구경

할만한 것들이 없어 보였다. 체육관은 버스터미널에서 30분 정도 걸어가니 도착했다. 한쪽 문에는 팬들이 표를 사기 위해 줄을 서고 있었는데 나는 관계자들이 들어가는 입구로 가 취재하러 왔다는 의사를 밝히고 직원의 안내에 따라 안으로 들어갔다. ID카드가 생기고 나서부턴 취재하러 들어가는 게 수월해졌다. 안으로 들어간 후 관중들의 모습을 보고 놀랐다. 체육관 구조는 다른 곳이랑 큰 차이가 없는데 1층에 팬들이 자유롭게 앉을 수 있게 되어있었고 어린아이들을 위한 튜브 놀이터? 같은 것도 배치되어 있었다.

여기까진 '뭐 좀 색다르네'라고 생각했지만 선수들이 몸을 풀고 있는데도 신경 쓰지 않는 듯 아이들은 1층 여기저기를 마구 뛰어다녔고 소리를 지르는 등 경기를 관람하러 온 것인지 그저 뛰어놀기 위해 온 것인지 구분이 되질 않았다. 그리고 부모님들은 그 모습을 보며 흐뭇한 표정을 짓고 있고. '이건 그냥 축제 때 모습 아니야?'라는 생각이 들었다. 경기를 시작해도 달라진 모습은 볼 수 없었다. 인상 깊었던 것은 선수들은 그것을 보고 인상을 쓰거나 화를 내기보단 오히려 아이들을 귀엽게 바라본다는 것. 또 홈 팬들은 상대팀 선수가 세트 도중 공격 후 착지하는 과정에서 허리 통증을 호소하며 코트장에 그대로 누운 상황이 있었는데, 상대팀이 점수에서 앞서고 있었고 홈 팬들에게는 충분히 할리우드 액션으로 보일 수 있었다. 하지만 팬들은 야유를 보내기보단 따뜻한 박수를 쳐주며 누워있는 선수를 격려해줬다. 이건 정말 스포츠 팬이라면 모두 배워야 할 성숙한 응원문화라고 생각했다. 경기가 끝날 때까지 체육관에 있어 보니 이곳에서의 배구 경기는 그저 단순히 승패가 중요한 경기가 아닌 하나의 축제라고 느껴졌다. 만원 관중인 이유를 알 듯.

10. 예술의 나라 오스트리아

체코 다음으로 오스트리아를 여행지로 정한 이유는 거리도 가까웠지만 '모 차르트, 할슈타트, 사운드 오브 뮤직과 비포 선라이즈 영화' 이 정도가 될 것 같 다. 자세한 설명은 차차. 체스키 크룸로프에서 잘츠부르크로 이동했다. 이번 에도 FlixBus를 이용했고 가격은 12.99달러(미국) 이동시간은 3시간 20분 정 도 걸렸다. 도착하니 오후가 거의 끝나가는 시간이었고 날씨도 비가 와서 그 런지 우중충했다. 어차피 머무는 기간이 아직 남았으니 욕심내지 않고 당일은 마트에서 장만 보기로 했다. 앞서 말했듯이 장기 여행으로 인해 경비를 아껴야 해 대부분 장을 보고 숙소에서 해먹는다. 장을 자꾸 보다 보니까 저렴하게 잘 산 것 같거나 할인을 하는 품목이 있으면 괜히 기분이 좋아지는데 그럴 때마 다 점점 내가 주부가 되어가는 것만 같았다. 근데 정말 그 작은 쾌감은 느껴본 사람만 안다. 다음날 아침 일찍부터 잘츠부르크를 구경하기 시작했다. 대표적 인 관광지로는 모차르트 생가-게트라이데 거리-광장들-마카르트 다리-호엔 잘츠부르크 성-미라벨 궁전 등이 있다.

나는 먼저 잘츠부르크의 전경을 보고 싶어 전망대로 향했는데 호엔잘츠부 르크 성은 입장료가 너무 비싸서 묀히스베르크 전망대로 향했다. 왕복 엘리베 이터 비용이 발생하긴 하지만 호엔잘츠부르크 성에 비해선 저렴하고 뷰도 괜 찮다. 날씨가 좋았을 때 갔으면 더 예쁜 모습을 볼 수 있었을 텐데 조금 아쉬 웠다. 그래도 잘츠부르크 시내를 한눈에 보면서 모차르트의 음악과 사운드 오 브 뮤직 OST 에델바이스를 들으니 그래도 내가 잘츠부르크의 왔다는 기분이 들었다. 세계를 여행할 때 그 나라와 지역과 관련이 있는 음악과 함께한다면

더 깊게 빠져서 여행을 할 수 있으니 참고. 다음으로는 사운드 오브 뮤직 도레미송 촬영지 중 하나인 미라벨 궁전을 방문했는데 겨울이어서 그런지 개방되지 않은 곳들이 있었고 촬영지에서 가장 중요한 핵심인 문이 잠겨있었다. 그래도 그곳에서 여행자끼리 도레미송을 틀어놓고 따라 부르면서 서로 사진도 찍어주고 했는데 좋은 추억으로 남았다. 그때 제대로 알았다. 세계적으로 사운드 오브 뮤직이 유명한 작품이라는 것을. 그리고 마카르트 다리와 게트라이데 거리는 낮에 가도 괜찮지만 야경으로 보는 것이 더 감성적으로 다가왔다. 저녁식사를 하고 소화도 시킬 겸 천천히 걸어보는 것도 좋을 듯. 함께할 사람이 있다면 더 좋고….

동화 속 호수마을 할슈타트

사실 체스키 크룸로프에서 잘츠부르크로 갈까 아니면 빈으로 바로 이동할까 고민했었다. 이유는 일정과 가격. 남은 일정이 타이트해지고 경비가 많이 든다고 해도 할슈타트는 포기할 수 없었다. 겨울왕국 모티브인 곳으로 유명한데다가 내 기준에선 유니크한 여행지라고 생각됐으니. 할슈타트를 가기 위해선 보통 버스-기차-보트로 이어지는 교통을 많이 이용한다. 먼저 잘츠부르크 중앙역이나 자신의 숙소에서 가까운 곳에 150번 버스를 탈 수 있는 곳으로 간다. 150번 버스를 타고 'Bad Ischl'역에서 기차를 타고 할슈타트역으로 간다. 도착하면 보트를 타고 마을로 들어간다. 여기서 팁을 하나 주자면 보통 보트가 30분 간격으로 운행을 하는데 돌아가는 보트, 기차, 버스 시간을 미리 알아놔서 오래 기다리지 않고 잘츠부르크까지 갈 수 있도록 준비하는 게 좋다.

아무 생각 없이 가다간 오랜 시간을 대기하는 데에 쓸 수 있다. 기차를 타고 할슈타트역에 거의 다 왔을 때부터 보이는 풍경이 달라지기 시작했다. 아침 일찍 출발해서 그런지 아직 해가 다 뜨지 않았는데도 호수와 마을의 조화가 예술이었다. 예쁜 것을 볼 때마다 설렘+행복함이 함께 찾아온다. 이때 느끼는 기분을 계속 느낄 수 있으면 얼마나 좋을까. 보트를 타고 들어가면서 전체적 인 풍경을 보는데 해가 뜨면서 호수와 마을에 빛을 비추기 시작한 것. 그때의 그 모습도 너무 평화롭고 아름다웠다. 나는 당일 오후에 빈으로 떠날 예정이 었기 때문에 빠르게 구경하고 돌아갈 생각이었다. 그런데 이게 무슨 일? 전망 대가 현재 점검 중이라 케이블카와 도보 모두 이동이 불가하다는 것. 솔직히 할슈타트는 정말 작은 마을이라 전망대는 꼭 가야 되는 필수 코스인데… 보통 비수기 때 2주~한 달 정도 점검을 한다고 한다. 아마 겨울이라 폭설과 관련된 문제인 듯. 아쉽긴 하지만 그래도 할슈타트를 왔다는 자체만으로도 좋았다.

이왕 이렇게 된 거 시간적으로 여유가 생겼으니 천천히 걸어 다니면서 구경 하기로. 할슈타트에 가면 입구 쪽에 안내판과 들고 다닐 수 있는 작은 지도가 있는데 어디서부터 돌아다닐지 모르겠으면 거기에 나와있는 번호대로 이동하 는 것도 괜찮은 방법이다. 나는 그렇게 했는데 만족했다. 구경을 하면 할수록 능력만 된다면 할슈타트에서 '한 달 살이'를 해보고 싶었다. 일단 평화롭고 고 요한 분위기가 너무 좋았고 여기서 지내면 휴식이 정말 휴식으로 다가올 것 같 았기 때문. 할슈타트는 어디가 좋다고 얘기하기가 애매하고 전체적으로 아기 자기하고 아름다우니 천천히 걸으면서 둘러보면 좋을 듯. 중간마다 레스토랑 이나 카페에서 맛있는 것도 먹고 마시며 여유로운 시간을 보내는 것도 좋은 방 법. 그리고 나는 겨울왕국 OST를 들으면서 구경했는데 나름 괜찮았다. 오스트 리아를 여행한다면 할슈타트는 무조건 가야 한다. 다만 여름과 겨울 둘 중 하나를 선택할 수 있다면 여름에 가는 것을 추천한다. 겨울도 설경을 보고 좋지만 여름에 보는 뷰가 더 아름답고 할슈타트의 매력이 더 잘 살아난다고 한다.

비포 선라이즈 그리고 빈

할슈타트 투어를 마치고 잘츠부르크 숙소로 돌아가자마자 짐을 챙겨 중앙역으로 향했다. 미리 기차를 예약해뒀는데 회사는 'Westbahn'이었고 가격은 13.99유로 이동시간은 2시간 30분 정도 걸렸다. 잘츠부르크와 할슈타트를 여행함으로써 오스트리아에선 이미 충분한 만족을 얻었기 때문에 굳이 빈을 갈 필요가 있나 싶었다. 유럽 여행을 하면서 '광장, 성당, 박물관, 미술관, 궁전' 등은 이미 너무도 많이 봤기 때문에 사실 빈을 가는 것이 그렇게 끌리진 않았다. 하지만 내가 '뷰티 인사이드'만큼이나 너무 좋아하는 영화인 '비포 선라이즈'의 촬영지가 바로 빈. 들리지 않는다면 나중에 분명히 후회할 것 같아서 가기로 정한 것. 그 선택은 아주 탁월했다. 빈을 갈 때 정말 아무 계획 없이 방문했는데 어차피 비포 선라이즈 때문에 온 곳이니 다른 관광지는 뒤로하고 영화 촬영지로만 투어 코스를 짜서 그대로 돌아다니기로 정했다. 도착한 날은 푹 쉬고 다음날 일찍 일어나 준비했다.

내가 짠 이름하여 '비포 선라이즈 투어'는 LP샵인 ALT&NEU, 미술관인 Albertina, 다리인 Zollamtssteg, 카페인 Cafe Sperl로 이어지는 코스다. 4곳 모두 두 주인공이 데이트를 하며 들렀던 곳들인데 일부러 돌아다니기 전에 영화를 한 번 더 봤다. 영화에서와는 조금은 달라진 모습이지만 그래도 그 느낌이 살아있어 너무 좋았다. 혼자 이어폰으로 영화 OST를 들으며 천천히 구경하니 감정이 올라왔는데 살짝 울컥하기도 했다. 점점 늙어가는구나… 비포 선

라이즈를 좋아하는 여성과 함께 왔다면 더 좋았을 텐데…. 이동하는 중간마다 근처에 있는 대표적인 관광지들도 들리다 보니 어느새 저녁이 찾아왔다. 특별히 재밌는 것도 눈에 띄는 것도 없었지만 내가 좋아하는 것으로만 하루를 보내다 보니 그 시간이 너무 평화롭고 좋았고 따뜻했다. 내가 비포 시리즈 영화를 좋아하는 이유는 바로 대화의 중요성을 가장 잘 보여주는 작품이고 나도 그런 사랑을 꿈꾸고 있기 때문. 다음엔 꼭 사랑하는 사람과 함께. 그리고 빈을 방문한 소감을 한마디로 정리하자면 '웅장하면서 깔끔했고 확실히 수도다웠다'라고 말할 수 있을 듯.

11. 야경 끝판왕 헝가리 부다페스트

오스트리아에서 헝가리로 가는 버스 비용이 저렴하길래 다음 여행지로 정했다. 다른 이유들도 있겠지만 이동 비용이 저렴한 것만큼 큰 이유도 없다. 회사는 역시 FlixBus였고 가격은 10.99달러(미국) 이동시간은 3시간 정도 걸렸다. 내가 계속 버스 회사와 가격 그리고 이동시간을 쓰는 이유는 앞서 말했듯이 내가 여행하기 전 가장 궁금했던 것들이었기 때문이다. 참고용으로 조금이나마 도움이 됐으면 좋겠다. 이동하면서 부다페스트의 날씨를 확인했는데 내가 여행하는 동안에는 화창한 날씨는 보지 못할 예정이라는 것. 그나마 다행인 것은 비는 조금씩만 내린다는 것. 예보가 다 맞는 것은 아니지만 대부분 비슷했다. 그래 어차피 날씨도 안 좋고 야경으로 유명한 곳이니 저녁에만 관광한다고 생각하자.

그리고 오스트리아에 있다가 와서 그런지 헝가리 물가가 저렴하게 느껴졌다. 부다페스트 야경으로 유명한 곳들은 대표적으로 국회의사당-어부의 요새-성 이스트반 성당-겔레르트 언덕 등이 있다. 나는 개인적으로 국회의사당이 가장 아름답게 느껴졌는데 국회의사당 라인이 아닌 반대편에서 바라보는 것이 더 좋았다. 건물 전체가 빛으로 물들었는데 그 색감은 아마 국회의사당에서만 볼 수 있는 것 같다. 저절로 그냥 멍하니 바라보고 있게 된다. 그리고 겔레르트 언덕은 트램, 지하철, 버스 중 하나를 이용해 근처 정류장에서 내린 뒤 언덕 정상까지 걸어 올라가야 한다. 경사가 높기도 하고 거리도 20분~30분 정도 걸리기 때문에 꽤 많은 체력을 필요로 한다. 그래도 부다페스트를 한눈에 제대로 볼 수 있는 곳이니 등산을 정말 싫어하더라도 꼭 한번 가보길 추

천한다. 나는 야경만 제대로 봤지만 기회가 된다면 화창한 낮에 방문하는 것
도 좋은 방법.

어부의 요새와 성 이스트반 성당도 각각 매력이 달라 골라보는 재미도 있다. 직접 야경을 체험해보니까 유독 부다페스트가 야경으로 유명한 이유를 알게 됐다. 앞글에서도 말했지만 그 뭐랄까 부다페스트만의 색감이 있다. 건강한 두 다리를 활용하면서 한 손엔 맥주를 들고 돌아다니면 세상 행복하다. 그리고 웬만하면 가게들이 다 비슷해서 잘 추천하진 않는데 요즘 세대에 맞는 핫하고 힙한 가게가 있다. 이름이 'Szimpla Kert'이고 낮에는 카페로 운영하고 저녁에는 클럽으로 변하는 곳이다. 인테리어가 정말 독특하고 가게 자체도 넓은 곳이니 시간이 된다면 한 번쯤 들러서 간단하게 맥주 한잔해도 좋을 듯. 또 부다페스트가 온천으로도 유명한 곳인데 나는 시간이 부족해서 가보진 못했지만 여유가 된다면 온천 투어를 해보는 것도 괜찮은 코스! 일정과 날씨 때문에 많은 것들을 하진 못했지만 그래도 만족스러운 관광이었다.

보라색으로 물든 헝가리 배구리그, 그리고 취재하다 만난 불쾌한 순간

세계적으로 배구리그가 끝나는 시기가 정해져있어 마냥 여유 있게 여행을 할 수가 없었다. 이렇게 보면 쉬기 위해 떠난 것인지 아니면 일을 하기 위해 떠난 것인지 잘 모르겠다… 그래도 내가 선택한 것이니 매 순간 후회 없이! 짧은 관광을 마치고 다음날 바로 헝가리 배구협회를 찾아갔다. 구글맵에 'MAGYAR ROPLABDA SZOVETSEG'라고 검색하고 이동했다. 도착하니 신기했던 것은 건물이 주유소와 붙어있다는 것. 대부분 협회나 연맹이라고 하면 조용한 곳이나 깔끔한 사옥에 위치하고 있을 것 같은데 주유소 바로 옆에 있으니 조금 신선하게? 다가왔다. 사실 헝가리 배구도 세계적으로 수준이 높은 편이 아니라 솔직히 기대가 되질 않았다. 근데 막상 내부로 들어가니 '이게 뭐지?'라는 말이 나오면서 눈이 크게 떠지는 것. 전체적으로 건물이 신축인 듯 깔

끔했고 직원의 수가 예상했던 것보다 훨씬 많았다. 알고 보니 직원이 총 40명 정도 된다고 했다. 배구협회로 소속된 수만.

브라질과 폴란드에 이어 가장 많은 인프라를 구축하고 있었다. '아니 근데 왜 국제적으로 성적을 내질 못하지?'라는 의문점이 자꾸만 들었다. 다행히 취재 는 무사히 잘 끝냈고 헝가리 배구 대표팀 양말을 선물로 받았다. 그리고 사전 에 미리 찾았던 배구리그 경기를 관전하기 위해 'Szilagyi uti Multifunkcios Csarnok'으로 찾아갔다. 이곳에서 펼쳐지는 경기를 선택한 이유는 그때 당시 한국배구리그에서 뛰고 있던 여자 용병 선수가 직전에 뛰었던 팀이었기 때문. 이만한 취재거리가 또 없다. 안으로 들어가자마자 놀랐다. 입구에서부터 보라 색의 모습들이 보이더니 코트장, 선수들 유니폼, 팬들 티셔츠 모두 보라색으로 물들어있었다. 홈팀인 UTE팀이 실력이 좋은 것이 아니라 기억에 남는 것이 적었지만 '보라색' 이것만큼은 절대 잊지 못할 정도로 강렬했다.

　그만큼 마케팅을 잘하고 있다는 얘기겠지? 한때 스포츠 마케터를 꿈꿨던 사람으로서 우리나라 배구리그에서도 각 팀 고유의 색깔을 갖고 있으면 더 좋겠다는 생각이 들었다. 물론 유니폼에서 그것이 가장 잘 드러나고 있긴 하지만 '○○팀'이라고 말하면 '○○색'이 바로 나올 정도는 아니기 때문에 아쉽다. 그리고 기억에 남는 것은 남자 팬들이 선수들을 바라보는 매너 없는 태도였다. 나는 취재를 할 때 다양한 각도에서 사진과 영상을 찍기 위해 관중석과 체육관 곳곳을 경기와 팬들에게 피해를 주지 않는 선에서 돌아다니는 편인데 유독 그날 경기에 왔던 남자 팬들의 모습이 아니꼬웠다. 나를 보더니 몸 풀고 있는 선수들의 엉덩이를 찍으라는 등 심지어 선수들에게 '나 너랑 섹스하고 싶어, 넌 너무 섹시해'라는 등 '내가 지금 이 말을 듣고 있는 게 현실인가?' 착각할 정도로 막말을 뱉어댔다. 그래 백번 양보해서 문화 차이라고 쳐 그래도 선수들에게 실례를 범하는 저 태도가 너무 꼴 보기 싫었다. 취재와 인터뷰, 기념사진 촬영도 무사히 잘 끝났지만 기분이 왜 이렇게 찝찝하지?

12. 코로나19의 서막

형가리 일정을 마치고 세르비아로 이동했다. 역시나 FlixBus를 이용했고 가격은 16.09유로 이동시간은 6시간 정도 걸렸다. 국경을 넘을 때 문제가 있었는데 같이 버스를 탔던 중국인 2명이 우한에서 온 것도 아니고 중국을 떠난지 오래됐음에도 중국인이란 이유만으로 국경에서 잡힌 것이다. 그때가 이제 막 코로나19에 대한 심각성이 전 세계적으로 퍼지기 시작한 시기인 터라 조금 예민하게 잡지 않았나 생각하고 별로 대수롭지 않게 넘겼다. 그 중국인들이 안타까웠지만 나는 무사히 통과했다는 안도감을 느꼈다. 이기적인 것은 아닌데 왜 내가 그렇게 느껴지지? 후….

'그때 나는 알지 못했다. 코로나19가 얼마나 무서운 바이러스로 퍼져나갈지….'

13. 발칸반도의 시작, 세르비아 베오그라드

발칸반도 국가를 여행하면서 좋은 점은 일정에 대해 스트레스를 크게 받지 않아도 된다는 것이었다. 뒤에서 자세하게 설명하겠지만 유럽을 장기 여행할 땐 '셍겐조약'에 대해서 자세히 알고 여행을 해야 한다. 간단하게만 말하자면 셍겐조약 가입을 하지 않은 타국의 사람이 가입국으로 여행을 가게 되면 최대 90일까지만 체류가 가능하다는 것. 대표적인 유럽 국가들은 대부분 가입이 되어있기 때문에 특히 일정을 잘 조율해야 한다. 이 부분이 적지 않은 스트레스로 다가온다. '더 가고 싶은 곳이 있거나 한 곳에 더 머물고 싶어도 포기해야 하는 상황과 자주 마주치게 되니' 즉, 발칸반도 국가들 대부분은 가입국이 아니기 때문에 일정 부분에서 자유로워진 것. 이것만큼 좋은 게 또 없다.

베오그라드의 도착하자마자 느낀 감정은 '어우… 여기 조심해야겠는데? 왜 이렇게 으스스하냐?'였다. 오래되어 보이는 건물들이 많았고 거리엔 사람들이 거의 없었다. 가로등도 어두운 것 같고. 호스텔에 도착한 후 짐을 풀고 자기 전에 메인 거리라도 잠깐 구경하고 오자는 생각으로 밖으로 나섰다. '공화국 광장'을 기준으로 쭉 걸었는데 '어라? 여긴 또 분위기가 왜 이렇게 좋아? 스페인 남부 도시랑 비슷한 느낌인데?'라는 생각이 들었다. 겨울이 한창인 듯 크리스마스와 관련된 조형들이 많았고 조명 색감도 좋고 거리 자체도 깔끔했다. 처음 도착하고 느낀 부정적인 감정들을 사르르 녹여주는 것만 같았다. 다음날 본격적으로 관광을 했는데 베오그라드는 다른 곳들보다 구경할만한 곳이 많이 없다. 그래도 대표적인 곳을 설명하자면 칼레메그단 요새-성 사바 대성당-공화국 광장-국립박물관 등이 있다.

　나는 국립박물관을 빼곤 다 다녀왔는데 개인적으로 칼레메그단 요새가 제일 괜찮았다. 낮에 가도 좋고 밤에 가도 괜찮은 곳. 우리나라 유적지를 관광할 때의 느낌이 물씬 풍겼다. 옛 전쟁의 흔적을 보는 것도 흥미로웠고 곳곳에서 보는 베오그라드의 전경이 나쁘지 않았다. 그리고 노을이지는 것보다 다 지고 나서의 모습이 더 아름다웠다. 솔직히 기대 하나도 안 하고 갔는데 놀랐다. 내가 개인적으로 좋아하는 색감이어서. 근데 며칠 지내다 보니 확실히 다른 국가들의 비해선 도시가 주는 분위기가 우울한 느낌이었다. 그래서 꼭 와보라고 추천하기엔 조금 애매한 곳. 그래도 저렴한 물가는 사랑. 그리고 공화국 광장 쪽에 백화점, 각종 매장, 식당, 카페가 모두 몰려있으니 도시의 느낌을 즐기고 싶으면 그쪽으로 가길 권한다.

오늘은 내가 한식 요리사!

호스텔의 공용 시설이 따로 없어 대부분 식탁에 앉아 휴식을 취하거나 자기 할 일을 했다. 나도 밀린 글을 쓰며 일처리를 하고 있었는데 갑자기 옆에서 누군가 말을 걸어 이야기를 하게 됐고 그렇게 점점 사람이 많이 모이기 시작했다. 결국 그날 한국, 중국, 터키, 노르웨이 사람들이 모여 코로나를 비롯해 다양한 주제로 이야기를 나눴다. 거의 국제토론인 줄. 그러다 어떻게 한식에 관한 이야기가 나왔는데 다들 한식을 먹어보고 싶다는 의견을 냈고 나는 다음날 저녁에 요리를 해준다고 했다. 갖고 있던 한식 재료가 남아있었기도 했고 너무 착한 친구들이라 한국에 대한 좋은 인상을 남겨주고 싶었다. 그렇게 나는 일일 한식 요리사가 됐다. 메뉴는 닭볶음탕+흰쌀밥이었고 여행을 하며 가장 많이 했던 한식 요리라 자신 있었다.

닭은 근처 마트에서 사왔고 양념장은 기존에 갖고 있던 고춧가루-간장-설탕을 활용했다. 마늘하고 고추 비슷한 채소는 따로 준비했고. 나는 원래 매운 걸 좋아하는데 외국 친구들이라 입맛이 어떨지 몰라 물어봤다. 그런데 다들 도전해보고 싶다고 하는 것. 속으로 '각오해라 한국의 매운맛이 어떤지 보여주지!' 라고 생각했다. 다행히 요리는 성공적으로 완성됐고 어제 함께 이야기를 나눴던 친구들을 불러 모아 시식을 시작했다. 몇 명은 잘 먹었고 몇 명은 매워서 죽으려고 했다. 그 모습을 보고 있자니 '이런 맛으로 요리를 하는 건가?' 싶었다. 그래도 다들 남기지 않고 잘 먹어줘서 고마웠다. 여행을 하면서 '요리의 맛'의 점점 빠져드는 중이다. 한국 가면 요리 배워야지!

세르비아의 배구

세르비아는 취재를 하기 위해 온 것이 가장 큰 이유였기 때문에 이 정도로 관광을 마치고 배구협회를 찾아갔다. 세르비아 배구는 세계적으로도 항상 상위권을 유지하는 국가인데 현재 남자 대표팀은 세계랭킹 11위(2020년 기준), 여자 대표팀은 세계랭킹 6위(2020년 기준)다. 항상 메달권인 것은 아니나 다른 국가가 쉽게 넘볼 수 없는 팀이다. 협회의 외부와 내부로 들어가는 곳은 확실히 건물이 오래돼 보였다. 그래도 안으로 들어가니 리모델링을 했는지 깔끔한 모습이었다. 당시 코로나19가 점점 안 좋아지고 있는 추세라 평소보다 더 긴장을 많이 했다. '반응이 안 좋으면 어쩌지…'라는 고민이 가장 컸다. 다행히 직원들의 반응이 나쁘지 않았고 노비카 새릭(Novica Saric)이라는 남자분이 내게 다가왔다. 그는 협회 소속 기자였다.

그와 인터뷰를 진행했는데 전제적인 운영방식과 시스템은 타국가와 비슷했다. 그리고 세르비아에서도 배구는 비인기 종목에 속한다고 했다. 축구와 농구가 인기 있는 스포츠라고. 배구가 인기 있는 종목인 국가를 만나기가 이렇게 어렵다니… 씁쓸한 현실이 달갑지 않았다. 협회에서의 취재를 마치고 다음날 노비카 새릭이 추천해준 세르비아 배구리그를 보러 갔다. 당시 남자리

그 3위(PARTIZAN-Beograd 홈팀)와 4위(MLADI RADNIK-Pozarevac 어웨이팀)의 맞대결이었는데 역시 양 팀 수준이 비슷해서 그런지 경기는 대등하게 펼쳐졌다. 다소 신기했던 것이 있었는데 팬들이 응원을 하지 않고 그냥 박수만 친다는 것. 지금껏 취재하면서 팬들의 모습이 이렇게 조용한 것은 처음이었다. 오죽하면 벤치에서 선수들이 응원하는 소리가 다 들릴까⋯ 그래도 조용하게 경기를 보는 데에만 집중할 수 있어 좋은 점도 있었다.

하지만 뭐니 뭐니 해도 스포츠는 시끌벅적해야 제맛. 경기가 끝나고 세르비아 배구리그에 대해 더 물어보고 싶은 게 있어 인터뷰 대상자를 찾다가 카타리나(Katarina)를 소개받았다. 그녀는 홈팀의 체육관 관리 및 매니저를 맡고 있다고 했다. 그녀와의 대화 중 인상 깊었던 것이 있었는데 바로 연봉이었다. 세르비아 배구리그에서 가장 많이 연봉을 받는 선수가 1만 2,000유로(한화 1,600만 원 정도 당시 기준) 정도 된다고 한다. 체육관 시설도 열악하고 수준이 높지 않은 걸로 봤을 때 대충 짐작은 했었는데 그래도 생각했던 것보다 많이 낮았다. 확실히 낮은 수준으로 리그가 운영되는 이유가 있었다. 다른 국가들을 취재를 하면 할수록 한국배구의 환경이 좋은 편이라고 느껴진다.

14. 미지의 세계, 몬테네그로 코토르

원래 세르비아 다음으로 가려고 했던 곳은 크로아티아였다. 그렇게 정보를 찾다가 우연히 몬테네그로 코토르라는 곳을 발견했다. 생각보다 풍경이 너무 아름다웠고 어차피 크로아티아 가는 길에 들릴 수 있는 곳이라 가기로 마음먹었다. 앞선 글에서도 말했지만 나는 여행 계획을 큰 틀만 짰지 세부적인 것은 하는 도중 즉흥으로 결정했다. 모든 것에는 장단점이 있듯 이 여행 스타일에도 분명히 그러한 부분이 나타났다. 자세한 건 추후에 설명하겠음. 베오그라드에서 코토르로 이동할 때 버스를 탔는데 세르비아어로 된 현지 버스회사라 이름은 정확히 기억이 나질 않는다. 야간버스로 이동했고 가격은 2,580디나르 이동시간은 10시간 45분 정도 걸렸다. 이 정도면 거의 야간버스 고수… 도착하니 아침이었고 몸이 너무 피곤해 일단 호스텔에서 쉬기로 했다.

보통 일찍 도착하더라도 체크인 시간이 돼야 방을 배정해주는데 호스텔 직원이 착하기도 했고 비수기여서 그런지 아직 이른 아침인데도 불구하고 체크인을 해주고 방을 배정해줬다. 여행을 하다 보니 이런 소소한 것들에 큰 행복을 많이 느낀다. 어차피 도착한 날은 비가 올 예정이라 눈이 떠질 때까지 자기로 했다. 눈을 뜨니 오후 3시쯤이었는데 창밖은 저녁과 같은 어두운 모습이었다. 씻고 저녁을 먹은 후 야경을 보러 밖으로 나갔다. 사실 야경 명소라고 할만한 곳이 없고 볼 수 있는 곳도 별로 없어 그냥 동네 산책? 느낌으로 천천히 한 바퀴 돈다고 생각하는 게 낫다. 그래도 다른 곳과 조금 다른 점이 있다면 길거리에 고양이가 정말 많다. 지금까지 여행하면서 길고양이는 대부분의 나라들에서도 많이 봤지만 이렇게 많은 것은 또 처음 봤다. 왜 코토르가 고양이의 도시라고 불리는지 이해하게 됐다. 다음날 크로아티아로 떠나기 전 오전에 전망대를 다녀오기로 정했다. 다행히 날씨도 좋았고 버스를 타기 전까지 시간이 많이 남아 여유 있게 다녀올 수 있었다.

그리고 운이 좋았던 게 원래 전망대 입장료를 8유로(시즌과 시기마다 다름) 지불하고 올라가야 된다고 들었는데 당일은 무슨 이유 때문인지 정확히 모르겠지만 입구를 지키고 있는 사람도 없었고 그냥 올라갈 수 있었다. 난 정말 럭키가이. 기쁨도 잠시 높은 경사와 올라가도 보이지 않는 정상 때문에 점점 지치기 시작했다. 그래도 올라가면 갈수록 보이는 풍경들이 너무 아름다워 발걸음을 멈출 수가 없었다. 정상까지 올라가는데 총 1시간 정도 걸렸다. 도착한 후 뒤를 돌아보는데 맑은 하늘, 웅장한 산들, 특이한 색감을 뽐내는 바다, 주황색 지붕들의 모습이 한 번에 보이는데 저절로 입에서 '와… 미쳤다… 진짜 대박이네…'라는 말이 나왔다. 생각했던 것보다 훨씬 더 아름다웠다. 오랜만에 남미에서 느끼던 자연의 아름다움을 경험했다고 표현해야 하나? 정말 예뻤다. 그리고 정상에서도 고양이들의 모습이 보였는데 뭔가 조화가 잘 맞는 느낌이 들었다. 내려가면서 스스로에게 말했다. '안 왔으면 어쩔뻔했냐 진짜'라고. 짧지만 인상 깊었던 몬테네그로 코토르 좋았다!

15. 아드리아해를 품은 나라 크로아티아

코토르 일정을 마치고 크로아티아 어느 도시를 먼저 갈지 고민하다가 두브로브니크로 정했다. 원래는 취재 때문에 자그레브를 먼저 가려고 했었는데 굳이 빨리 안 해도 괜찮을 것 같았고 크로아티아 내에서 도시끼리 이동할 때 드는 비용도 두브로브니크를 먼저 가는 것이 저렴했다. 버스를 이용했는데 회사는 'Jadran Ekspres Kotor'였고 가격은 20유로 이동시간은 2시간 30분 정도 걸렸다. 여행한지 꽤 됐지만 아직도 육지를 이용해서 비교적 빠른 시간 안에 다른 국가로 이동한다는 것이 신기하다.

버스 안에서 노래를 들으며 가고 있는데 어떤 동양인 남자가 말을 걸어왔다. 일본인 친구였다. 자연스레 같이 앉아 여행이야기를 하며 친해졌는데 두브로브니크에서 일정이 같아 함께 동행하기로 정했다. 점점 더 목소리가 나오질 않아 동행은 더 이상 하지 않는 것이 좋겠다고 생각했지만 그 친구의 성격이 너무 좋아서 마음이 바뀌었다. 우리는 다음날 하루 동안 함께 돌아다녔는데 운이 정말 좋았다. 두브로브니크 필수템이라고 불리는 '두브로브니크 카드' 1일권을 구매하고 바우처를 출력한 후 구글맵에 'City of Dubrovnik Tourist Board'를 검색해서 찾아갔다.

가서 카드를 발급받으려고 했는데 직원분이 갑자기 "미리 여기로 오시지 이번 주는 점검 중이어서 운행을 중지한 케이블카를 제외하고 모든 관광명소들이 무료입장이에요. 이거 다시 환불해드릴 수 있는데 지금 해드릴까요?"라고 말하는 것. '뭐지? 이 행운은? 괜히 불안하네…'라는 불안감도 잠시 우리는 기

쁘게 환불을 요청했다. 1일권 가격이 250쿠나였는데 홈페이지 구매 할인 받아서 225쿠나로 결제를 했으니까 한화로 약 4만 원 안팎의 돈을 아낀 셈이다. 환불이 되기까지는 시간이 조금 오래 걸렸지만 그래도 경비를 절약할 수 있고 무료로 관광명소들을 돌아볼 수 있음에 감사했다. 직원분 말로는 1년에 딱 1주일~2주일 정도만 이렇게 한다고. 크으… 운이 정말 좋았다. 착하게 살아야지.(갑자기?)

아드리아해와 주황색 지붕의 조화는 예술 그 자체

환불 처리를 끝내고 우리는 성벽 투어를 먼저 하기로 정했다. 필레 게이트 쪽으로 가니 올라가는 입구가 나왔고 천천히 걸으면서 구경하기 시작했다. 당일

날씨도 좋아서 '운수 좋은 날' 그 자체였다. 가장 먼저 눈에 들어온 것은 푸르디푸른 바다였다. 그동안 꽤 많은 대륙에서 다양한 바다의 색감을 경험했지만 아드리아해의 느낌은 또 달랐다. 보기만 해도 가슴이 뻥 뚫리는 것 같달까? 환한 미소가 저절로 지어졌다. 그리고 걸으면서 반대쪽을 바라보니 말로만 듣던 주황색 지붕들의 모습이 보였는데 '크으… 이거지… 이거 보려고 여기 왔지'라는 생각이 들 정도로 예뻤다. 바람만 적게 불었으면 더 좋았을 듯. 그래도 사진 찍기엔 더할 나위 없이 좋은 곳!

성벽 투어를 마치니 점심시간이 다 되어서 근처 레스토랑으로 가 피자와 음료를 시켰다. 참고로 두브로브니크의 물가는 생각보다 더 비싸니 미리 염두에 두고 오시길. 양이 부족해 더 시키고 싶었지만 더 이상의 지출은 부담으로 다가와 외식했다는 것에 만족했다. 그리고 속으로 생각했다. '나중에 돈 많이 벌어서 먹을 때 가격 생각하지 않고 사먹어야지'라고. 조금 짠내가 나도 난 내 여행이 참 좋다. 점심을 먹고 근처에 있는 해변을 들러 아무것도 하지 않고 가만히 앉아 서로 좋아하는 노래를 틀며 이야기를 나눴다. 사실 나와 그 친구는 영어를 잘하는 편이 아닌데 서로가 어떤 뜻으로 말을 하려고 하는지 이해는 잘하는 것 같았다. 그래서 소소한 것을 하면서 시간을 보내도 즐거웠다.

우리는 노을 시간에 맞춰 스르지산 전망대로 향했다. 케이블카는 점검 중이라 운행을 하지 않아 버스를 이용했다. 30분 정도 걸렸고 도착해서 15분~20분 정도 걸으면 전망대가 나온다. 성벽에서 봤을 때도 예뻤지만 확실히 전망대에서 전체적으로 두브로브니크를 보니 어우 이건 말로 표현하는 것보다 직접 봐야 한다. 그 정도로 아름답다 정말로. 푸른 바다와 주황색 지붕들로 뜨겁고도 강렬한 해가 비추며 노을이 지는데 그때 보인 바다와 지붕의 색감이 예술 그 자체였다. 일몰이 끝난 후의 하늘도 너무 예쁘니 꼭 일몰시간에 맞춰 전망대를 방문하길. 우리나라 부부들의 신혼여행지로 유명하다고 하는데 와보니 그 이유를 알 것 같다.

코로나19 그리고 인종차별

두브로브니크에서 스플리트로 이동할 때쯤 코로나19로 인해 해외에서 동양인에 대한 인종차별이 점점 심해지고 있다는 소식이 들렸다. 아니나 다를까 길거리를 걸어갈 때마다 전과 다르게 다들 이상하게 쳐다보는 느낌이 들었다. 예민했을 수도 있지만 따가운 시선을 보내는 것은 사실이었다. 그래도 직접적으로 피해를 본 건 아니기 때문에 크게 신경 쓰지 않았다. 하지만 문제는 스플리트에 도착하고 나서 터졌다. 저녁을 먹고 호스텔로 돌아가는 과정에서 골목으로 이동하던 중이었는데 갑자기 현지인으로 보이는 젊은 남자 2명이 갑자기 내게 "Fucking china! Fucking china!! Go back china! Go back china!!"라고 외쳐대는 것.

'그래… 백번 양보해서 그럴 수 있다고 치자… 싸워서 좋을 거 없잖아 참자'라고 마인드 컨트롤을 하고 있는데 내 얼굴에 대놓고 손가락 욕을 하면서 아까 했던 막말을 또 하는 것이었다. 이거 더 참으면 그냥 호구가 될 것 같아서 받아쳤다. 처음엔 한국말로 욕을 뱉었고 나중에 'I'm not Chinese. I'm Korean. So get the fuck out of here'이라고 말하면서 남자 2명 중 한 명에게 다가가 얼굴을 들이밀었다. 나도 앞으로 고쳐나가야 할 부분이지만 내게 직접적으로 피해를 주면 참기가 쉽지 않다. 그게 육체적으로든지 정신적으로든지 둘 다. 강하게 나가자 당황했는지 놀라더니 이내 욕을 하면서 그 자리를 떠났다. 기분 좋게 저녁을 먹고 호스텔로 돌아가서 편안한 마음으로 자려고 했었는데 그 계획은 실패. 정말 코로나19도 싫지만 인종차별은 더 싫다. 제발 건들지 마… 나 착하게 살고 싶어….

그럼에도 불구하고 여행은 계속, 스플리트

다음날까지 기분이 안 좋았지만 이미 겪은 일 계속 생각해봤자 나한테 좋은 부분이 하나도 없는 것. 그래서 그냥 잊고 다시 계획했던 대로 일정을 소화하기로 했다. 아, 그리고 말 못한 부분이 있는데 두브로브니크에서 스플리트로 이동할 때 보이는 해안도로가 정말 예술이었다. 좋아하는 노래를 들으며 멍하니 창밖을 바라보고 있으면 저절로 힐링이 된다. 버스로 이동하면 왼쪽 좌석에

앉길 추천한다. 더 좋은 풍경이 기다리고 있을 테니. 만약 다음에 다시 방문한다면 나는 렌트를 해서 멈추고 싶은 곳에 멈추면서 이동할 것 같다.

 스플리트는 크로아티아 대표 항구도시로 유명한 곳이다. 그래서 그런지 도착하자마자 다른 곳에선 보지 못했던 큰 배들을 많이 봤다. 스플리트에서 관광명소로 유명한 곳은 리바 거리-디오클레티아누스 궁전-Bacvice Beach-Vidilica 전망대 레스토랑 등이 있다. 기억에 남았던 곳은 리바 거리와 Vidilica 전망대 레스토랑이었다. 리바 거리는 스플리트에서 절대 빼놓을 수 없는 곳인데 거리 자체가 길고 넓기도 하지만 바다 바로 옆에 있어서 그런지 더 낭만적으로 다가오는 곳이다. 특히 주말 브런치 시간에 사람이 정말 많이 모이는데 거의 축제 수준. 사람 많고 활기찬 걸 좋아하는 사람들에겐 주말에 방문할 것을 추천한다.

Vidilica 전망대 레스토랑은 자세하게는 아니더라도 스플리트의 전경을 볼수 있는 곳이어서 사람들이 많이 찾는 곳이다. 실제로 가보니 두브로브니크만큼은 아니었지만 그래도 꽤 괜찮은 뷰가 보였다. 커피 한잔하면서 여유를즐기기 좋은 곳. 이곳들을 포함해 다른 곳들도 매력 있었지만 내가 개인적으로 느끼기에 가장 좋았던 곳은 'Sustipan'. 공원인데 중심지와 거리가 조금 있어서 그런지 한국인들에겐 유명하진 않은 곳이다. 나는 호스텔 직원에게 추천을 받고 일몰시간 때 방문했는데 어우… 분위기가 아주 끝내줬다. 사람들이 많이 없어 조용해서 좋았고 드넓은 바다와 아름다운 해를 자세히 볼 수 있는 곳이라 일몰이 더 감명 깊게 다가왔다. 전망대도 좋지만 시간이 된다면 여기도 들러보길.

아름다운 바다와 오르간의 선율, 자다르

스플리트 다음으론 자다르를 가기로 선택했다. 사실 이때쯤부터 점점 여행에 대한 흥미가 떨어져가기 시작했다고 해야 하나? 처음보단 의욕이 많이 떨어져 있었다. 아마 여행 기간이 생각했던 것보다 길어졌고 코로나19라는 생각지도 못한 악재가 터지면서 많이 지쳤던 것 같다. 그래서 자다르에선 대부분휴식을 취하며 재정비를 하는 시간을 갖자고 생각하면서 이동했다. 도착하고주위를 돌아다녀 봐도 관광객은 거의 보이지가 않았다. 비수기이기도 했지만자다르 자체가 크게 인기 있는 관광지는 아니라고 한다. 게다가 코로나19까지 겹쳤으니… 규모가 큰 호스텔에서 묵었는데 지내는 기간 동안 나를 제외하곤 게스트가 아무도 없었다는 것만 봐도 잘 알 수가 있었다. 나는 불편하더라도 경비를 아끼기 위해 값싼 호스텔만 찾아서 묵는 편이라 가끔 이렇게 도미토리인데도 불구하고 혼자서 방을 쓰게 되면 너무 행복하다. 자다르가 볼거리

는 많이 없었던 곳이었지만 당시 나에겐 안성맞춤인 지역이었다. 도시가 주는 조용하고 편안한 분위기 덕분에 정말 푹 쉬었다.

　그래도 대표적인 자다르의 명소를 꼽으라면 단연코 바다 오르간! 바닷물이 들어갔다 나오면서 오르간의 소리를 내는데 듣고 또 들어봐도 정말 신기하다. 연주를 하거나 소리가 정말 좋은 것은 아니지만 그래도 가만히 앉아 그 소리에 집중하게 되면 저절로 마음이 편안해진다. 자다르에 들렀다면 바다 오르간은 꼭 가보길. 그곳에서 조금만 걸어가면 구시가지 광장이 나오는데 광장이라고 하기엔 너무 작다. 그래도 구경거리는 조금 있으니 천천히 걸어보는 것도 좋은 방법. 그리고 신기했던 상황이 하나 있었는데 호스텔 남자 직원이 갑자기 지나가는 나를 부르더니 "당신은 한국 사람이죠?"라고 물어보는 것. 그래서 나는 맞다고 했고 그는 그때부터 영화 '기생충'에 대한 이야기를 계속 꺼냈다. 당시 92회 미국 아카데미 시상식(2020)에서 영화 기생충이 4관왕이라는 석권을 이뤄내 전 세계적으로 엄청난 화젯거리인 것을 알고 있었지만 이 정도일 줄은 몰랐다. 그래도 그 직원이 진짜로 한국을 좋아하는 게 눈에 보이니 괜히 한국인이라는 게 자랑스럽고 좋았다. 푹 쉬다 갑니다 자다르!

K-POP 그리고 한류열풍

자다르에서 자그레브로 넘어가기 전 인스타그램으로 어떤 여성 외국분이 연락이 왔는데 이름은 'Dora'였고 피드를 보니 한국과 관련된 게시물이 많았다. 뭐지 싶어 연락을 주고받았는데 알고 보니 곧 자그레브에서 K-POP 파티를 하는데 혹시 올 수 있으면 오라고 초대하는 것. 아마 최근에 크로아티아에서 찍은 사진을 올린 걸 보고 연락을 해온 것 같았다. 자그레브를 여행하는 시기와 겹치기도 하고 크로아티아에서 한류열풍은 어느 정도인지 느껴보고 싶어 가겠다고 말했다. 그녀는 입장료는 30쿠나인데 꼭 현금으로 들고 와야 한다고 그리고 드레스 코드는 핑크&빨간색이라는 말도 잊지 않았다. 정확하게 한국말로 메시지가 와서 놀랐다.

자그레브에 도착하고 옷부터 사러 갔다. 짐이 추가되지 않기 위해 기념품도 사지 않는 나인데…. 때마침 옷을 한 벌 사려고 생각했었고 핑크색을 평소에 좋아하는 편이었기 때문에 맨투맨티를 구매했다. 오랜만에 쇼핑을 하니 기분 전환은 확실히 됐다. 곧 저녁이 다가왔고 시간에 맞춰 파티 장소인 Bar로 이동했다. 도착할 때쯤부터 한껏 꾸민 젊은 친구들이 보이더니 다들 약속 장소로 들어가는 것. 당시 크로아티아는 코로나19가 아예 없던 시기라 크게 걱정되진 않았다. 입구에서 줄을 섰는데 K-POP이 나오고 있는 것. 해외에서 그것도

Bar에서 우리나라 노래가 나오니 신기하긴 했다. 안으로 들어가니 많은 친구들이 모여있는 것이 확인됐는데 한국인은 나밖에 없는 것. '잉? 뭐지? 왜 나밖에 없는 거지?'라는 생각이 들며 뻘쭘해지기 시작했다. 솔직히 한국인들이 몇 있을 줄 알고 온 건데 멘붕⋯ 다들 나를 신기하게 쳐다보기 시작하더니 몇 명은 지나가면서 한국말로 인사를 해줬다. K-POP 파티니까 다행이지 다른 파티였으면 벌써 호스텔로 돌아갔다⋯.

나중에 Dora씨를 만나 한국말로 이야기도 하고 친구들도 소개받고 한국 노래에 맞춰 춤을 추는 사람들을 보고 있자니 '진짜 우리나라가 대단하긴 하구나⋯'라는 생각이 들었다. 그리고 내가 한국 사람이라는 것이 자랑스러웠다. 몇 시간 지나니까 친구들도 생기고 나도 점점 흥이 올라 제대로 춤추면서 즐기기 시작했다. 내 나이 27⋯ 아직 젊잖아? 그렇다고 말해!⋯ 여행을 하면서 계속 스트레스를 많이 받으면서 생활했는데 그때 그 순간은 자유로웠다. 아무 생각 없이 노래에 맞춰 신나게 흔들었다. 마감 찍고 호스텔로 돌아갔는데 그때 시간이 새벽 4시였나? 오랜만에 제대로 스트레스를 풀어서 행복했다 정말. 안 갔으면 어쩔 뻔. 그 파티엔 슬로베니아에서 사는 친구들도 왔는데 그때 친해진 크로아티아와 슬로베니아 친구들과 아직도 가끔 연락하면서 지낸다. 한국에 오면 내가 가이드를 해주기로 했고 내가 그곳으로 놀러 가면 자기들이 가이드를 해준다면서. 기대 안 하고 파티에 갔는데 좋은 친구들도 얻고 추억도 제대로 하나 만들어서 행복하다. 사.랑.해.요.케.이.팝!

크로아티아의 수도 자그레브

오랜만에 육지로 그것도 수도로 와서 그런지 평소에도 보던 것들인데 높은 건물들과 대도시의 분위기가 새롭게 다가왔다. 자그레브에서 관광명소로 꼽히는 곳은 자그레브 대성당-성 마르크 성당-반 옐라치치 광장-돌라치 시장 등이 있다. 이 4곳은 거의 같은 곳에 위치해 있기 때문에 한 바퀴 천천히 돈다고 해도 사람마다 다르겠지만 1시간~2시간 이내로 다 돌 수 있다. 나는 개인적으로 반 옐라치치 광장이 가장 인상 깊었다. 우리나라로 치면 홍대? 같은 곳이라는 느낌이 들었는데 낮과 밤 상관없이 사람들로 항상 북적이는 곳이다. 광장에 앉아 밀린 이야기를 하는 사람들도 보였고 누군가를 기다리거나 떠나보내는 사람들도 있었다. 어떻게 보면 만남의 광장처럼 보이기도 한다. 가만히 앉아 보고 있으면 뭔가 '사람 사는 냄새가 난다고나 할까?' 그냥 그 모습이 보기 좋았다. 그리고 자그레브 대성당도 건물이 정말 높고 아름다웠는데 외부가 공사 중인 게 조금 아쉬웠다. 성 마르크 성당은 외곽이 조금 특이해서 사진 찍기 좋았고 돌라치 시장은 생각보다 규모가 커서 구경하는 재미가 쏠쏠했다. 기념품이나 식재료 같은 게 필요한 사람들에겐 꼭 가보라고 추천하고 싶다. 이외

에도 각종 백화점이나 레스토랑을 비롯해 카페 같은 음식점들도 곳곳에 많으니 천천히 돌아다니면서 자신이 원하는 곳에 멈춰 들러보는 것도 괜찮은 관광 방법일 듯. 그래도 난 도시보단 자연이 더 좋다.

미녀들의 배구

사실 스플리트에서 취재를 하려고 경기가 펼쳐지는 곳으로 찾아갔었다. 하지만 체육관 시설도 정말 너무나 열악했고 심지어 관중이 아예 없었다. 그래도 이왕 간 거 티 안 나게 사진 찍고 글쓰면 되지 않나 싶다가도 이런 내용을 독자분들께 전달하는 건 이번 프로젝트 취지와 맞지 않는다고 판단해 여행을 시작하고 처음으로 취재를 포기했다. 크로아티아가 다른 국가보다 배구리그가 빨리 끝나 걱정이 됐다. 그런데 정보를 더 찾아보니 천만다행으로 자그레브를 여

행하는 시기에 여자배구리그 플레이오프 경기가 있는 것. 다행히 기간이 좀 남아 자그레브에 도착하고 나서 여유 있게 관광도 할 수 있었다.

경기가 펼쳐지는 체육관은 호스텔에서 트램으로 30분 정도 이동하니 도착했다. 외부의 모습은 '여기 안에 경기장이 있다고?'라는 생각이 들 정도로 별로였는데 막상 들어가 보니 생각보다 훨씬 크고 넓고 시설도 괜찮은 경기장이었다. 역시 외면만 보고 판단하면 안 돼… 그게 체육관이든 사람이든…. 들어가서 본격적으로 취재를 하기 시작했는데 선수들을 보고 몇 분 동안 움직일 수가 없었다. 생각했던 것보단 수준이 낮았는데, 이런 말하면 별로라는 것을 잘 알지만 그래도 해야겠다 선수들 외적인 모습이 너무 아름다웠다. 지금까지 꽤 많은 국가의 배구를 봤지만 크로아티아 선수들이 외적으론 탑이다. 그래도 취재는 해야 하니 다시 정신 차리고 움직였다. 그러다가 블라디미르

조릭(Vladimir Jolic)이란 사람을 만났는데 그는 홈팀 분석가 겸 스카우트 업무를 맡고 있었다.

자신이 도와줄 테니 무엇이든 물어보라고 해서 편안한 마음으로 옆자리에 앉았다. 조릭은 일을 하면서 내 질문에 답을 해줬고 계속 듣다 보니 크로아티아 배구도 크게 다른 점이 없다는 것을 알게 됐다. 그래도 한 가지 찾았다면 크로아티아 배구팀 중 자국리그가 아닌 미들 유로피언 리그(Middle European League)를 참가하는 2팀이 있는데 자국리그 정규 시즌이 끝나고 플레이오프가 찾아오면 그 2팀도 참가한다는 것이었다. 예선전을 참가하지 않았는데 플레이오프를 참여한다는 것이 참으로 신기한 시스템. 취재를 할 때 조금 어려운 부분들이 많았지만 그래도 아름다운 선수들의 경기를 볼 수 있다는 자체가 힐링이었다. 미녀들의 배구 한동안 잊지 못할 거야… 자그레브를 떠나기 전 배구협회를 들러 취재를 했는데 성공적으로 끝나 마음 편히 다음 국가로 이동할 수 있었다. 역시 일을 깔끔하게 끝내고 다음 목적지로 향하는 것이 최고!

16. 스위스 가는 길에 발생한 위조여권 사건

그토록 기다리고 기다리던 스위스를 여행하는 시기가 왔다. 유럽에서 물가가 가장 비싸다고 소문난 곳인 만큼 조금 무섭긴(다른 뜻으로.) 했지만 그래도 꼭 가보고 싶었던 곳이라 쓸 땐 걱정하지 말고 쓰기로 했다. 그러려고 여행을 온 것이 아니겠는가? 자그레브에서 바로 스위스로 갈 수 있는 버스가 많이 없었다. 선택할 수 있는 지역도 적었고. 결국 이동이 가능한 곳 중 다음 루트로 움직일 때 편한 곳이 어딘지 확인해보니 취리히였다. 당시 '사랑의 불시착'이란 드라마를 정말 재밌게 봤는데 감명 깊게 본 장면 배경이 취리히여서 만족스러운 스위스 첫 여행지라고 생각했다. FlixBus 버스를 이용했고 가격은 30.69 유로 이동시간은 12시간 정도 걸렸다.

이번에도 당연히 야간버스… 타기 전에 간식거리를 사서 탔다. 우리나라 휴게소가 같은 것을 판매하는 다른 곳보다 물가가 조금 더 비싼 것처럼 어느 나라를 가든 이동 중간에 들리는 휴게소 같은 곳에서 사는 것은 대부분 비싼 편이다. 웬만하면 미리 사서 탑승하는 것을 추천한다. 이동할 때 다른 것은 다 괜찮았는데 앞자리에 탄 남자가 너무 시끄러웠다. 대부분 야간버스를 타면 조용히 하거나 서로 말도 거의 안 걸고 각자만의 시간을 보내는 편인데 유독 그 남자는 이상하게 시끄러웠다. 핸드폰으로 유튜브 같은 걸 볼 때 이어폰을 끼지 않고 사람들이 다 들릴 정도로 볼륨을 최대로 틀었고, 자꾸만 옆자리 사람에게 말을 거는 등 아무리 좋게 생각하려고 해도 자꾸만 눈에 거슬렸다.

심지어 다리를 떨거나 산만한 행동을 보이며 불안해했는데 특히 국경에서 여권 검사를 할 때 더 심해졌다. 그때부터 뭔가 수상하긴 했다. 그렇게 다른 국가들을 지나 마지막으로 검사하는 곳인 스위스 국경지역까지 왔다. 여권을 다 걷어가고 시간이 꽤 흘렀음에도 우리 버스만 출발을 안 하고 있었는데 갑자기 경찰 같은 분들이 타더니 그 앞자리에 탄 남자에게 수갑을 채우는 것. 영화나 드라마에선 많이 봤지만 실제로 그 모습을 보는 것은 처음이라 많이 놀랐다. 경찰들은 그 남자를 끌고 나갔고 짐도 철저하게 검사해서 다 빼냈다. 나중에 알고 보니 그 남자의 여권이 위조였다고 했다. 요즘 시대에도 위조여권을 사용하는 사람이 있다니… 그래도 큰일이 터지지 않아서 다행이라고 생각했다. 테러리스트 같은 사람이었으면 어쩔 뻔….

사랑의 불시착 그리고 취리히

오스트리아 빈에서 비포 선라이즈의 촬영지만 골라 돌아다녔다면 스위스 취리히에선 사랑의 불시착 촬영지 위주로 관광할 생각을 갖고 있었다. 근데 사실 취리히는 드라마를 촬영했던 곳과 명소가 거의 같은 곳. 일정상 다음날 루체른으로 이동해야 했기 때문에 도착한 당일밖에 구경할 수 있는 시간이 없었다. 터미널에 도착하고 곧바로 호스텔로 갔는데 체크인은 오후 3시부터 할 수 있다고 해서 갈아입을 옷과 씻을 때 필요한 것들만 꺼내고 짐을 맡긴 뒤 나갈 준비를 했다. 씻고 나니 피곤함이 더 몰려와서 어디든 눕고 싶었다. 하지만 3시까지 호스텔에서만 있는 건 시간 낭비였고 피곤하더라도 관광을 해야 했다. 그래도 다행인 것은 날씨가 나쁘지 않았다. 엄청 좋은 것은 아니었지만 그래도 맑은 느낌이 난다 싶긴 했으니까.

취리히에서 관광할 코스로 정한 곳들은 린덴호프-반호프스트라세-프라우

뮌스터와 그로스뮌스터 등. 린덴호프는 사랑의 불시착 인트로 장면으로 유명
해진 곳인데 다는 아니어도 취리히 시내를 볼 수 있는 전망대와 같은 곳이라
좋았다. 사람들이 옹기종기 모여 대화를 나누거나 여유를 즐기는 모습도 참 예
뻤다. 그런 모습이 '사는 맛' 아니겠나 싶기도 하고. 그리고 옆에선 할아버지들
께서 대형 체스를 하고 계셨는데 할 줄만 알면 같이해보고 싶었다. 반호프스
트라세는 취리히를 대표하는 거리인데 명품을 비롯해 다양한 숍들이 위치하
고 있어 쇼핑하기 좋은 곳. 나는 극중 '서단'이라는 인물이 나오는 곳을 찾아간
것이었는데 확실히 실제로 와보니 그 장면이 바로 떠올랐다.

그리고 프라우뮌스터와 그로스뮌스터로 이어지는 다리는 여주인공인 윤세
리가 걸어가는 장면을 찍었던 곳인데 이번엔 드라마 OST를 들으며 천천히 걸
었는데 크으 드라마에서 받은 감동들이 조금씩 되살아나더니 마음이 따뜻해
졌다. 글을 쓸 때마다 말하지만 여행하는 곳이 자신이 좋아했던 작품을 촬영했

던 곳이라면 OST를 들으며 구경하는 것이 최고다. 정말 강추! 그리고 시간이 나면 구글맵에 'Limmat-Schifffahrt'라고 검색해서 가볼 것을 추천한다. 취리히 호수가 가장 예쁘게 보이는 곳이니. 야경은 취리히 전체적으로 너무 어두운 느낌이라 굳이 권하고 싶지는 않다. 그래도 궁금하면 주위를 잘 살피거나 동행을 구해서 돌아다니는 게 안전하고 좋을 듯.

짧고 굵게

스위스 내에서 도시를 이동할 때는 주로 기차를 이용하게 되는데 그래서 관광객들을 위해 나온 것이 바로 '스위스 패스'다. 종류가 다양하니 자신에게 맞는 것으로 선택하면 된다. 나는 일정상 그리고 비수기인 점을 감안해 따로 기차 티켓을 사서 다니다가 인터라켄에서 '융프라우 VIP 패스'를 구매하면 될 것 같아 스위스 패스를 사지 않았다. 융프라우 VIP 패스에 대한 자세한 설명은 추후. 그리고 기차 시간을 보거나 예매하고, 날씨를 확인할 때 유용하게 쓰이는 앱이 있는데, 기차는 'SBB Mobile'을 날씨는 'MeteoSwiss'를 다운받을 것을 추천한다. 처음엔 조금 어렵겠지만 쓰다 보면 금세 익숙해지니 걱정하지 말 것. 스위스에서 많은 도시를 이동하는 사람일수록 앱을 사용하는 것과 하지 않는 것이 차이가 크다.

그리고 날씨앱 같은 경우는 날씨 변덕이 심한 인터라켄 여행에서 정말 유용하게 쓰인다. 100% 맞다고 할 순 없지만 그래도 비슷하다. 취리히에서 루체른까지 기차를 타고 45분 정도 걸렸고 가격은 12.60프랑이었다. 역시 비싸다 스위스 흑…. 나는 루체른에서 한 5시간 정도? 구경했다가 곧바로 인터라켄으로 넘어갈 예정이었다. 짐은 역 안에 있는 코인락커를 이용했는데 가격은 7프랑이었다. 간혹 훔쳐가는 사람이 있다고 하니 캐리어나 배낭을 먼저 자물쇠로 잠근 후 락커에 넣을 것을 추천한다. '혹시'라는 게 정말 무서운 법. 만약 짐이 너무 크거나 불안하다면 위층에 있는 SBB 사무실을 이용하면 된다. 가격은 코인락커보다 조금 더 비싸다고 알고 있다.

짧지만 만족스러운 관광을 위해 밖으로 나섰다. 루체른도 워낙 작은 도시라 대부분 도보로 이동이 가능하다. 성 레오데가르 성당-빈사의 사자상-무제크 성벽-카펠교 순으로 돌아보기로 정했다. 먼저 성당을 방문했는데 이미 그동안 유럽에서 유명한 성당들은 많이 봤기 때문에 외부는 그냥 그랬다. 그런데 들어갈 때 문이 자동으로 열리는 것. 그동안 자동문은 수없이 많이 봐왔지만 성당에서 자동문을 사용하는 곳은 처음이라 놀랐다. 안으로 들어가니 다른 성당들과 비슷한 모습의 내부였는데 삐~~~라고 울리는 소리가 계속 났다. 소리에 집중하다 보니 마음이 저절로 경건해졌고 나도 모르게 가만히 앉아 눈을 감고 기도를 하기 시작했다. 마음의 휴식이 필요한 사람들에겐 좋은 곳.

빈사의 사자상은 성당에서 조금만 걸어가니 나왔다. 프랑스혁명 당시인 1792년 8월 10일 루이 16세와 마리 앙투아네트가 머물고 있던 궁전을 지키다가 전사한 786명의 스위스 용병(라이슬로이퍼)의 충성을 기리기 위해 세운 곳이라고 한다. 역사를 모르고 방문했으면 별생각 없이 봤을 텐데 그래도 공부를 좀 하고 가니 감정이입이 됐다. 무제크성벽은 솔직히 굳이 가보지 않아도 될 것 같다. 정말 말 그대로 성벽밖에 볼 게 없다. 아름다운 풍경도 같이 보일 것이라고 생각하고 갔지만 현실은 달랐다. 그래도 산책용으로 괜찮은 곳이니 참고. 마지막으로 카펠교는 유럽에서 가장 오래되고 가장 긴 나무다리로 유명한 곳이다. 다리의 외관이 신기하긴 했는데 나는 개인적으로 그 아래로 흐르는 강물의 색감이 특이해 기억에 남는다. 루체른에 들렸으면 카펠교를 걸어보는 것은 필수 코스! 혼자 걸으면 외롭습니다….

Fasnacht Carnival

구경을 마치고 슬슬 갈 준비를 하려고 하는데 갑자기 '뱀파이어? 괴물?'과 같은 탈을 쓰고 코스튬을 입은 사람들이 서로 무리를 지어 이동하는 모습이 보였다. 심지어 어느 한 곳에 자리 잡고 연주를 하기도 했는데 처음 보는 광경에 놀라 '도대체 이 상황은 뭐지?'라는 생각이 들었다. 지나가는 현지인들에게 물어보니 'Fasnacht Carnival'이라는 축제라는 것. 우리나라는 할로윈데이? 때만 분장을 하고 축제를 펼치는데 역시 유럽이어서 그런지 분장과 의상 클라스가 달랐다. Fasnacht Carnival이란 축제를 여는 이유를 여러 가지로 설명을

하는데 가장 대표적인 것이 종교와 관련된 것과 겨울이 지나가고 봄이 오는 기념으로라는 뜻이라고 한다. 개인적인 내 의견은 사람들이 이 시기만큼은 모든 스트레스를 풀 수 있게 하기 위해 이어지고 있는 축제라고 여겨진다. 각 무리마다 자신들만의 스타일로 연주를 하는데 어우 돈 주고 봐도 될 정도로 고퀄리티다. 미리 알았으면 며칠 지내면서 분장도 해보고 참여도 할 텐데… 그래도 1년에 한 번만 하고 세계적으로도 유명한 축제인데 운 좋게 경험했으니 그걸로 만족한다. 겨울 시즌에 스위스를 방문할 예정인 사람들은 Fasnacht Carnival이란 축제 기간에 맞춰 여행하는 것도 괜찮을 듯. 펼쳐지는 도시는 소수니 어디서 열리는지 찾아보고 방문하길.

스위스 하면 인터라켄

만족스러운 루체른 관광을 마치고 기차를 타고 인터라켄으로 이동했다. 표는 미리 예약을 했고 가격은 20.40프랑 이동시간은 4시간 정도 걸렸다. 아침 일찍부터 움직이고 루체른까지 관광을 해서 그런지 너무 피곤해 가는 내내 잠을 잤다. 그러다 거의 다 왔을 때부터 창밖을 구경했는데 알프스산맥이 조금씩 가까이 보이기 시작했다. 내가 스위스를 오다니… 그것도 알프스산맥을! TV를 보면서 '나는 언제쯤 저기를 갈 수 있을까?'라고 생각했던 게 엊그제 같은데 감회가 새로웠다. 나는 저녁 9시쯤 도착했는데 다음날 일찍부터 돌아다녀야 했기 때문에 숙소에 가서 대충 끼니를 때우고 취침했다. 이유는 다음날이 지나고 나서부턴 계속 날씨가 안 좋을 예정이었기 때문… 비싼 돈 들여서 가는 건데 제대로 된 모습을 보지 못한다면 너무 억울할 것 같았다.

다행히 기도를 들어주신 건지 다음날 날씨가 좋을 예정이었고 나는 새벽 5

시 30분에 호스텔에서 출발했다. 첫차를 타고 융프라우를 가야 하루 안에 최대한 많은 곳을 볼 수 있었기 때문에 피곤한 몸은 잠시 뒤로 미뤘다. 내가 사전에 스위스 패스를 사지 않은 이유가 이날 융프라우 VIP 패스 1일권을 구매하기 위해서다. 내가 스위스 패스를 사지 않고 융프라우 VIP 패스를 사려고 했던 것은 나는 리기산이나 쉴트호른 등 다른 산을 갈 생각이 없었고 융프라우와 그 근방에 있는 곳들만 가려고 했던 것이 이유였다. 내가 갔던 시기가 겨울이어서 겨울 혜택을 받았는데 '융프라우로 가는 기차 1회 무료, 인터라켄 기차전 구간 무료(융프라우 제외), 인터라켄 내에 있는 모든 버스 무료, 융프라우에서 컵라면 무료'와 같은 것들은 여름 혜택과 같았지만 스키장과 액티비티 이용 같은 경우는 겨울이 훨씬 나았다.

만약 다음날도 날씨가 좋았다면 2일권을 끊어서 스키장을 이용했을 것. 동신항운 홈페이지에서 미리 할인쿠폰을 다운받아 프린트해서 티켓을 사러 가야 할인을 받을 수 있으니 꼭 잊지 말고 챙기는 것이 좋다. 그리고 자신의 여행일수와 여행하는 당시의 날씨에 맡게 선택할 수 있는 방법도 가격도 다르니 충분히 생각해보고 여러 상황을 고려한 후 구매할 것을 추천한다. 나는 개인적으로 만족했지만 누구는 스위스 패스가 더 맞을 수도, 누구는 융프라우 VIP 패스 1일권 이상의 일수가 더 맞을 수 있으니 자신의 상황에 맞게 선택할 것. 나는 융프라우 VIP 패스 1일권을 샀고 가격은 165프랑이 나왔다. 원래 180프랑인데 턱걸이로 만 25세까지 해주는 '유스 요금' 혜택을 받았다. 그래도 비싼 가격이긴 했지만 생각지 못한 부분에서 할인을 받아 기분 좋게 출발했다.

미친 일정

사실 인터라켄에서 관광을 할 때 하루에 대표적인 명소 한 곳씩만 방문하는 것을 다녀온 사람들은 추천하고 있다. 생각보다 이동하는 시간이 오래 걸리고 자연이 주는 경이로움과 행복감을 온전히 느끼고 오는 것이 알프스산맥을 제대로 관광하고 오는 것이라고 한다. 나도 마음 같아선 그렇게 여유롭게 구경하고 싶었지만 날씨가 도와주질 않았다. 하루만 날씨가 좋았기 때문에 최대한 많이 가야했다. 결국 나는 융프라우와 피르스트만 보기로 정했다. 그렇게 첫차를 탔고 이른 새벽이어서 그런지 확실히 사람이 별로 없었다. 나는 인터라켄-라우터브루넨-클라이네 샤이텍-융프라우로 이어지는 코스를 선택해서 움직였다. 아직 해가 뜨기 전이기도 했고 내려올 땐 반대쪽인 그린델발트 쪽으로 가서 피르스트도 다녀와야 했기 때문. 인터라켄에서 융프라우까지 총 2시간 정도가 걸렸다. 도착할 때쯤부터 해가 떴고 융프라우에 도착하니 생각했던 것보다 훨씬 날씨가 좋았다. 그곳에서 일하는 직원들도 오늘 운이 엄청 좋은 거라고 말했다.

3대가 덕을 쌓아야 볼 수 있다는 맑은 하늘+융프라우, 기분이 너무 좋았다. 나는 먼저 첫 번째 전망대로 향했다. 메인 전망대는 아니었지만 그래도 보이는 풍경이 너무 좋았다. 프롤로그 글에서도 말했다시피 나는 히말라야와 킬리만자로를 등반했다. 그만큼 설산을 정말 좋아하는 사람 중 한 명인데 융프라우는 또 다른 매력을 갖고 있었다. 제대로 된 전경은 메인 전망대에 올라가서 볼 수 있었는데 오랜만에 느끼는 고산지대의 압박감과 추위 그리고 새하얀 눈과 그림과도 같은 산들의 모습까지 정말 예술이었다. 바람이 정말 많이 불었었는데 그 마저도 좋게 느껴졌다. 설산에만 오면 마음이 정말 경건해지면서 '올바르게 살아야겠다, 감사하면서 살아야지, 베풀면서 살자'라는 단어들이 자꾸만 머릿속을 맴돈다. 생각보다 너무 추워서 오랜 시간 있지는 못했지만 그래도 좋은 기운을 얻은 것 같아 행복했다.

그리고 천천히 얼음궁전을 비롯해 다른 곳들도 구경한 후 매점에서 혜택 중 하나인 컵라면을 무료로 먹었는데 어우… 긴 말 필요 없다. 그냥 '꿀맛'이었다. 위에서 사면 비싸니 미리 컵라면과 함께 먹을 것들도 가져오면 금상첨화. 생각보다 빨리 구경해서 조금은 여유 있게 피르스트로 향할 수 있었다. 클라이네 샤이텍에서 라우터브루넨으로 가지 않고 그린델발트로 향하는 기차를 탔고 그린델발트에서 케이블카를 타고 피르스트로 향했다. 이동시간은 20분~25분 정도 걸렸고 가는 길에 보이는 스키장에서 많은 사람들이 스키와 보드를 즐기고 있는 모습을 보는데 시간만 된다면 나도 타고 싶었다. 잘은 못 타도 그래도 좋아하는데… 어쩌겠나 받아들여야지. 도착하니 더 많은 사람들이 모여있었다. 따로 정상이라고 할 만한 곳은 없고 나가서 사람들이 위에 많이 모여있는 곳이 관광객들이 사진 찍는 정상이다. 클리프 워크도 있긴 한데 사진 찍기엔 정상이 낫다. 원래는 바흐알프제 호수를 가려고 했었는데 아침 일찍 움직여서 그런지 트레킹을 하기엔 조금 몸에 무리가 올 것 같았고 눈도 많이 와서 길 상태가 좋지 않다고 해 깔끔하게 포기했다.

이 2곳을 하루 만에 온 것도 대단한 것인데 생각했던 것보다 시간이 많이 남아 짧은 시간에 갈 수 있는 뮈렌을 가기로 정했다. 사실 많이 피곤했는데 또 언제 와보겠냐는 생각이 몸을 움직이게 만들었다. 그렇게 급하게 피르스트(케이블카)-그린델발트(기차)-즈바이루취네(기차)-라우터브루넨(케이블카)-뮈렌(기차) 순으로 이동했다. 뮈렌은 가고 싶은 곳이 딱 한 군데였는데 바로 '뮈렌 통나무'. 다른 곳은 모르겠고 그냥 이곳에서 사진을 찍고 싶었다. 뮈렌에 도착하고 15분 정도 걸어가니 목적지가 나왔다. 이미 한국 분들이 다양한 구도로 사진을 찍고 계셨는데 지나가는 외국인들이 그 모습을 신기하게 쳐다봤다. 내가 생각해도 세계에서 사진을 이렇게까지 열심히 찍는 사람은 한국인이 제일 많은 듯싶다. 한국 분들의 도움을 받아 나도 마음에 드는 사진을 건질 수 있었고 그렇게 말 그대로 '미친 일정'이 끝이 났다. 다음날 어떻게 됐을까? 당연히 침대에서 벗어나질 못했다…. 이건 나처럼 효율적인 걸 좋아하는 사람에겐 권하지만 성향이 반대인 사람에겐 정말 말리고 싶은 방법이다. 몸이 너무 힘들다…. 그래도 뿌듯했다.

꿈은 이루어진다

이번 여행과 프로젝트를 준비하면서 꼭 이루고 싶은 목표가 몇 개 있었는데, 그중 하나가 바로 '국제배구연맹(FIVB)'을 방문하는 것이었다. 큰 이유는 없었고 배구에서 가장 높은 기관이었기 때문에 취재를 하면 무엇이라도 하나 배우지 않겠냐는 것이 내 마음이었다. 그래서 나는 인터라켄에서 로잔으

로 이동했다. 이번에도 기차를 이용했고 가격은 28프랑 이동시간은 2시간 정
도 걸렸다. 도착한 날은 휴식을 취했고 다음날 아침 일찍 출발했다. 버스를 타
고 30분 정도 가니 근처 정류장에 도착했고 10분 정도 걸어갔다. 걸어가는 길
에 사옥들이 아니라 일반 가정집들이 많아 의외였고 막상 도착해서 본 FIVB
는 유럽 특유 건물의 모습이었다. 그 어느 때보다 꿈꿨던 순간이라 정말 떨렸
다. 무슨 말을 먼저 꺼내야 할지도 모르겠고. 초인종을 누른 후 문이 열려 안
으로 들어갔다.

지나가던 남자분이 나를 맞아줬는데 "어떤 용무로 찾아오셨죠?"라고 묻는
것. 늘 그렇듯 프로젝트에 대해 설명했다. 그러자 그분은 놀란 표정을 짓더
니 "대단한 프로젝트를 하고 있네요. 여행한 지 얼마나 됐고 지금까지 몇 개
국을 취재를 했죠?"라고 물었다. 나는 신이 나서 답변을 쏟아냈다. 그분이 내
가 하는 일을 인정해준다는 느낌이었고, 또 같은 분야의 사람이 그렇게 말하

니 기쁨이 말로 표현이 안될 정도로 좋았다. 한껏 들뜬 마음으로 잠시 기다리니 한 여성분이 다가왔다. 이름은 나다 사벨라(Nada Sabella)였고 FIVB에서 미디어 오퍼레이션 매니저(Media Operations Manager) 역할을 맡고 있다고 했다. 그녀는 현재 회장님께서 출장 중이라 혹시 궁금한 점이 있으면 자신에게 물어보라고 말했다. 아쉽긴 했지만 그래도 친절하게 맞아주는 분위기가 너무 감사했다.

가장 궁금했던 게 '협회 직원들은 어떻게 선발하는지'였고 그녀에게 물어보자 "다른 곳과 크게 다른 점은 없어요. 채용공고 사이트의 직원을 구한다는 글을 올리거나 능력이 출중한 사람은 스카우트하기도 하죠. 조금 다른 점이 있다고 하면 최대한 다양한 국가의 사람을 뽑으려고 해요."라고 설명했다. 이어 "그리고 현재 직원은 총 63명이고 부서는 15개로 운영되고 있어요."라고 말했다. 나는 그럼 아시아인은 몇 명이 있냐고 물었고 그녀는 "현재 아시아 쪽 직원은 중국분 3명, 일본분 2명, 필리핀분 1명, 호주분 1명이 있어요."라고 얘기했다. 출범 후 지금까지 한국인 직원은 몇 명 없었다고 했다. 씁쓸해지는 이유는 뭘까? 이외에도 그동안 궁금했던 것들을 많이 물어봤는데 그녀는 끝까지 친절하게 답해줬다. 그리고 한국 사람이 이곳을 방문한 것은 몇 없다며 내가 찾아온 것이 신기하다고 말했다. 인터뷰를 마치고 나서는 직원들에게 인사를 시켜줬는데 코로나19 때문에 걱정했지만 모두 환한 미소로 맞아줬다. 정말 꿈만 꾸던 일들인데… 현실에서 진짜로 일어나니 실감이 나질 않았다. 기분도 묘했고. '나도 정말 몰랐다… 내가 해낼 줄…' 훗날 기회가 된다면 FIVB에서도 일을 해보고 싶다는 생각이 든다.

17. 어쩔 수 없는 선택, 터키

　스위스 일정을 마치고 원래는 이탈리아로 이동하려고 했다. 관광지로도 유명했지만 가장 수준이 높은 배구리그가 운영되고 있는 곳이었기 때문에 너무 가보고 싶었다. 하지만 문제가 발생한 것. 당시 코로나19로 인해 이탈리아는 큰 피해를 보기 시작했다. 확진자뿐만 아니라 사망자가 급작스럽게 늘고 있었기 때문에 그 시기에 방문하는 것은 너무 위험했다. 스위스를 떠나기 직전까지 심사숙고했지만 상황을 더 지켜보고 나중에 괜찮아지면 방문하는 것이 낫겠다는 판단이 섰다. 결국 다른 국가를 가기로 정했고 터키와 러시아 중에서 어디로 갈지 고민했다. 이 두 국가도 세계적으로 유명한 배구리그를 보유한 곳이었기 때문에 꼭 가야만 했다. 그리고 언제 이 두 국가도 위험해질지 몰랐기 때문에 더 중요한 취재거리가 있는 곳을 택해야 했다. 고민 끝에 김연경 선수를 취재하는 것이 현재로서는 가장 최선의 방법이라고 생각했고 나중에라도 이탈리아 상황이 괜찮아진다는 가정을 했을 때 터키에서 이동하는 것이 수월했다.

　결국 나는 그렇게 어쩔 수 없이 이탈리아가 아닌 터키 이스탄불로 가는 비행기에 탑승했다. 공항에 도착해서 숙소를 예약했는데 보통 이스탄불은 탁심광장과 술탄 아흐메트 모스크 둘 중 하나의 위치에 숙소를 잡는다고 생각하면 되는데 두 곳 모두에서 숙박을 해본 결과 어디가 더 괜찮다고 말하기가 애매하다. 나는 둘 다 좋았기 때문에 자신이 야경을 편하게 보고 싶은 곳이 어딘지에 따라 선택하는 것도 방법이 될 수 있을 듯. 일단 이스탄불에서 가장 가보고 싶었던 술탄 아흐메트 모스크 쪽에 숙소를 잡았다. 청정지역인 스위스에서 머

물다가 와서 그런지 공기도 그렇고 길거리의 모습도 적응이 되질 않았다. 그립다 스위스의 경치와 공기… 그래도 확실하게 좋았던 건 생각했던 것보다 더 저렴한 물가였다. 오랜만에 마음 편히 먹고 자고 한 듯. 첫날은 비행기를 타고 왔기 때문에 피곤한 몸을 위해 휴식을 취했다.

이슬람 문화는 처음이라

그동안 그래도 꽤 많은 국가들을 여행했지만 이슬람 문화를 갖고 있는 곳은 터키가 처음이었다. 가장 신기했던 것은 갑자기 길거리에 울려 퍼지는 '아잔(이슬람교에서 예배 시각을 알리기 위하여 큰소리로 외치는 일)'이었다. 영화나 드라마에서만 듣던 소리인데 실제로 들어보니 기분이 조금 이상했다. 묘하게 빨려 들어간다고 해야 하나? 그리고 나만 그렇게 느끼는 것인진 모르겠지만 터키를 여행하며 '남성우월주의' 모습이 보였고 그래서 그런지 대부분 밖에서 하는 일은 남자들만 하는 것처럼 보였다. 요즘 같은 시대에 아직도 이런 문화가 있다니 보기가 조금 불편하긴 했다. 우리나라도 아직까지 그 흔적이 조금 남아있긴 하지만 그래도 예전에 비해선 편견이나 시선이 많이 바뀌었다고 생각한다. 앞으로 더 노력해야겠지만.

이스탄불의 매력

예상치 못한 일정의 변화로 생각보다 시간적으로 여유가 많이 생겼다. 그래서 이스탄불은 천천히 곳곳을 관광했는데 방문해보고 가장 괜찮았던 곳들은 술탄 아흐메트 모스크-아야 소피아-므스르 차르슈-Pierre Loti-탁심 광장-돌마바흐체 궁전 등이 있다. 여러 곳들을 많이 갔지만 이곳들이 기억에 남는다. 먼저 술탄 아흐메트 모스크는 이스탄불에서 볼 수 있는 이슬람 문화를 가장 잘 느낄 수 있는 곳이다. 예배시간을 피해서 들어가면 내부도 구경할 수 있으나 복장 규정이 있으니 참고. 터키를 여행하면서 많은 모스크들을 봤지만 술탄 아흐메트 모스크가 가장 웅장했다. 아야 소피아는 바로 반대편에 위치해 있는데 모스크와 다르게 색감이 화려했다, 외관도 예쁘지만 그 앞에 있는 분수대도 아름답다. 아야 소피아를 전체적으로 사진 찍기엔 분수대 쪽이 더 좋다.

므스르 차르슈는 우리나라 전통시장이라고 생각하면 되는데 구경하기에 좋은 곳이니 시장을 좋아하는 사람들한테 강추하는 곳. 다만 바가지를 씌우는 사람들이 항상 존재하는 곳이니 사고 싶은 물건의 가격은 대충이라도 알고 가는 것이 도움이 될 것이다. Pierre Loti는 아는 사람만 가는 곳인데 나는 호스텔 직원이 추천해줘서 찾아갈 수 있었다. 스플리트 카페 전망대와 비슷한 곳이었는데, 올라가는 언덕이 정말 가파르고 가는 길에 공동묘지가 있어 살짝 오싹할 수 있다. 케이블카를 타고 올라오는 곳도 따로 있으니 각자 취향에 맞게 선택하면 된다.

전망대에서 바라보는 모습이 이스탄불 시내를 한눈에 볼 수 있지는 않지만 그래도 나름 아름다운 전경을 볼 수 있어서 좋았다. 중심지와 조금 떨어져 있는 곳이지만 여유 있게 커피 한잔하기 딱 좋은 곳. 탁심 광장은 이스탄불에서 가장 많은 사람들이 모이는 곳일뿐더러 다양한 매장들이 있어서 쇼핑하기에도 좋은 곳이다. 우리나라 명동 느낌이랄까? 그리고 돌마바흐체 궁전은 내부를 구경하면서 걷는 것도 물론 좋았지만 나는 개인적으로 바깥에 있는 식당에서 바다를 보며 식사를 하는 것도 나름 낭만적이라고 해야 될까? 한 번쯤은 해보는 것을 추천한다. 그곳 분위기가 너무 평화롭고 좋았다. 이외에도 이스탄불은 구경할 거리가 넘쳐나는 곳이니 자신의 취향에 맞게 루트를 짜면 된다.

꿈만 같던 김연경 선수와의 만남

관광을 마칠 때쯤 김연경 선수 소속팀인 엑자시바시의 경기가 펼쳐질 예정이었다. 당시 복근 파열 부상 후 처음으로 복귀전을 치를 수도 있을 것이라는 예상이 많아 기대가 됐다. 사실 김연경 선수는 2014년 인천 아시안게임(기자)과 2019년 서울 아시아여자배구선수권대회(통역) 때 활동을 하면서 많이 봤었는데 개인적으로 만나는 것은 처음이라 긴장이 많이 됐다. 특히 내가 선수로 활동했을 때 우러러보는 선배였기 때문에 더 떨렸다. 만반의 준비를 마친 후 경기장인 'Eczacibasi Spor Salonu'로 출발했다. 가면서 놀랐던 것이 도심

과 완전히 떨어진 외진 곳에 체육관이 있는 것. 알고 보니 약팀하고 붙을 때는 훈련장인 이곳에서 경기를 하고 강팀과 맞붙을 때는 중심지에 있는 메인 체육관에서 경기를 펼친다고 한다. 외부는 보기에 조금 그래도 내부는 깔끔하게 잘 되어있었다.

들어가자마자 김연경 선수가 뛰는지 코트장을 봤는데 아무리 찾아봐도 없었다. 그러다 기자석을 바라봤는데 김연경 선수 포함 부상인 선수들이 모여있었다. 실제로 뛰는 모습을 보지 못하는 것이 아쉬웠지만 그래도 인터뷰는 할 수 있겠다 싶어 경기를 보는 내내 준비를 계속했다. 그리고 확실히 세계 최고의 여자배구리그 중 하나인 곳이어서 그런지 경기력이 지금까지 봤던 여자배구리그 중 최고였다. 구경하는 재미가 쏠쏠했다. 경기가 끝난 후 긴장된 마음을 붙잡고 김연경 선수에게 다가갔다. 바로 집으로 갈 줄 알았는데 끝까지 코칭스태프와 선수들과 경기에 대해 이야기를 하고 팬서비스를 해주는 모습을 보면서 역시 프로는 다르구나 싶었다. 목소리도 나오지 않고 장비도 핸드폰뿐인데 괜히 실례가 되는 것이 아닌가 걱정됐다. 용기를 내서 김연경 선수에게 인터뷰를 요청드렸는데 흔쾌히 수락해주신 것도 모자라 "저도 성대결절 겪어봤는데 많이 불편하시죠? 지금 말 안 해야 되는 거 아니에요?"라고 오히려 장난 섞인 말들로 긴장했던 내 마음을 풀어주셨다.

그렇게 배구 이야기도 하고 사적인 이야기도 하면서 인터뷰를 진행했는데 대화를 해보니 확실히 '왜' 김연경 선수가 세계 최고의 선수인지 알 것 같았다. 이미 마인드 자체가 남다르고 시원시원한 성격이 인상 깊었다. 나는 끝으로 김연경 선수에게 '사실 저도 배구선수로 활동을 했었는데 우러러봤던 김연경 선수와 이렇게 인터뷰를 하니까 감회가 새롭네요 정말. 영광입니다'라고 말했다. 김연경 선수는 "에이 또 뭘 그런 립 서비스까지 해주세요. 여기까지 오느라 고생하셨어요. 글 좀 잘 써주세요"라고 말하며 훈훈하게 인터뷰를 마쳤다. 이외에도 핸드폰으로 사진과 영상 촬영을 부탁드렸는데 흔쾌히 찍어주셨다. 짧지만 김연경 선수와 대화했던 그 시간은 아마 당분간 내게 큰 원동력이 될 것 같다.

신비함의 도시 괴레메

사실 터키에 온 이유는 취재 때문만은 아니다. 모두들 알다시피 터키 여행하

면 벌룬들로 가득한 배경의 사진을 많이 봤었을 거다. 내가 터키에서 가장 가보고 싶었던 곳이 바로 그 배경의 근원지인 카파도키아였다. 카파도키아에서도 괴레메라는 소도시를 더더욱. 이스탄불에서 일정을 마치고 국내선 비행기를 타고 카이세리공항으로 이동했다. 공항에 도착해서 괴레메로 이동하는 방법은 여러 가지가 있는데 나는 가장 저렴하고 무난한 방법인 셔틀을 이용했다. 인터넷에 'Argeus Travel & Events'라고 검색하면 사이트가 나온다. 가격은 편도 10달러(미국)를 지불했다. 이동시간은 1시간 30분 정도 걸렸는데 확실히 카파도키아 지역이어서 그런지 가면서 보는 바깥 풍경이 황무지와 같았다. 또 거의 다 도착했을 때부터는 비포장도로여서 승차감이 거의 놀이기구를 타는 수준이었다. 마을로 들어서기 시작하고 나서부터 다양한 기암괴석들이 보이더니 상상했던 그 신비함이 가득한 모습들이 펼쳐졌다. 태어나서 처

267

음 보는 광경이라 너무 신기했다. '와… 진짜 이런 곳이 있긴 하구나'라는 혼 잣말도 해보고.

벌룬들로 가득한 사진과 같은 풍경을 보고 싶으면 새벽부터 날씨가 좋아야 벌룬이 하늘에 뜰 수 있다고 한다. 하지만 다음날은 흐리고 바람이 많이 불 예 정이었고 다행히 이틀 뒤에 날씨가 좋을 것이라는 소식이 있었다. 도착한 당 일은 휴식을 취했고 다음날 오전부터 괴레메를 돌아다녔다. 괴레메 내에서 할 수 있는 투어와 액티비티가 있지만 나는 벌룬이 뜨는 일출의 모습만 보고 싶 어 했기 때문에 따로 투어를 하진 않았다. 먼저 전체적으로 한 바퀴 돌면 좋겠 다 싶어 크게 도는데 확실히 도시 자체에서 주는 신비함 덕분에 구경하는 맛 이 있었다. 현재는 관광지로 발달했다고 하지만 과거에는 황무지였을 텐데 어 떤 모습이었을지 궁금하기도 하고. 천천히 마을 구석구석을 돌아보다가 일몰 시간에 맞춰 호스텔 직원이 추천해준 'Sunset view point'로 향했다. 구글맵에 'Sunset view'라는 곳도 같이 나올 텐데 간단하게 정리하자면 일몰은 Sunset view point로 일출은 Sunset view라고 검색한 후 가면 된다. 그 시간대에 추 천해준 곳으로 가는 게 더 잘 보인다고 한다.

숙소에서 30분? 정도 걸리는 거리라 그냥 걸어갔는데 갑자기 사륜바이크 를 타고 무리 지어 이동하는 사람들 중 한 분이 나에게 어디 가냐고 물어보 더니 같은 곳을 가니까 뒤에 타라고 했다. 걸어갔으면 꽤 먼 곳이라 힘들었을 텐데 그 친구 덕분에 편하게 이동했다. 심지어 돌아올 때도 마을까지 태워줬 다. 이런 순간들이 생길 때마다 '세상은 아직 따뜻하구나'라는 감동을 받는다. Sunset view point에 도착하니 이미 와있는 사람들이 많았고 어느 투어사의 차에선 신나는 음악소리가 흘러나왔다. 강렬한 일몰의 해와 자리를 잡고 앉아 각자만의 방식으로 감상하는 사람들 그리고 그 모습을 흐뭇하게 바라보며 음악과 함께 춤을 추는 가이드들의 모습까지 나도 모르게 그 모습을 보면서 미소를 지었다. 그러다 문득 이런 생각이 떠올랐다. '산다는 게 뭐 별게 있나 싶다. 이렇게 좋거나 사랑하는 사람들이랑 아름다운 거 보면서 즐기다 가는 거지 뭐'라고.

괴레메와 벌룬의 환상적인 조화

만족스러운 일몰을 감상하고 다음날 아침 일찍 일어나기 위해 평소보다 빨리 취침했다. 다행히 호스텔과 Sunset view가 가까워서 걸어서 한 10분 정도면 올라갈 수 있어 좋았다. 오전 7시에 해가 뜰 예정이라 6시 30분에 호스텔에서 출발했다. 오랜만에 맡는 새벽 공기 냄새가 나쁘지 않았다. 입장료는 3리라니까 미리 현금을 준비하는 것이 좋다. 내가 빨리 올라가는 편이라고 생각했는데 정상에 도착하니 이미 사람들로 북적이고 있었다. 올라올 때는 제대로 안 보였는데 정상에 올라와서 보니 정말 장관 그 자체였다. 생각보다 더 많은 벌룬들이 하늘에 떠있었고 해가 뜨기 시작하면서 하늘의 색감이 점점 변하는데 그 모습을 보고 '와… 와… 와… 미쳤는데?'라는 감탄사를 쏟아냈다. 진짜.정말.너무.미치도록. 아름다웠다. 상상했던 것보다 더. 괴레메 도시가 주는 신비함 때문인지 진짜 천국 같았다. 세계여행을 하면서 가장 기억에 남는 순간 중 하나다. 그리고 내려오면서 예비신랑신부가 웨딩촬영을 하는 걸 봤는데 솔직히 너무 부러웠고 그 모습이 정말 예뻤다. '나도 사랑하는 사람이랑 같이 이런 아름다운 곳에서 웨딩촬영을 할 수 있을까?'란 생각도 들고. 나는 개인적으로 이스탄불보다 괴레메가 더 좋았다. 터키 여행을 온다면 꼭 괴레메를 들러 이 모습을 직접 눈으로 담길. 평생 잊지 못할 추억을 만들 수 있을 것이다.

도를 넘은 인종차별 결국 폭발하다

괴레메에서 관광을 마치고 이스탄불로 돌아가 며칠 동안 더 머물렀다. 원래 같았으면 바로 다음 여행지로 이동해야 했지만 이탈리아로 갈 수 있는지 상황을 좀 더 지켜보기 위해서 어쩔 수 없었다. 이미 구경을 다한 상태라 주변을 그냥 산책 겸 돌아다니고 있는데 갑자기 어떤 어린애들이 다가오면서 "우웩"이라는 말과 기침을 하는 제스처를 취하는데 괜히 일을 크게 만들고 싶지 않아서 그냥 무시했다. 하지만 어린애들이어서 그런지 계속 따라오면서 같은 짓을 반복했고 나는 더 이상 참을 수 없었다. 무리 중 한 명의 멱살을 잡고 소리쳤다. 'One more time and I'll kill you'라고. 그냥 지나갈 줄 알았는지 막상 내가 세게 나가자 당황하는 표정을 짓더니 이내 꼬리는 내리는 것. 나는 동영상까지 촬영하면서 한 번만 더 이런 짓을 하면 유튜브에 올려버리겠다고 말했다. 스플리트에서 인종차별당한지 얼마나 됐다고 또 이런 일이… 아무리 어린애들이라고 하지만 도를 넘어선 행동이었다. 온 세상에서 인종차별을 하는 모든 루저들에게 말하고 싶다. 계속 그렇게 살다간 평생 그런 삶만 살아갈 것이라고 더 늦기 전에 정신 차리라고. 인종차별은 정말 '최악 중에 최악'이다.

18. 이대로 포기하고 싶지 않아 선택한 불가리아

기다리고 또 기다렸지만 코로나19 상황은 점점 안 좋아졌다. 이탈리아는 더 심각해졌고 한국인 입국금지를 하는 국가는 늘어나고 있었다. 파리 교통 파업을 끝으로 더 이상의 악재는 없을 것이라 생각했지만 이건 뭐… 참… 할 말이 없다. '페루 시위, 볼리비아 대선, 칠레 폭동, 파리 교통 파업, 코로나19' 정말 이 5가지의 악재를 이번 여행에서 모두 겪으리라 상상이나 했었을까… 이 중에서 하나를 겪는 것도 쉽지 않은 일인데 벌써 5가지나… 이젠 너무 안 좋은 상황들이 계속 벌어지니 해탈을 넘어 아무 생각이 없어졌다. 그렇다고 이렇게 여행을 포기하고 싶지 않았다. 지금까지 후회 없이 돌아다녔지만 이대로 내가 원해서 돌아가는 것이 아니라면 미련이 남을 것 같았다. 여행을 하다가 생각했던 것보다 기간이 더 남는다면 가고 싶었었던 이스라엘과 요르단 쪽으로도 생각했었지만 곧 한국인 입국금지를 시행할 예정이라고 해서 갈 수 없었다.

선택지가 별로 없었지만 그렇다고 취재를 포기할 수도 없었다. 결국 생각해 낸 것이 불가리아-우크라이나-러시아로 이어지는 루트였다. 당시에는 코로나19로 피해가 아예 없는 곳이었기 때문에 가능하다고 생각했다. 그렇게 나는 여행을 이어가기 위해 불가리아로 향했다. 이스탄불에서 불가리아 수도 소피아가 아닌 '바르나'라는 곳으로 이동했다. 원래 가고 싶은 곳은 아니었지만 당시 상황이 너무 답답해서 바다가 보고 싶기도 했고 우크라이나로 이동하기 위해선 바르나로 가는 루트가 더 효율적이었기 때문에 선택했다. 'METRO'라는 회사를 이용했고 가격은 150리라 이동시간은 9시간 정도 걸렸다. 야간버스를 탔기 때문에 도착한 시간이 이른 새벽이었는데 다행히 찾아간 호스텔에서 방을 내줘 편안하게 씻고 잠을 잘 수 있었다. 자기 전에 문득 이런 생각이 들었다. '여긴 어디? 나는 누구?'

흑해 그리고 바르나

그동안 큰 탈 없었던 것에 대해 감사하지만 그래도 왜 하필 내가 여행할 때 이런 안 좋은 일들이 자꾸 발생하는 것인지 받아들이기가 쉽지 않았다… 그래서 그런지 여행에 대한 의욕이 점점 꺾이고 있었다. 그래도 이왕 왔으니 돌아다니긴 해야지. 다행히 당시 바르나는 마스크를 착용하지 않아도 문제가 발생하지 않는 지역이어서 안전했다. 바르나는 크게 유명한 명소는 없고 흑해를 볼 수 있는 곳으로 알려진 도시였다. 그나마 가볼만한 곳을 추천하자면 Dormition of the Theotokos Cathedral(성당)-Varna beach 이 두 곳 정도? 솔직히 이 두 곳도 특출나게 좋은 점은 없었다. '그나마…'라는 것을 잊지 않길. Dormition of the Theotokos Cathedral는 바르나 대성당이라고 생각하면 되는데 외부 색이 바래긴 했지만 그래도 볼만하다. Varna beach는 넓

은 해변과 흑해만의 바다 색감을 볼 수 있어서 좋았다. 파도 소리를 들으며 조금 걸으니 심란한 마음이 조금은 진정됐다. 이 두 곳 이외에도 볼 곳이 더 있겠지만 크게 추천할 만한 곳은 아닌 것 같다. 기분도 꿀꿀한데 맛있는 거나 먹자 싶어 주위에 있는 맛집을 찾아보는데 이게 웬일? 한식당이 있는 것. 한국인이 운영하는 것은 아니고 한국을 사랑하는 불가리아인 여성분이 운영을 하신다고 하는데 평이 괜찮아서 찾아갔다. 식당 이름은 'Kimbap'이었다. 이곳에 한식당이 있다고 하니 왜 이리 반가운지… 눈물 날 뻔. 들어가는 입구 쪽에 태극기가 걸려져 있는 것부터 마음에 들었고 규모는 작았지만 그래도 나름 다양한 메뉴가 있었다. 나는 라면하고 김밥을 시켰는데 라면은 우리가 알고 있는 일반 라면과 같았지만 김밥은 김을 구하지 못해서 그런지 달걀피로 대체해서 만들어져 나왔다. 맛도 괜찮았고 친절해서 좋았다. 혹시 바르나를 갈 생각이 있는 사람들에게 강추!

시작된 국경 봉쇄

바르나에선 짧게만 있을 계획이었어서 관광이 끝나고 우크라이나로 넘어가기 위해 버스표를 알아보는데 회사는 많았지만 모두 이동을 할 수가 없다는 입장이었다. 처음에 갔던 버스회사에서 내 여권을 보더니 안된다고 해 한국인이어서 안되는 줄 알고 계속 다시 묻고 따지고 했지만 나중에 알고 보니 외국인이 모두 입국금지가 됐고 국경도 곧 봉쇄될 예정이라고 했다. '와… 이거 진짜 상황이 더 안 좋아지는데 어떻게 해야 되지?'라는 생각이 들면서 2차 '멘붕'이 왔다. 고민 끝에 바르나는 외국으로 이동하는 비행기가 많이 없어서 일단 수도인 소피아로 가기로 정했다. '만약'이라는 사태에 대해 대비를 해야 했기 때문에 소피아로 일단 가는 게 맞다는 결론을 내렸다. 곧바로 다음날 이동하는 버스표를 구매했다. 회사는 'Biomet Bus'였고 가격은 32레바 이동시간은 6시간 정도 걸렸다.

일단 상황을 지켜보자….

소피아에 도착한 후 일단 국제선 비행기를 언제든지 표만 구매하면 탈 수 있었기 때문에 상황을 지켜보면서 앞으로의 일정을 어떻게 할지 고민하기로 정했다. 호스텔에 들어가니 나와 같이 어쩔 수 없이 이곳으로 오게 된 여행자들이 많았다. 짧게 여행을 하러 온 사람부터 나보다 더 길게 세계를 여행하고 있는 사람까지. 혼자였으면 심심했을 법도 한데 그래도 그 친구들과 이런저런 이야기를 하다 보니 우울감이 몰려오거나 그렇진 않았다. 그래도 불가리아 수도인 소피아까지 왔는데 구경은 해야 되지 않나 싶어 중심지 근처로 돌아다녔다.

그나마 괜찮았던 곳은 알렉산드로 네프스키 대성당-Knyazheska Garden 이 두 곳 정도. 알렉산드로 네프스키 대성당은 불가리아를 대표하는 성당인데 그만큼 웅장하고 색감도 화려했다. 한쪽 면만 보지 말고 한 바퀴 돌면서 전체의 모습을 다 보는 것이 관람 포인트! Knyazheska Garden은 조깅하다가 우연히 마주치게 된 곳인데 동상들이나 조형들이 나름 괜찮았고 분위기도 평화롭고 좋았다. 산책하기 좋은 곳. 구경할 곳이 별로 없어서 소피아에서 지내는 동안 대부분 숙소에서 대기할 수밖에 없었다. 중간마다 마트를 들렀는데 마스크를 모두 착용하기 시작했고 물건을 구매할 때도 시간과 간격을 두고 사람들이 들어가고 나왔다. 사재기 현상은 딱히 없었던 것 같았다.

예상치 못한 경찰의 폭행, 그리고 그 후….

소피아에서만 대기를 하기가 점점 힘들어지던 찰나 호스텔 직원이 가까운 소도시를 말하면서 여기에 있기 너무 심심하면 이곳이라도 다녀오라고 추천해주는 것. '그래, 가만히 있으면 더 안 좋은 생각만 많이 들고. 잠깐 다녀와보자'라는 생각과 함께 버스터미널로 향했다. 도착해서 인포메이션으로 갔는데 당일마다 스케줄이 나오긴 하지만 내일이라도 당장 STOP 될 수 있다고 참고하라는 것. 혹시 국경 봉쇄가 풀렸나 싶어 국제용 버스터미널도 들러봤는데 문을 닫은 곳이 많았고 열린 곳이 있다고 해도 이동하는 곳 자국민이 아닌 이상 외국인은 탑승할 수 없다고 했다. 그렇게 체념하고 기념으로 버스터미널 사진이나 찍자 싶어 핸드폰을 들고 찍는데 갑자기 경찰이 다가오더니 나를 밀치면서 알아듣지 못하는 언어였지만 욕 같은 말을 내뱉는 것이었다. 나는 당황해서 그냥 사진만 찍었다고 뭐가 문제냐고 항의했다. 그 경찰은 내 핸드폰을 뺏으려고 했고 나는 왜 이러냐고 당신 미쳤냐고 나는 여행자라고 나한테

왜 이러냐고 외쳤지만 그 경찰은 내가 계속 저항하자 갑자기 수갑을 채우려
고 하는 것이었다.

'이 미친새끼 도대체 왜 이러는 거야 미치겠네'라는 생각이 들었는데 내가 계
속 힘으로 막아내자 갑자기 여러 명의 경찰이 달라붙더니 나를 강제로 눕히
고 수갑을 채웠다. 목소리도 나오지 않는 상태에서 소리를 지르며 발악하는데
왜 사람이 사람을 죽이고 싶은 기분을 느끼는지 그 순간 조금은 알 것 같았다.
진짜 미친놈이 아니라면 나한테 왜 이런 짓을 하는가. 이대로 가다간 영화 '집
으로 가는 길'의 나오는 내용처럼 될 수도 있을 것 같단 생각에 일단 알겠다고
미안하다고(정말 하기 싫었다.) 내가 뭘 잘못했는지 말해달라고 얘기했다. 옆
으로 질질 끌고 가더니 설명은 없고 지금 이 자리에서 꺼지지 않으면 경찰서
로 데려가겠다고 얘기하는 것. 평소 같았으면 끝까지 싸우겠지만 상대는 경찰
인데다가 여기는 불가리아… 괜히 잘못했다가 정말 잡혀 들어갈 수 있을 것

같아 일단 알겠다고 하고 호스텔
로 돌아갔다. 돌아가는 내내 정말
알고 싶었다. 도대체 내가 무엇을
잘못했는지… 나한테 왜 그런 몹쓸
짓을 했는지 말이다. 그리고 상처
가 난 내 손목과 손등을 바라보며
'공산주의의 폐해가 이런 것일까?'
라는 생각이 들었다.

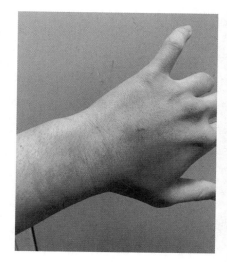

3부

충격으로 인한 귀국 결정

원래는 어떻게 해서든 여행을 이어가고 싶었다. 귀국하게 되면 다시 나오기가 힘들 것 같았기 때문. 하지만 경찰에게 폭행을 당하고 나서부터 생각이 바뀌었다. 가뜩이나 정신적으로 지친 상태였는데 불안감이 증폭되니 이제 그만 돌아가야겠다는 생각이 커졌다. 그리고 가족들도 나중에 다시 나가더라도 일단 들어와서 코로나19를 피하는 게 좋겠다고 자꾸 얘기했기 때문에 마음이 기울어진 것. 만약 코로나19를 걸리더라도 당시로는 한국의료기술이 최고였기 때문에 귀국하는 것이 맞다고 여겨졌다. 그래 일단 내가 살고 보는 게 맞지. 그때부터 돌아갈 비행기를 찾았지만 이미 외국인을 입국금지하는 국가들이 많이 늘어 운행하는 곳이 별로 없어 티켓을 구하기가 어려웠다. 있다고 해도 직항은 없었고 경유해서 가는 것은 가격이 말도 안되게 비쌌다. 그래도 이렇게 기다리느니 비싼 돈을 주고서라도 한국으로 돌아가는 게 낫다는 판단이 서 가격 생각하지 않고 비행기 티켓을 알아봤다. 다행히 소피아-모스크바, 모스크바-방콕, 방콕-인천으로 가는 루트는 아직 살아있어 바로 결제하고 예약했다. 출발하는 날 다음날부터 태국에서는 코로나19 검사 확인서와 보험 서류를 들고 와야 입국이 가능하다고 해 걱정이 있었지만 대사관에선 모스크바에서 방콕으로 가는 비행기 탑승하는 날이 다음날이 아니고 당일이면 괜찮다고 밤 12시 전에 탑승하기만 하면 된다고 해서 불안한 마음이 있었지만 일단 시도해 보기로 했다. 뭐 어쩌겠나⋯ 가야 뭐라도 방법이 생길 텐데⋯.

1. 끝날 때까지 끝난 게 아니다

출발하는 당일 오후 1시 5분 비행기라 여유 있게 준비할 수 있었다. 마지막으로 함께 지냈던 친구들에게 인사를 하는데 지금 상황 때문인지 같은 호스텔에서 지내기만 했을 뿐인데도 정이 많이 들어 뭉클했다. 다들 "무사히 돌아가길 바라. 행운을 빌어!"라는 말들로 에너지를 전해줬다. 아쉬운 건 아쉬움으로 남기고 돌아가는 길이 순탄치 않아 정신을 바짝 차려야 했다. 공항에 도착했을 때 확실히 사람의 이동이 줄었다는 것을 알 수 있었다. 또 보통이면 문이 열려있어야 할 상점들도 모두 문이 닫혀있었다. 생각했던 것보다 더 심각한 상황의 모습이라 긴장이 되고 불안했다. 그런 마음을 안고 출발했는데 다행히 모스크바 공항에 들어가는 것은 문제가 없었다. 경유 시간이 짧아 곧바로 방콕으로 가는 비행기 게이트로 향했는데 이게 무슨 일? 코로나19 검사 확인서와 보험 서류를 가져오라는 것. 아니 분명히 오늘 이내로 탑승하면 아무 문제가 되지 않는다고 했었기에 뭐지? 싶었는데 다른 국적의 사람들도 오늘 이내로 들어가면 괜찮다는 걸로 전달을 받았다고 했다. 우리는 각국의 전달사항을 보여주면서 항의를 했지만 직원들은 자신의 항공사에서 내려온 지침이라 어길 수가 없다면서 표는 해당 항공사 인포메이션으로 가면 교체를 해주니 가보라는 것이었다.

아니 방콕에서 인천으로 가는 비행기를 예약했다니까? 게다가 나는 방콕 밖을 나가지 않고 경유만 하면 된다니까? 말귀를 못 알아듣나? 울화통이 터지는 심정이었지만 일단 진정하고 이성적으로 해결해야 했다. 그나마 다행이었던 것은 방콕에 도착하고 그날 인천으로 떠나는 비행기가 매진돼 어쩔 수 없이 이틀 뒤로 예약을 해서 시간적으로는 크게 부담이 없었다. 하지만 서류가 준비되지 않았으니 모스크바에서 못 떠날까봐 걱정이었다. 그렇게 우울한 심정으로 인포메이션을 찾아가 어떻게 방법이 없겠냐고 물어보니 혹시 방콕에서 인천으로 가는 비행기가 몇 시냐고 물어보더니 만약 방콕에 도착한 후 12시간 이내에 인천으로 떠나는 거면 서류가 필요 없다는 것이었다. 아… 진짜… 못 가면 어떻게 하나 멘붕이 왔었는데 천만다행이었다. 하지만 해결되지 않은 문제가 또 있었는데 바로 위탁 수화물… 원래 시스템대로라면 입국 수속을 받고 짐을 찾은 뒤 체크인을 다시 하고 출국 수속을 밟아야 하는데 나는 경유자로 가야 하는 입장이니까 짐을 못 찾을 수도 있다는 것이 골칫거리였다. 그래도 일단 갈 수 있는 게 어디냐 혹여 배낭을 버리는 한이 있어도 방콕으로 무조건 떠나야 했다. 정말 끝날 때까지 끝난 게 아니었다….

2. 사랑해요 대한항공

출발하기 전 가족들과 통화를 했는데 일단 방콕까지 가면 밖으로 나가지 말고 경유하는 곳으로 간 다음에 대한항공 직원을 찾으라는 것이었다. 내가 밖으로 못 나가는 상황을 아니까 대신 짐을 찾아서 인천으로 부쳐줄 거라는 것. 확실치는 않지만 그래도 시도해볼 만은 했다. 비행기를 타면 원래 편안한 마음으로 가야 하는데 이건 한 치 앞을 모르는 상황이라 가는 내내 잠도 설치고 불안했다. 다행히 방콕 수완나품 공항에 무사히 도착했고 여러 가지 검사를 하긴 했지만 12시간 이내 경유자라 따로 서류를 제출하라는 말없이 경유자들이 이동하는 곳으로 통과시켜줬다. 그렇게 곧바로 대한항공 직원들이 있는 카운터로 갔고 내 상황을 차근히 설명해가며 혹시 짐을 찾아서 인천으로 보내줄 수 있냐고 물었다. 그러자 직원들은 당연히 된다고 그리고 혹시 조금 더 빨리 떠나고 싶으면 예약한 것보다 전 시간대 비행기로 바꿔줄 수 있다는 것이었다. 그 말을 듣는데 감정이 북받쳐서 눈물이 나오려고 했다. 운 좋게 비행기 시간대도 바꾸고 짐도 무사히 부쳐준다고 하니 마음이 한결 편안해졌다. 그렇게 공항 안에서 기다리다가 인천행 대한항공 비행기를 타는데 좌석에 착석했을 때의 기분은 말로 설명할 수가 없었다. '기쁨, 환희, 안도감, 감사함, 감동' 등 여러 감정들이 복합적으로 섞이면서 긴장도 풀리고 마음도 그렇게 편안할 수가 없었다. 비행기 내에서 한국인 승무원분들께서 서비스를 해주시는 것도 한식으로 기내식을 주는 것도 너무 좋았다. 그렇게 나는 6개월 이상을 떠났던 나의 고국! 대한민국으로 향했다.

3. 대한민국이 선진국인 이유

  한국에 도착했다는 말을 듣고 눈이 떠졌다. 아마 그동안의 피로가 몰려와서 잠을 푹 잔 것 같다. 출국심사를 받으러 걸어가는데 기분을 뭐라고 표현해야 할지… 가장 컸던 감정은 '안도감'이었다. 내가 살던 나라 내가 살던 곳으로 돌아왔다는 사실이 감격스러웠다. 출국하기 전 뉴스로 해외에서 들어오는 모든 사람들을 대상으로 철저히 코로나19 검사를 실시한다는 내용을 들었다. 상황이 상황인 만큼 긴장을 한 상태로 밖으로 나갔는데 '잉? 뭐지? 왜 아무도 없지?' 분명히 뉴스에서 봤던 모습은 사람들이 줄을 길게 서서 검사받는 곳으로 향했던 것 같은데… 이 적막함은 뭘까? 심지어 따로 검사를 받으라는 말도 없어 그냥 그대로 집에 가는 사람들도 있었다.

  나는 해외 여러 군데를 돌아다니기도 했고 체류했던 기간도 길어 이대로 돌아갔다가 괜히 다른 사람들에게 피해를 줄 수도 있을 것 같아 공항 내에서 관계자를 찾아다녔다. 조금 아쉬웠던 부분은 군인분들이 지원을 나와 직원들의 역할을 대신해주고 있었는데 일처리가 솔직히 심각했다. 서로 자기 탓으로 돌리기 바빴고 차량이 오는 것만 해도 1시간 이상을 기다렸으니. 만약 자진해서 검사를 받겠다고 하는 사람들이 없었다면 아마 더 많은 사람들이 바로 자신의 집으로 향했을 것. 그래도 당시 '이렇게 무료로 검사를 해주는 국가가 어디 있을까'란 생각에 감사했다. 버스를 타고 어디론가 이동을 했는데 도착해서 지도를 확인해보니 '인천 SK무의연수원'이라고 나왔다. 들어가기 전 어디에서 얼마나 머물렀는지를 체크했고 인당 방 1개씩을 배정해줬다. 검사 결과가 나오려면 하루 정도 기다려야 한다고 오늘은 이곳에서 잠잘 생각을 해야 된다고 했다.

　절대 방에서 나오면 안되고 식사는 문 앞에 놔둔 후 방송을 통해 알릴 것이고 검사도 의무를 담당하는 분들이 방으로 들어와서 진행할 것이라고 했다. 고된 일정으로 컨디션이 많이 떨어졌고 몸이 피곤한 상태라 빨리 쉬고 싶었다. 키를 받아 배정된 방으로 들어갔는데 와우⋯ 여행하면서 지냈던 곳들과는 다른 퀼리티의 스위트룸급? 정도 되는 방이었다. 침대가 두 개였으니 말다했지 뭐. 밥도 도시락으로 가져다주셨는데 여행을 하며 경비를 아끼기 위해 제대로 된 음식들을 못 먹었던 터라 너무 맛있게 먹었다. 코로나19 검사도 무료로 해주시고 먹고 자는 것까지 지원을 해주시니 정말 감사하다는 말밖에 나오질 않았다. 불가리아에서 안 좋은 일을 겪고 와서 그런지 한국인의 이 따뜻한 정서가 너무 감동이었다. 솔직히 조금 눈물이 나왔다. 저녁에 의무를 담당하는 분들이 검사를 하러 오셨고 다음날 아침에 음성 판정이 나왔으니 집으로 돌아가도 된다고 하셨다. 대신 2주 동안의 자가격리는 무조건 이행해야 한다는 말과 함께.

4. 자가격리

일단 코로나19에 걸리지 않아서 너무 다행이었고 집으로 돌아가서 자가격리를 잘 이행해야겠다는 생각이 들었다. 오랜만에 한국말로 표를 예매하고 공항버스를 타고 집에 가니 이제야 조금 '아… 귀국했구나…'라는 것이 실감이 났다. 집으로 출발하기 전 가족들이 음성 판정이 나오긴 했지만 혹시 모르니 2주 동안 지낼 방을 구해놨으니까 거기서 지내라는 것. 나도 그게 나을 것 같아 알겠다고 했고 알려준 주소로 갔다. 알고 보니 집 앞 마트 사장님들의 건물에 있는 원룸이었다. 원래 우리 가족과 친분이 있는 분들이긴 했지만 이야기를 듣고 어차피 빈방이니 선뜻 먼저 빌려주시겠다고 말씀하셨다는 것. 정말 감사할 따름…. 도착하니 해는 이미 저물었고 자정으로 다가가는 시간이었다. 가족들이 이미 방안에 옷이랑 수건이라든지 먹을 것과 식기도구라든지 생활에 필요한 모든 물품을 가져다 놔줬다. 오랜만에 봤는데 안아보지도 못하고 멀리 떨어져 이야기하는 게 아쉬웠다.

근데 역시 가족은 가족인 것이 떠나고 반년 넘어서 오랜만에 보는 것인데도 어제 본듯한 느낌이 들었다. 아쉬움을 뒤로하고 방으로 들어갔다. 너무 배고파서 미리 부탁했던 순댓국을 데워서 먹는데 방안에 있는 대부분의 것들이 가족들이 직접 가져다 놓은 것들이라는 것이 확인되는 순간 갑자기 눈물이 나왔다. 밥을 목에 넘기는데 왜 이렇게 눈물이 나는지 참… 귀국하자마자는 우리나라에게 감사했고 그다음으론 가족에게 너무 감사했다. 방을 내어주신 마트 사장님들도. 그동안 티를 내지 않았지만 많이 힘들었던 것 같다는 생각이 들었다. 이제 푹 쉬고 자가격리가 끝나면 빨리 목 수술받고 치료하면서 목소리만

되찾으면 더할 나위 없을 것 같다. 아, 그리고 국가와 삼성에서 먹을 것과 손소독제나 마스크 같은 구호물품도 보내주셨는데 정말 우리나라는 최고라는 생각밖에 들지가 않았다. 대한민국에서 태어났음에 대한민국 국적을 가지고 살아갈 수 있음에 너무 감사하다.

5. 자가격리 끝 그 후….

　2주 동안의 자가격리… 말이 2주지 체감상으론 거의 두 달… 방안에만 있으려니 정말 답답하고 쉽지 않았다. 그래도 덕분에 정말 오랜만에 푹 쉬었고 질리게 잠도 자보고 백수처럼 아무것도 안 하고 하루도 보내보고 피로는 많이 풀렸지만 그만큼 살이 많이 쪘다. 그렇게 길고도 길었던 자가격리가 끝나고 집으로 돌아갔다. 다행히 증상은 하나도 없었고 컨디션도 많이 좋아졌다. 이제 문제는 목이었는데 사실 여행을 떠나기 두 달 전에 성대결절 진단을 받았고 담당 의사선생님께서 여행을 포기하고 목을 치료하라고 했었다. 하지만 당시 지금 내가 떠나지 못한다면 점점 더 현실적인 문제 때문에 준비했던 여행이 모두 물거품 될 것만 같아 치료를 포기하고 떠났던 것. 그 이후로 시간이 지나면서 목 상태가 더 안 좋아졌고 결국 소리를 잃어버렸다. 가성으로 작게 내야 그나마 의사전달이 됐고 정상적인 목소리를 내려고 할 때면 바람소리만 나올 뿐 말은 아예 전달되질 않았다. 그렇게 착잡한 심정으로 미리 예약한 날짜에 병원을 방문했는데 결과는 예상했던 대로 수술을 해야 된다는 것… 문제는 면역력이 낮아져 유두종이라는 병까지 추가돼 수술을 해도 재발할 확률이 높다는 것이었다. 인생을 살아가며 목소리만큼 중요한 것이 또 없는데… 이게 무슨 일이란 말인가. 여행한 것을 후회하진 않지만 그래도 '그때 다른 선택을 했더라면?' 이란 생각이 자꾸만 머릿속에 맴돌았다. 이미 지나간 일 생각하면 뭐하겠노 앞으로의 대처가 중요할 텐데… 결국 난 수술을 받았고 침묵의 길로 들어갔다.

Epillogue

조금이나마 좋은 영향을 주고 도움이 된다면

이 글을 쓰는 지금 내 마음이 어떤 상태인지 정확히 알 수가 없다. 귀국하고 자가격리 후 목 수술도 하고 밀린 치아 치료도 받고 글을 쓰다 보니 벌써 몇 달이 훌쩍 지난 상태. 여행을 통해 많은 것을 경험하고 배웠지만 코로나19로 인해 원치 않게 귀국을 하게 됐고 목소리가 완전하게 돌아오지 않은 상태라 여행에 대한 마지막 심정을 어떻게 글로 풀어내야 할지 모르겠다. 그래도 이 책을 써야겠다고 생각이 들었던 가장 큰 이유는 나처럼 세계여행을 떠나기 전 여러 가지 궁금증들을 갖고 있는 사람들에게 조금이나마 도움을 주고 싶어서였으니, 그동안 내가 느꼈던 것들을 마지막으로 정리하는 게 좋을 것 같다는 생각이 든다. 그래야 나도 마음이 편안해질 것 같고.

사실 여행을 떠나기 전 세계여행을 떠나면 무조건 좋을 것이라는 착각에 빠져있었다. 새로운 세계와 세상에 대한 경험, 지금까지 보지 못했던 것을 실제로 보고 하지 못했던 것을 경험하면서 낭만과 즐거움으로 가득할 것이라고 생각했으니. 하지만 경비를 아끼기 위해 욕심을 버렸던 식비 그로 인해 외식은 정말 가끔 할 뿐 대부분 직접 해먹었다. 숙박비는 물가가 비싼 곳이나 성수기 시즌이 아니라면 2만 원을 넘기는 곳에서 자본 적이 없다. 보통 그 가격이면 대부분 다인용 도미토리. 비행기, 버스, 기차와 같은 이동 수단은 시간대가 좋지 않고 좌석이 불편하더라도 모두 저렴한 것으로 예약했다. 그래서 점점 야간버스가 익숙해진 것이고 노숙하는 일들도 많았겠지. 그리고 어느 순간 젓가락보다 포크가 편해졌고 손빨래를 하는 것은 당연한 일이 되었으며 어떤 문제가 생기더라도 더 큰 화가 생기기 전에 일단 받아들이게 됐다.

이것 이외에도 불편한 것들이 정말 많았지만 그래도 내가 여행을 계속 이어갈 수 있었던 것은 나 스스로가 나를 객관적으로 바라봤을 때 성장하고 있다는 것을, 홀로서는 법을 깨달아가고 있다는 것을 느꼈기 때문이다. 그리고 첫 부분에서 말했다시피 여행을 하면서 온갖 희로애락을 겪으며 진짜 내가 누군지 알아간다는 것이 정말 좋았다. 그동안 놓치고 살았던 사소한 것들이 되살아나는 기분이랄까? 비록 원래 목소리를 잃었지만 평생 잊지 못할 추억들을 만들었고 앞으로 더 노력해야겠지만 어떤 고난과 역경이 들이닥친다고 해도 흔들

리지 않는 '평정심'을 유지할 수 있게 만들어준 여행이었다.

그리고 가장 큰 가르침을 얻은 것은 내가 불행하다는 생각은 절대해서는 안 된다는 것이다. 페루 와카치나 사막에서 어린아이가 자기 몸과 비슷한 크기의 바구니를 들고 다니며 과자를 파는 모습, 터키 이스탄불에서 어린아이가 자신의 몸보다 훨씬 큰 리어카에 무거운 짐들을 실어 나르는 모습, 간신히 국경을 넘어왔지만 갈 곳과 가진 것이 없어 길바닥에서 굶주려있는 많은 피난민들까지. 이것 이외에도 여행을 하며 힘들고 어렵게 살아가고 있는 사람들을 보면서 '아… 내가 정말 많은 것을 당연하게 생각하면서 누리고 있었구나'라는 것을 깨닫게 됐다. 정말 많이 반성했던 것 같다…. 앞으로 '내가 살아가는 세상과 사회에 대해서 불만을 가질 순 있겠지만, 절대 불평을 해서는 안 된다는 것'을 확실하게 알게 됐다.

모든 사람들에게 여행을 추천할 수는 없는 것이 사실이다. 각자가 처한 환경이 다르고 경제적인 상황을 고려를 안 할 수가 없기 때문. 하지만 나와 같이 세계여행을 떠나기 위해 기간이 얼마나 걸리든 잠을 덜자고 일을 더하면서까지 열심히 경비를 모으는 사람들이 있다면, 거기다 현재 자신이 책임져야 될 만큼 힘든 가족이 없다면 무조건 세계여행을 떠나라고 추천해주고 싶다. 그리고 자신이 처한 상황이 마음에 들지 않아 도피성으로 떠나려고 하는 사람들도 너무 대책 없이 떠나는 것이 아니라면 떠나라고 권하고 싶다. 여행을 통해 새로운 자신의 모습을 발견하고 여러 가지 문제들을 스스로 해결하는 모습을 보면서 평소 일상이라면 절대 배울 수 없는 것들을 배우고 본인이 한층 더 성장했다는 것을 느낄 수 있을 것이다.

아직 나는 내 여행이 끝났다고 생각하지 않는다. 잠시 멈춰있는 것일 뿐 언제든지 나는 떠날 준비가 되어있고 어디에 떨어지든 살아남을 수 있다는 확신이 있다. 다만 이젠 나만 생각하면서 혼자 오랫동안 장기 여행을 하는 것은 못할 것 같다. 현실적인 문제들도 있을 것이고 이젠 사랑하는 사람과 함께 여행하고 싶은 마음이 크다. 외롭지 않고 느끼는 행복감이 배가될 수 있게. 세계여행을 준비하는 사람들에게 내가 쓴 글들이 조금이나마 도움이 되고 책을 읽는 독자분들에게 조금이나마 좋은 영향을 준다면 정말 행복할 것 같다. 부디 좋은 글로 다가갈 수 있길 바라며 끝나지 않을 것 같던 내 여행에 이젠 쉼표를 찍고자 한다. 그동안 스쳐 지나갔던 모든 인연들에게 감사하며 이 글을 마친다. 그리고 모두들 알았으면 좋겠다. '오늘 하루도 선물이라는 것을, 지나간 시간은 되돌릴 수 없다는 것을 그리고 영원한 것은 없다는 것을'

끝으로….

    세계여행에 관련된 것들을 준비할 때 가장 힘들었던 부분이 바로 계획을 세우고 예약 같은 일들을 해야 되는 것이었다. 장기 여행은 처음이었고 가본 적이 없는 곳들이라 뭐를 어떻게 하는 것이 좋은 것인지도 모르는 게 당연했으니. 그래서 대략적인 큰 틀만 계획을 세우고 한국에서 떠나는 비행기표와 남미에서 유럽으로 넘어가는 비행기표만 예약을 하고 무작정 떠났던 것. 사실 쿠바로 떠나는 비행기를 탔을 때까지만 해도 막막하고 두려움이 컸다. 하지만 막상 여행을 시작하고 나니 어떻게 해서든 일이 처리가 되는 것, 이동 수단을 찾아보고 예약하는 것부터 숙소와 관련된 것까지. 시간이 오래 걸리고 여러 실수도 하고 안 좋은 상황을 겪긴 했지만 그래도 나중에는 일이 처리된다는 것. 여행을 하다 보니까 오히려 계획을 세우지 않고 돌아다닌 것이 정말 좋은 선택이었다는 것을 알게 됐다. 사람마다 다르겠지만 나에겐 이 스타일이 맞았던 것. 그리고 물론 비행기, 기차, 버스와 같은 이동 수단과 숙소와 관련된 것들은 미리 예약하는 편이 저렴하고 좋지만 돈이 조금 더 들더라도 그때 내 기분과 상황에 맞게 예약을 하고 이동하는 것도 좋은 방법이라고 느껴졌다. 어디서는 더 머물고 싶을 수도 있고 어디서는 빨리 떠나고 싶은 곳이 있을 테니. 그리고 나는 여행 지식이 없을 때 유럽에서는 무조건 유레일패스를 구매해서 기차를 타고 돌아다녀야 하는 줄 알았는데 직접 여행해보니 비행기나 버스가 더 저렴한 경우도 있었다. 유럽여행을 할 때 이용했던 이동 수단 비중을 보면 버스가 가장 많았고 그다음이 비행기 그다음이 기차다. 시기와 계획에 따라 다르겠지만 나는 그랬다는 것을 알려주고 싶었다. '여행에는 정답이 없다. 다른 사람과 똑같이 할 필요도 없다. 자신에게 계속 묻고 또 물어 진정으로 무엇을 원하는지 듣고 그대로 실행하면 된다. 자신이 편안해야 하고 즐거워야 하며 행복해야 한다. 그것이 여행이 우리에게 주는 가장 큰 묘미이지 않을까?'

여행경비

출발하기 전 : 1,199,150원
남미(총 59일) : 4,205,662원
유럽(총 130일) : 6,769,994원
여행경비 총(출발하기 전+189일) : 12,174,806원

경험에서 우러나오는 각종 TIP

1. 숙소 TIP : 189일 동안 여행을 하며 쿠바를 제외하곤 모두 앱을 활용해서 숙소에 대한 정보를 찾아보고 예약을 했다. 그러면서 나 스스로가 가장 만족했던 방법들이 있어 알려주고자 한다. 먼저 나는 호스텔을 주로 이용했기 때문에 호스텔에 관심이 없는 사람들은 이 글을 보지 않아도 된다. 앱을 총 3가지를 사용했는데 첫 번째가 '부킹닷컴', 두 번째가 '호스텔월드', 세 번째가 '호텔스닷컴'이었다. 먼저 부킹닷컴은 숙소 시설에 대한 사진과 후기 그리고 위치까지 가장 잘 나와 있는 앱이다. 정보를 찾아볼 땐 보통 부킹닷컴을 많이 썼고 호스텔월드와 호텔스닷컴은 가격을 비교해보기 위해서 사용했다. 대부분 가

격이 비슷하긴 하지만 가끔 호스텔월드와 호텔스닷컴에서 예약을 하는 것이 더 저렴한 경우가 있었다. 특히 장기 투숙을 할 때. 이 세 가지를 적절하게 사용만 해도 숙소비를 많이 아낄 수 있다. 에어비앤비는 동행자들이 여럿 생겨 단체로 숙박을 할 예정이 아니라면 굳이 추천해주고 싶진 않다.

2. 환전&ATM TIP : 환전과 ATM 관련해서도 궁금한 점이 많을 텐데 나는 출발하기 전 840달러(미국)(1,001,767원)와 300유로(393,924원)만 환전했다. 달러는 남미 여행을 할 때 사용하기 위해서였고 유로는 당연히 유럽 여행을 할 때 쓰려고 준비했다. 결론부터 말하자면 아예 안하고 가는 것도 너무 많이 해서 가는 것도 좋지가 않다. 자신이 생각했을 때 이 정도면 잃어버려도 큰 타격을 받진 않겠다 싶은 정도의 금액만 환전해서 갈 것을 추천한다. 나는 운이 좋아서 강도를 만나거나 소매치기를 당한 적이 없지만 여행을 하면서 돈이나 물건을 뺏기거나 도둑맞는 경우가 많다. 그리고 ATM은 수수료가 국가마다 천차만별이다. 어디는 1,000원도 안하는 곳이 있고 어디는 10,000원이 넘는 경우도 있다. 팁을 좀 주자면 은행에 따라 추가 수수료를 더 받는 곳이 있는데 일단 그런 은행은 급한 것이 아니라면 무조건 피하는 게 좋다. 현지에서 숙소 직원이나 여행객들이 경험해보고 추천해주는 은행이 있기도 하니 물어보는 것도 좋은 방법. 그래도 현금을 많이 환전해서 들고 다니는 것보다 수수료를 내는 편이 마음도 편하고 도둑이나 소매치기를 당한다고 해도 타격이 적다는 것. 사람마다 생각하는 것이 다르니 참고만 하길.**(참고로 나는 비바 G 플래티늄 체크카드와 VIVA+ 체크카드 총 2개를 사용했음.)**

3. 식사 TIP : 앞서 쓴 글을 보고 "여행을 갔으면 맛있는 것도 사먹고 해야 되지 않나요?"라는 생각이 들 수도 있다. 그렇다고 내가 아예 외식을 안 한 것은

아니니 오해는 하지 말길. 사먹다가 식재료를 구매하고 들고 다니며 요리를 해 먹기 시작한 것이 꼭 돈 때문만은 아니다. 외식을 하는데도 포만감이 없는 경우가 많았다. 뭔가 아쉬운 느낌도 들었고. 그러면 차라리 이 돈으로 더 질 좋은 고기 같은 맛있는 걸 해 먹고 디저트까지 먹으면 좋지 않겠나 싶어 그때부터 조금 귀찮고 불편하더라도 해 먹기 시작한 것. 그리고 정말 물가가 비싼 곳이 아닌 이상 마트에서 사는 식재료들은 대부분 가격이 저렴했다. 가성비를 따졌을 때 해 먹는 것이 훨씬 포만감도 있고 다양한 것들을 먹을 수 있어서 좋았다. 그래도 그 나라에서만 먹을 수 있는 것들은 사먹는 것이 좋고 가끔은 돈을 좀 쓰더라도 나를 위해 좋은 레스토랑에 가서 식사를 하는 것도 필요한 부분.

4. 유심 TIP : 모든 국가가 마찬가지이지만 특히 남미에서는 어디서 무슨 일을 겪을지 모르기 때문에 항상 유심을 사서 돌아다니는 것이 좋다. 하지만 유럽은 와이파이를 사용할 수 있는 곳들이 남미보다는 많고 안전한 편이라 '유심이 꼭 필요한가?'란 의문이 들었다. 그래서 나는 스페인 그라나다에서 마지막으로 유심을 구매하고 그 이후론 여행이 끝날 때까지 와이파이만 사용하면서 지냈다. 덕분에 여행경비도 아낄 수 있었고 핸드폰 사용량도 자연스럽게 줄었다. 다만 불편함이 크고 위험할 때는 도움을 청해야 하기 때문에 무조건 유심이 있는 게 좋으니 각자의 스타일대로 선택하길.

'Q&A'

출발하기 전 궁금했던 점들을 다녀온 후 답하는 시간

Q : 여행을 하면서 가장 좋았던 곳이 어디인가요?

A : 여행한 모든 국가들이 좋았지만 그래도 개인적인 스타일로 꼽으라면 남미에서는 아르헨티나, 유럽에서는 스위스를 뽑고 싶다. 자연을 좋아하는 나에겐 가장 이상적으로 느껴졌던 곳이었다.

Q : 가장 기억에 남는 에피소드가 있다면?

A : 좋았던 기억도 나빴던 기억도 너무 많지만 그래도 그중 가장 기억에 남는 것은 바로 불가리아 경찰에게 폭행을 당한 것. 지금은 덤덤하게 얘기할 수 있지만 그때 당시 정말 놀랐고 충격적인 일이었다. 다시는 겪고 싶지 않은 상황.

Q : 기본적인 준비물품을 제외하고 해외에서 가장 유용하게 썼던 것은?

A : TSA자물쇠(배낭, 힙색, 호스텔 개인 보관함 도난방지에 아주 유용했음), 복대 주머니(남미 여행할 때 위험한 지역에서만 사용했음), 휴대용 손저울(비행기 위탁 수화물로 보내야 하는 배낭 무게를 잴 때 아주 유용했음), 다이소 걸이식 워시백(세면도구 챙겨서 다니기 편하고 걸 수 있다는 장점이 있음), 오뚜기 라면수프 285g(장기 여행자에게 그리고 외식보단 직접 해먹는 것을 선호하는 여행자에게 가장 좋은 조미료)

Q : 배낭은 어디 제품인가요?

A : 여행을 떠나기 전 킬리와 오스프리 중 어디에서 배낭을 구매할지 정말 고민이 많았습니다. 수납 활용과 기능은 킬리가 더 우수하다고 느껴졌지만 가격적인 부분에서 오스프리가 가성비가 좋았습니다. 그래서 저는 결국 오스프리에서 큰 배낭 한 개 작은 배낭 한 개를 세트로 샀습니다. 두 배낭을 연결해주는 부분이 있어 함께 착용이 가능하다는 점이 큰 장점!

Q : 여행하면서 꼭 필요한 앱은?(참고로 저는 아이폰입니다.)

A : 지도는 맵스미(Maps.Me)(남미에서 유용)와 구글맵(Google Maps)(유럽에서 유용), 숙소는 부킹닷컴(Booking.com)-호스텔월드(Hostelworld)-호텔스닷컴(Hotels.com)-에어비앤비(Airbnb), 비행기는 스카이스캐너(Skyscanner)-트립닷컴(Trip.com)-카약(Kayak)-익스피디아(Expedia), 교통은 우버(Uber)-카비피(Cabify)-오미오(Omio 유럽에서만), 소통은 왓츠앱(WhatsApp)(외국 친구들 대부분 왓츠앱 사용), 환율은 Currency(초록색으로 된 앱)

Q : 카드 복제 사례가 많던데 그런 경우는 없었나요?

A : 정확한 것은 아니나 스스로 생각했을 때 복제를 당했다고 생각이 들었던 적은 있었어요. 혹시 몰라서 수시로 계좌를 체크했었는데 포르투갈에서 스페인으로 이동할 때쯤에 사용한 적이 없는 돈이 빠져나갔더라고요. 여행을 하면서 하루도 빼먹지 않고 지출기입장을 적었거든요. 그래서 항상 적고 나서 사용한 금액과 남은 금액을 비교해서 맞는지 확인하는 습관이 있었는데 그때는 정말 알 수 없는 돈이 빠져나갔었습니다. 그래서 혹시 몰라 곧바로 카드사에 연락을 했고 그 계좌에 있는 남은 돈을 다른 은행 계좌로 옮겨놨죠. 카드사에서는 결제된 금액도 적고 횟수도 아직 한 번밖에 없으니 복제를 당했다고 볼 수

는 없다고 했어요. 그래도 혹시 몰라 여행이 끝날 때까지 필요할 때만 계좌이체를 해서 카드를 사용했고 한국으로 돌아와서는 해당 카드를 정지시키고 새로운 카드를 발급받았어요. 언제 어디서 당할지 모르니 항상 관심 가지고 체크해 주는 게 좋을 거예요. 그 빠져나갔던 돈은 몇 달 후에 다시 계좌로 돌아왔어요. 몇 달 후… 이상하죠?

Q : 여행경비는 무슨 일을 하며 모았나요?

A : 첫 부분에서 말했지만 아프리카를 다녀오고 난 후부터 세계여행에 대한 꿈을 구체적으로 꾸게 됐고 1년은 한국에서 1년은 호주에서 총 2년 동안 각종 일을 하며 돈을 모았어요. 한국에서는 기사 작성하면 받는 원고료와 카페 아르바이트나 영화관 그리고 다양한 당일 알바 등 여러 가지를 했고, 호주에서는 식당 서빙부터 시작해서 설거지 그리고 헬스장과 유치원 청소와 스시집 주방까지 합치면 총 10곳이 넘는 곳에서 파트타임으로 일을 했죠. 한 번에 다한 것은 아니고 일할 수 있는 기간이 짧았거나 중간에 다른 곳으로 일자리를 옮기다 보니 많은 곳에서 했네요. 그리고 세계여행을 떠나겠다고 목표를 잡았으면 부자가 아닌 이상 먹고 싶은 거, 사고 싶은 거, 입고 싶은 것들은 머릿속에서 지우는 게 좋아요. 그런 절박함 없이는 여행경비 모으는 게 쉽지가 않아요. 잠을 덜자고 일을 더 많이 하고 지출이 없으면 돈이 생각보다 빨리 모이죠. 다만 건강이 첫 번째라는 사실을 잊지 않으셨으면 좋겠어요.

꼭 하고 싶었던 말

언젠가 책을 내게 된다면 꼭 하고 싶었던 말이 있었습니다. 여행과는 관련이 없는 말이라 넓은 마음으로 이해 부탁드려요. 저는 앞선 글에서 말했다시피 총 10년 동안 현역 배구선수로 활동을 했었습니다. 하지만 여러 가지 사정으로 인해 학창시절을 다 바친 배구를 그만두게 됐죠. 처음엔 정말 힘들었습니다. 그동안 운동밖에 모르고 살았고 운동만 열심히 하면 되는 줄 알았는데 막상 처한 현실은 그렇지 않았죠. 그때 정말 방황을 많이 했습니다. '운동이 아니어도 내가 다른 분야에서 잘할 수 있을까? 해낼 수 있을까?'란 불안감과 두려움이 가장 컸죠. 그러다 너무 화가 났습니다. '내가 이렇게 힘든데 왜 아무도 날 도와주지 않는 거지?'라는 생각이 머릿속을 맴돌았습니다. '괜찮다, 이거 해봐라, 저거 해봐라'라는 형식적인 말들만 있었지 실질적으로 이 상황에 대해서 공감해주고 어떻게 극복해야 되는지 알려주는 사람이 아무도 없었습니다. 그러다 결국 폭발했고 저는 그때 이런 생각을 했습니다. '그래, 그런 사람이 없으면 내가 바로 '그런 사람'이 돼보자'라고요. 도대체 무슨 자신감으로 그런 다짐을 했던 건지 지금도 모르겠습니다. 하지만 그 마음을 가졌기 때문에 지금까지 다양한 경험을 하며 정말 열심히 살아올 수 있었고 세계여행과 프로젝트도 잘 해낼 수 있지 않았나 싶습니다. 제가 앞으로 어떤 삶을 살아갈지 모르겠지만 저와 같이 운동을 그만두고 힘든 친구들에게 조금이나마 힘을 주고 '운동이 아닌 다른 것도 충분히 할 수 있고, 해낼 수 있다'라는 작은 희망을 줄 수 있도록 노력하겠습니다. 우리는 '못해서 못하는 것이 아니라 안 해봤기 때문에 못하는 것'입니다. 은퇴선수들의 제2의 삶을 진심으로 응원합니다.

나도 몰랐어, 내가 해낼 줄

초 판 1 쇄 2020년 11월 15일
지 은 이 장도영
표지일러스트 정가이
펴 낸 곳 하모니북

출 판 등 록 2018년 5월 2일 제 2018-0000-68호
이 메 일 harmony.book1@gmail.com
전 화 번 호 02-2671-5663
팩   스 02-2671-5662

ISBN 979-11-89930-61-5 03990
© 장도영, 2020, Printed in Korea

값 18,800원

이 도서의 국립중앙도서관 출판예정도서목록(CIP)은 서지정보유통지원시스템 홈페이지(http://seoji.
nl.go.kr)와 국가자료공동목록시스템(http://www.nl.go.kr/kolisnet)에서 이용하실 수 있습니다.
CIP제어번호 : CIP2020042771

색깔 있는 책을 만드는 하모니북에서 늘 함께 할 작가님을 기다립니다.
출간 문의 harmony.book1@gmail.com